Coleção
**Oriente
Médio**

É Realizações
Editora

O Impasse de 1967

A ESQUERDA E A DIREITA EM ISRAEL E O LEGADO DA GUERRA DOS SEIS DIAS

Micah Goodman

TRADUÇÃO **Debora Fleck**

2ª impressão

São Paulo · 2020

Copyright © 2020 Micah Goodman
Copyright desta edição © 2020 É Realizações
Título original: *Catch–67 – The Left, the Right, and the Legacy of the Six-Day War*

EDITOR Edson Manoel de Oliveira Filho
PRODUÇÃO EDITORIAL É Realizações Editora
CURADOR Mario Fleck
CAPA E PROJETO GRÁFICO Angelo Bottino
DIAGRAMAÇÃO Nine Design Gráfico | Mauricio Nisi Gonçalves
REVISÃO TÉCNICA Samuel Feldberg
PREPARAÇÃO DE TEXTO Juliana de Araújo Rodrigues
REVISÃO Luisa Tieppo

Reservados todos os direitos desta obra. Proibida toda e qualquer reprodução desta edição por qualquer meio ou forma, seja ela eletrônica ou mecânica, fotocópia, gravação ou qualquer outro meio de reprodução, sem permissão expressa do editor.

CIP-BRASIL. CATALOGAÇÃO NA PUBLICAÇÃO
SINDICATO NACIONAL DOS EDITORES DE LIVROS, RJ

G66i

Goodman, Micah, 1974-
O impasse de 1967 : a esquerda e a direita em Israel e o legado da Guerra dos Seis Dias / Micah Goodman ; tradução Debora Fleck. - 1. ed. - São Paulo : É Realizações, 2020.
208 p. ; 23 cm. (Oriente Médio)

Tradução de: Catch-67 : the left, the right, and the legacy of the Six-Day War
Inclui índice
ISBN 978-65-86217-06-3

1. Israel - Política e governo. 2. Direita e esquerda (Ciência política) - Israel. 3. Guerra Árabe-israelense, 1967 - Influência. 4. Conflito Árabe-israelense - Questões territoriais. I. Fleck, Debora. II. Título. III. Série.

20-63959

CDD: 320.54095694
CDU: 32(569.4)

Meri Gleice Rodrigues de Souza - Bibliotecária CRB-7/6439
14/04/2020 15/04/2020

É Realizações Editora, Livraria e Distribuidora Eireli
Rua França Pinto, 498 · São Paulo SP · 04016-002
Telefone: (5511) 5572 5363
atendimento@erealizacoes.com.br · www.erealizacoes.com.br

Este livro foi impresso pela Gráfica Paym em junho de 2023.
Os tipos são das famílias Dala Floda, FF Spinoza e National.
O papel do miolo é o Lux Cream LD 70 g., e o da capa, Cartão Ningbo CS2 250 g.

DEDICO ESTE LIVRO à minha querida amiga Sari Rubinstein (*in memoriam*).

SUMÁRIO

PREFÁCIO À EDIÇÃO BRASILEIRA	9
PREFÁCIO	11
MAPAS	15
INTRODUÇÃO O debate nacional em Israel tem salvação?	19

PARTE I CRISE DAS IDEOLOGIAS POLÍTICAS

INTRODUÇÃO Direita e esquerda – crônica de duas guinadas	35
CAPÍTULO 1 A guinada ideológica da direita	39
CAPÍTULO 2 A guinada ideológica da esquerda	59
CAPÍTULO 3 O sionismo religioso e a guinada messiânica	73

PARTE II CRISE DAS IDEIAS POLÍTICAS

INTRODUÇÃO Os dois lados estão certos	87
CAPÍTULO 4 Um paradoxo perturbador	89
CAPÍTULO 5 Sem problemas de segurança?	95
CAPÍTULO 6 Problema demográfico?	103
CAPÍTULO 7 O dilema moral	115
CAPÍTULO 8 O dilema judaico	127
CAPÍTULO 9 Do caos ao entendimento	137

PARTE III A ESFERA DO DISCURSO PRAGMÁTICO

INTRODUÇÃO Um Estado e alguns sonhos	151
CAPÍTULO 10 O Plano de Paz Parcial	159
CAPÍTULO 11 O Plano de Divergência	173
CAPÍTULO 12 O pragmatismo político como ponte entre a esquerda e a direita	181

POSFÁCIO	187
AGRADECIMENTOS	193
ÍNDICE REMISSIVO	195

PREFÁCIO À EDIÇÃO BRASILEIRA

NOS ÚLTIMOS TEMPOS, venho refletindo sobre a questão que este livro busca resolver: o problema da divisão e da polarização. Acabei entendendo que esse cenário enfrentado por Israel não é um cenário exclusivamente israelense. Nos mais diversos países, as pessoas demonstram intolerância e ódio contra aqueles que têm posicionamentos políticos diferentes dos seus.

No elucidativo livro *Hidden Code* [Código secreto], Yuval Dror apresenta os resultados de uma ampla pesquisa que teve início nos Estados Unidos, em 1994. A pesquisa pedia a cidadãos que se consideravam à direita do espectro político que emitissem sua opinião sobre diversos posicionamentos tidos como liberais e associados ao partido Democrata. Mais de 35% desses indivíduos disseram se identificar com pelo menos alguns dos posicionamentos. A mesma pergunta foi feita a cidadãos que se consideravam à esquerda do espectro político; pediu-se que eles opinassem sobre vários posicionamentos considerados de direita, e 30% declararam se identificar com pelo menos alguns dos posicionamentos. O mesmo experimento foi repetido vinte anos depois: em 2014, solicitou-se aos republicanos que refletissem sobre diversos posicionamentos dos democratas, e aos democratas, que refletissem sobre diversos posicionamentos dos republicanos. Dessa vez, os resultados foram radicalmente diferentes. Apenas 8% dos republicanos se identificaram com algum posicionamento dos democratas, e somente 6% dos democratas se identificaram com algum posicionamento dos republicanos. Algo mudou nos últimos 25 anos. Hoje, se você se considera de direita, é bem provável que se identifique com todos os posicionamentos associados à direita; caso se considere de esquerda, o mais provável é que concorde com todo o pacote ideológico da esquerda.

Em 1995, outra pesquisa reveladora, de Jonathan Haidt e Greg Lukianoff, pedia que indivíduos de esquerda classificassem seu sentimento de afinidade por indivíduos de direita, e que indivíduos de direita fizessem o mesmo em relação a indivíduos de esquerda. Numa escala de 0 a 100, 0 representava ódio, 100 representava afinidade total e 50, um sentimento de indiferença, localizado entre os outros dois. Em 1995, a classificação média que os americanos atribuíram a sua afinidade por aqueles que se identificavam com o outro partido político foi 45. Os republicanos não amavam os democratas, nem os democratas amavam os republicanos, mas tampouco se odiavam. O mesmo experimento foi repetido vinte anos depois, com resultados muito diferentes. A classificação média foi 8. Nesses vinte anos, os americanos passaram a sentir ódio uns pelos outros.

Ao conectar essas duas pesquisas, percebemos que vinte anos atrás a identidade política não determinava completamente a identificação intelectual e social. Hoje determina. A polarização que se instaurou é uma forma de encolhimento: o mundo intelectual e social dos americanos encolheu. Em termos intelectuais e sociais, os americanos estão presos a seus aliados políticos. O mundo da direita e o mundo da esquerda encolheram, o espaço entre esses dois mundos aumentou e a sociedade americana se tornou profundamente polarizada.

Não se trata de um fenômeno apenas americano. Hoje, o Reino Unido encontra-se mais polarizado do que nunca. Os britânicos odeiam uns aos outros com base na forma como enxergam a questão da imigração e do Brexit. Os italianos também estão divididos e polarizados, assim como os poloneses, os húngaros e os brasileiros. A crescente polarização no cenário brasileiro é o exemplo específico de um crescente problema global.

A polarização resulta do processo mais profundo de encolhimento. O mundo intelectual e social das pessoas está se reduzindo aos limites de seu mundo político. Para reverter essa polarização, precisamos expandir nossos mundos. Quando se desenvolve curiosidade em relação aos outros e a suas visões, incluindo suas visões políticas, a polarização diminui. Se o encolhimento intelectual gera polarização social, a curiosidade e a expansão intelectual são capazes de curar a sociedade.

É justamente o que este livro tenta fazer: possibilitar que ambas as partes enredadas no conflito entendam que existe legitimidade e até perspicácia no outro lado.

Trata-se de um problema global. Para remediar a polarização, é preciso suspender e inclusive reverter o processo de encolhimento.

Micah Goodman
FEVEREIRO DE 2020

PREFÁCIO

O **CONFLITO ÁRABE-ISRAELENSE DESEMPENHA** um papel tão preponderante dentro de Israel, que está longe de ter arrefecido. Embora a população se preocupe, sim, com questões ligadas aos impostos, à desigualdade socioeconômica e à relação entre Estado e religião, esses assuntos raramente determinam sua forma de votar. Os israelenses votam nos partidos que representam seu posicionamento diante do conflito. Pode-se dizer que uma das consequências implícitas da Guerra dos Seis Dias é justamente o monopólio do conflito no cerne do debate político.

Como resolver o impasse? Onde deve ficar a fronteira oriental de Israel? Qual será o destino de Jerusalém? E quanto aos assentamentos? Partidários tanto da esquerda quanto da direita israelense vêm discutindo essas questões, e muitas outras, nos últimos cinquenta anos; foram feitas inúmeras tentativas de encerrar o conflito, mas todas fracassaram. Ele permanece ativo, e o debate continua causando estragos no seio da sociedade israelense.

O Impasse de 1967 não é sobre o conflito árabe-israelense em si; é, acima de tudo, sobre o debate que há dentro de Israel acerca do assunto. Meu mergulho no debate político do país será um mergulho no âmago da sociedade israelense. O debate é tão acalorado que chega a produzir faíscas, mas é impossível compreender Israel sem compreender a principal discussão que se desenrola no bojo de sua sociedade.

O nível atual do debate político não é um problema que se restringe a Israel nem ao conflito árabe-israelense. Em boa parte da Europa e dos Estados Unidos, esse tipo de debate simplesmente parou de funcionar. E o que seria um debate político "que funciona"? Uma divergência entre dois lados, sendo que cada um acredita que o outro lado está errado: eu acho que você está errado, e você acha que eu estou errado. É assim que um bom debate político deveria funcionar. Mas e se além de achar que você está errado eu o considerar também perverso? A divergência sensata vai por água abaixo. Já sabemos que as mídias sociais tendem a amplificar essa dinâmica. Há uma preocupação cada vez maior em *rotular* os outros, em vez de considerar os diferentes argumentos. Quando se veem expostas a novas ideias políticas, as pessoas raras vezes pensam se as ideias estão certas ou erradas — em vez disso, perguntam, por exemplo, se são ideias liberais ou conservadoras. Primeiro categorizam, para só então decidir o que pensar delas. O esforço para entender os diferentes argumentos políticos foi substituído pelo desejo de atribuí-los a categorias estreitas.

São essas as vozes que se ouvem nas mídias sociais em Israel. Muitos partidários de direita acham não apenas que os de esquerda estão errados, mas que, como se mostram abertos à devolução de territórios, seriam uma ameaça ao país, quase traidores. Por sua vez, muitos partidários de esquerda acham não apenas que os de direita estão errados, mas que, como se opõem à solução de dois Estados, seriam um perigo para a sociedade israelense, quase fascistas. Esse debate tóxico dentro de Israel apenas exemplifica o envenenamento das discussões políticas que se desenrolam mundo afora. Quando um dos lados acredita que as crenças do outro são, além de erradas, ilegítimas, a capacidade de escuta se esvai, e a divergência sensata entra em colapso.

Pensemos na diferença entre as discussões dos israelenses sobre política e suas discussões sobre tecnologia. As diferentes opiniões sobre assuntos tecnológicos são expostas com tamanha abertura, que se criou um diálogo flexível, enérgico e eficiente. Como consequência, os israelenses foram responsáveis por uma quantidade assombrosa de inovação tecnológica nas duas últimas décadas, e Israel é conhecido no mundo inteiro como incubadora de ideias novas e revolucionárias. Os leitores deste livro talvez se surpreendam ao saber que um país tão pequeno acumula mais start-ups *per capita* do que os grandes países da Europa.

Nos últimos anos, milhares de pessoas do mundo inteiro visitaram Israel para aprender sobre criatividade e empreendedorismo. Os turistas costumavam viajar ao país especialmente por conta dos lugares sagrados, como o Muro das Lamentações e a Igreja do Santo Sepulcro, mas hoje muitos querem conhecer as empresas locais, como a Waze e a MobilEye. Trata-se de uma nova forma de turismo, que conta uma nova história sobre o Estado de Israel. Se as pessoas iam até lá para dar uma espiada no passado, agora elas vão em busca de um vislumbre do futuro.

Porém, entre esses estrangeiros ávidos por aprender sobre inovação tecnológica, nenhum chega ao país para aprender sobre inovação política. Quando o foco recai sobre a questão mais premente para a população israelense — o conflito com os palestinos —, desaparece todo o pendor criativo de Israel. Se o assunto é a solução do conflito, os israelenses parecem estar o tempo todo reciclando as mesmas ideias.

Muito já se escreveu sobre possíveis explicações para a criatividade dos israelenses. O segredo reside num diálogo qualificado, de certa forma raro de se encontrar. Entrar numa empresa israelense é se deparar com discussões abertas, *brainstormings* em grupo e férteis trocas de ideias. Ideias novas são acolhidas com entusiasmo; novas formas de pensar recebem incentivos constantes. É assim que os israelenses criam um clima propício ao desabrochar de novas ideias.

Agora, em contraste com o debate tecnológico, o debate político em Israel não leva à troca de ideias, e sim à troca de farpas. Os israelenses não ouvem uns aos outros – eles culpam uns aos outros. Tamanha intolerância não cria um ambiente capaz de gerar pensamento inovador; apenas *bloqueia* o pensamento inovador. Se por um lado debatem de forma tão criativa sobre tecnologia, por outro, os israelenses debatem de forma totalmente improdutiva quando o assunto é política. No momento em que o diálogo se esgota, a criatividade se esgota junto.

Escrevi este livro originalmente em hebraico, para o público israelense. Meu propósito era fazê-lo enxergar seus próprios argumentos, numa tentativa de melhorar o debate nacional. Queria mostrar aos israelenses que para Israel ser um país tão inovador no campo político quanto é no campo tecnológico, em vez de se esforçar para *vencer* o debate político, seria preciso, antes de mais nada, se esforçar para *restaurá-lo*.

O livro atingiu seu objetivo, dentro de Israel? Até agora, tudo indica que não. *O Impasse de 1967* foi um dos títulos mais lidos no país em 2017. Foi debatido publicamente pelos líderes dos principais partidos, bem como pelos mais influentes formadores de opinião. Contudo, não conseguiu transformar ou sequer acalmar o debate político em Israel. Em vez de apaziguar a discórdia, suscitou mais discórdia ainda. Muitos leitores de direita disseram que assumi um ponto de vista de esquerda, enquanto muitos leitores de esquerda disseram que adotei um posicionamento de direita. Mesmo implorando aos leitores que não embarcassem nas tentativas de *categorização*, o próprio livro foi alvo da atribuição de rótulos.

O Impasse de 1967 tem como foco o debate que se dá dentro de Israel. Assim, traz análises sobre diferentes pontos de vista e sobre os pressupostos filosóficos que os embasam. Não é um livro sobre o conflito entre israelenses e palestinos, e eu trago poucos elementos relacionados ao debate interno entre os palestinos. Também não é um livro de *hasbará*, uma tentativa de "defender" Israel, com respostas a diversas acusações que lhe são lançadas. Não apresento uma abordagem sistemática sobre os ataques ao direito de Israel de existir, nem faço uma defesa desse direito. O livro é sobre como os israelenses pensam, e a imensa maioria deles vem discutindo não sobre o direito de Israel de existir e sim sobre as fronteiras e o futuro do Estado. Não escrevi estas páginas para defender, e sim para explicar Israel.

Nos próximos capítulos, me debruço sobre as bases filosóficas das ideologias que regem a esquerda e a direita israelense, bem como sobre o confronto entre os dois lados. O principal, contudo, é que também me dedico a uma consequência inesperada desse confronto. Embora poucos especialistas comentem, e muitos talvez nem percebam, hoje a maioria dos israelenses perdeu a convicção política. Não se identificam mais com as ideologias de esquerda nem de direita. A maioria deles perdeu a noção de certeza e se vê mergulhada numa enorme confusão, consequência que talvez surpreenda quem é de fora. Este livro investiga as antigas ideologias de Israel e como elas levaram a esse imbróglio mais recente. Acredito que se conseguirmos entender como o imbróglio surgiu e o que ele vem causando à sociedade israelense, talvez possamos ver que ele também apresenta uma oportunidade de avançar. A restauração desse debate esfacelado sobre o conflito pode abrir caminho para novas ideias, capazes de ajudar a minimizar o próprio conflito.

Micah Goodman
FEVEREIRO DE 2018, JERUSALÉM

MAPAS

Israel antes de 1967.

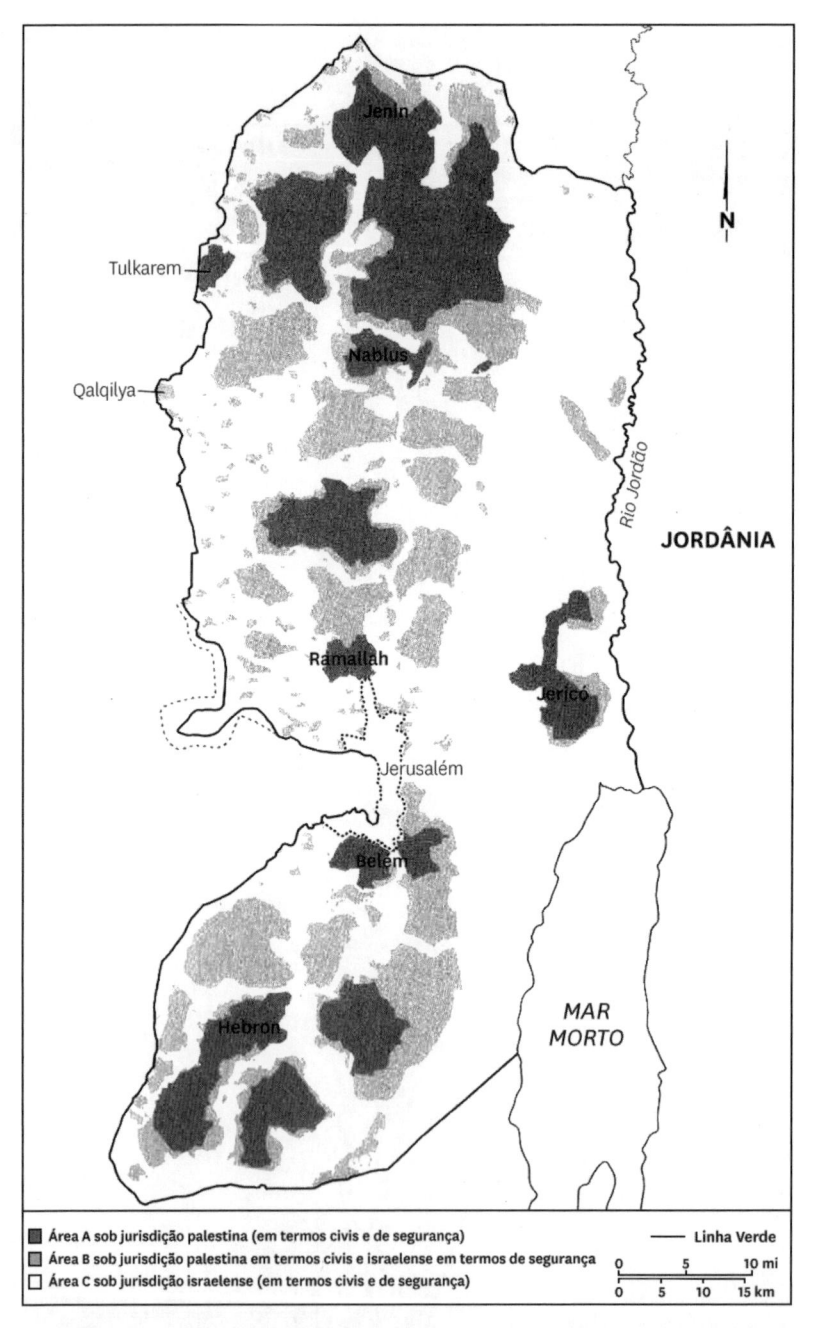

■ Área A sob jurisdição palestina (em termos civis e de segurança)
■ Área B sob jurisdição palestina em termos civis e israelense em termos de segurança
□ Área C sob jurisdição israelense (em termos civis e de segurança)

— Linha Verde

A Cisjordânia sob os Acordos de Oslo de 1995. As linhas pontilhadas indicam a fronteira antes de 1967 (esquerda) e Jerusalém Oriental anexada por Israel (direita).

O IMPASSE DE 1967

INTRODUÇÃO

O DEBATE NACIONAL EM ISRAEL TEM SALVAÇÃO?

ÀS VÉSPERAS DA Guerra dos Seis Dias, Israel formou um governo de unidade nacional (uma ampla coalisão entre os principais partidos) pela primeira vez em sua história. Diante da intensa ameaça militar por parte da República Árabe Unida (união entre Egito e Síria), não era apenas o governo israelense que estava unido: toda a sociedade israelense também estava, e uma ampla noção de solidariedade se espalhou entre os judeus ao redor do país e do mundo. Essa unidade constituiu o pano de fundo para a maior vitória de Israel de todos os tempos. Em apenas seis dias de guerra – de 5 a 10 de junho de 1967 –, as Forças de Defesa de Israel (IDF, na sigla em inglês) derrotaram uma coalisão de exércitos árabes (depois que o presidente egípcio Gamal Abdel Nasser convenceu a Jordânia, o Iraque e a Síria a se aliarem a ele), triplicando o tamanho do país e conquistando a Península do Sinai, as Colinas de Golã, a Faixa de Gaza e a Cisjordânia.

Porém, a conquista desses territórios acendeu um espinhoso debate interno: eles deveriam ser ocupados por judeus ou, em vez disso, ser entregues aos árabes, em troca de paz? Aqueles que sonhavam em manter a Terra de Israel unida entraram em choque com aqueles que sonhavam em mantê-la em paz, e os adversários racharam a sociedade israelense em dois campos rivais. A poderosa noção de unidade que predominava às vésperas da guerra acabou ruindo justamente por conta dos resultados dessa mesma guerra.

Desde então, muita coisa mudou na relação entre Israel e os palestinos que vivem nos territórios conquistados em 1967. Israel teve de enfrentar duas intifadas, entre outras crises, bem como três grandes ciclos de violência na Faixa de Gaza. Encarou os fatídicos anos que se seguiram aos Acordos de Oslo: anos que testemunharam a retirada de Gaza e as repetidas tentativas de negociação de paz permanente entre os dois lados. Nenhuma rodada de combate garantiu a vitória, assim como nenhuma rodada de conversas garantiu a paz. Porém, enquanto prosseguiam os esforços infrutíferos para conquistar a vitória ou a paz, uma discussão também interminável se espalhava dentro de Israel, no sentido de definir as fronteiras do país.

Os territórios conquistados em apenas seis dias de conflito serviram de estopim para um debate que já se estende por cinquenta anos.

A tradição judaica trata o quinquagésimo ano como um jubileu: a cada cinquenta anos, os escravos ganham liberdade de seus senhores, todas as dívidas são perdoadas, e as terras são devolvidas a seus antigos proprietários. O jubileu é o momento de zerar os relógios. Eliminam-se as desigualdades socioeconômicas criadas nos cinquenta anos anteriores, bem como as diferenças de *status* entre senhores e escravos. Após cinquenta anos, é como se o mundo fosse criado de novo.

No jubileu da Guerra dos Seis Dias, Israel tem a oportunidade de zerar o debate interno e criar um novo discurso. As opiniões e divergências manifestadas nos últimos cinquenta anos levaram as sociedades israelense e palestina a um beco sem saída. Nos tempos bíblicos, o quinquagésimo ano representava a oportunidade de renovação para os judeus, uma chance de reexaminarem os pressupostos básicos de seu pensamento político. Porém, como precondição psicológica para a reconfiguração de suas formas de pensar, os israelenses precisam, antes de mais nada, adotar uma mudança radical na maneira como se relacionam emocionalmente com essas formas de pensar.

O ENVOLVIMENTO EMOCIONAL COM NOSSAS PRÓPRIAS OPINIÕES

No mundo moderno, as tentações do consumismo oferecerem distrações sem fim e são capazes de moldar a identidade dos indivíduos. Numa sociedade de consumo, os cidadãos tendem a desenvolver relações emocionais e profundas com seus bens. Em casos mais extremos de materialismo, encaram esses bens como parte de quem são, não apenas como objetos que possuem.

O materialismo extremo se assemelha ao idealismo extremo. Os idealistas têm dificuldade para se diferenciar das próprias ideias. Sua visão de mundo vai muito além de uma coleção de ideias: é, sobretudo, um componente primordial de sua identidade. Os idealistas se identificam com suas ideias exatamente como os materialistas se identificam com seus bens. Pessoas que assimilam à própria identidade as opiniões que têm não aceitam críticas a essas opiniões. Para elas, qualquer objeção a seus pontos de vista é encarada como um ataque pessoal.

Hoje, Israel é um país repleto de ideias antagônicas. Os israelenses manifestam uma ampla gama de opiniões sobre os mais diversos assuntos — como economia, sociedade, o papel da religião no Estado etc. —, e o choque de ideias provoca debates acalorados, apaixonados. Contudo, é apenas em um único assunto que os israelenses assimilam seus pontos de vista à própria identidade: o conflito árabe-israelense.

Para eles, as opiniões que têm sobre, digamos, o meio-ambiente ou sobre as taxas de juros fazem parte da forma como pensam. Por outro lado, as opiniões sobre onde deve ficar a fronteira oriental de Israel fazem parte de *quem eles são*. Um israelense favorável ao retorno para as fronteiras de 4 de junho de 1967 é de esquerda. Um israelense favorável aos assentamentos nos territórios em disputa é de direita. Ao contrário de outras opiniões políticas, esses posicionamentos moldam a forma como os israelenses definem não só o mundo como a si mesmos.

Contestar o posicionamento de um israelense sobre o conflito é contestar a própria identidade dele. E é justamente aí que reside o paradoxo: no assunto que lhes é mais caro, os israelenses são incapazes de ouvir um ao outro.

A direita israelense acredita que as ideias da esquerda são, além de equivocadas, perigosas: uma eventual retirada das montanhas da Judeia e da Samaria deixaria o Estado encolhido, enfraquecido, vulnerável e fadado à destruição física. Por sua vez, a esquerda israelense acredita que as ideias da direita são, além de equivocadas, perigosas: a contínua presença civil e militar nos territórios em disputa deixaria Israel arruinado em termos morais, isolado internacionalmente e fadado à destruição demográfica.

A direita enxerga a esquerda exatamente como a esquerda enxerga a direita. A direita tem plena convicção de que a visão da esquerda levará Israel ao colapso total, e a esquerda tem plena convicção de que a visão da direita é que levará Israel ao colapso total. Como imaginar que um israelense de qualquer um dos lados seja capaz de ouvir um conterrâneo cuja visão implica o desastre de todo o país?

Em Israel, o debate sobre as fronteiras é único em meio às demais discussões políticas, por dois motivos: as opiniões de um israelense compõem a sua identidade, enquanto as opiniões dos outros representam uma ameaça a sua existência. A combinação dessas duas características impediu que cada um dos lados escutasse o outro, causando o colapso da interlocução política.

Os israelenses não encaram as discussões sobre o conflito como um exercício de *brainstorming* para provocar reflexões originais, desafiar preconceitos e nutrir ideias novas e criativas. O debate político dentro de Israel é muito mais uma afirmação de identidades do que uma troca de ideias. O tom inflamado do debate acabou provocando rigidez ideológica e intelectual — resultado nitidamente perturbador. Apesar de ser um assunto complexo, a forma como os israelenses pensam sobre o conflito árabe-israelense não é nada complexa. O que existe é uma total assimetria entre a profundidade do problema e a superficialidade do pensamento provocado por ele.

O quinquagésimo ano desse debate interminável oferece aos israelenses a chance de recomeçar — mas apenas se tiverem coragem para separar suas opiniões de sua identidade.

DIÁLOGO JUDAICO *VERSUS* DIÁLOGO ISRAELENSE

Uma maneira de separar opiniões de identidades pode ter inspiração no Talmud, que descreve a disputa entre duas proeminentes escolas de pensamento no primeiro século da Era Comum: a Beit Shammai, casa do sábio Shammai, e a Beit Hillel, do rabino Hillel. "Por três anos, a Beit Shammai e a Beit Hillel discordaram", registra o Talmud. "Aqueles diziam: 'A *halachá* [lei religiosa] está de acordo com a nossa opinião', e estes diziam: 'A *halachá* está de acordo com a nossa opinião'. Por fim, surgiu uma Voz Divina que proclamou: ambas as palavras são as palavras de Deus. No entanto, a *halachá* está de acordo com a opinião da Beit Hillel."[1] Quem está com a razão: a Beit Shammai ou a Beit Hillel? Segundo a Voz Divina, as duas estariam igualmente certas. Ambas as opiniões são "as palavras de Deus". Porém, embora as duas estejam corretas, não podem ao mesmo tempo determinar a lei religiosa, que segue a Beit Hillel. Como é possível? Assim explica o Talmud:

> *Sendo estas e aquelas as palavras de Deus, por que a Beit Hillel recebeu o privilégio de ter a* halachá *estabelecida de acordo com a sua opinião? A explicação é que eles eram cordatos e tolerantes, demonstrando moderação quando confrontados, e quando ensinavam a* halachá, *ensinavam seus próprios ensinamentos e também os da Beit Shammai. Além disso, ao formularem seus ensinamentos*

---

[1] Talmud babilônico, Eruvin 13b, trad. Adin Steinsaltz. In: *The William Davidson Talmud*, Sefaria Library, Sefaria.org.

e mencionarem uma disputa, priorizavam as asserções da Beit Shammai em detrimento de suas próprias, em deferência à Beit Shammai.[2]

Estudiosos ligados à Beit Shammai não queriam ouvir os posicionamentos da Beit Hillel. Estudavam e ensinavam apenas seus próprios posicionamentos. Por outro lado, estudiosos ligados à Beit Hillel só transmitiam seus próprios posicionamentos depois de ouvir aqueles da rival Beit Shammai. No fim, Deus escolheu a Beit Hillel para determinar a lei religiosa porque seus estudiosos decidiram não ouvir apenas a si mesmos. Em suma, a lei religiosa não é determinada pelo lado que está certo e sim por aquele que se mostra disposto a ouvir.

O ato de ouvir, contudo, cobra seu preço. A Beit Shammai não alterou seus posicionamentos nem uma única vez durante as inúmeras contendas com a Beit Hillel, mas a Beit Hillel acabou voltando atrás e mudando de posicionamento diversas vezes, aceitando os argumentos dos rivais.[3] Ouvir significa pôr em risco as próprias crenças. Os estudiosos da Beit Hillel assumiram o risco e, portanto, ficaram com a decisão — não porque estivessem sempre certos, mas justamente por saberem que não estavam sempre certos.

Não é que a Beit Hillel fosse cheia de dúvidas ou carente de convicções. Pelo contrário, seus estudiosos acreditavam piamente nas próprias crenças e declaravam com toda a clareza: "A *halachá* está de acordo com a nossa opinião". Ainda assim, apesar da força de suas convicções, eles não se deixavam ficar intimamente conectados a elas. Tomavam cuidado para manter uma distância saudável entre eles mesmos e suas opiniões. É esse o distanciamento fundamental que evita que nossas opiniões tomem conta por completo da nossa identidade.

Essa interessante anedota talmúdica nos ensina que a lei religiosa é determinada, paradoxalmente, por aqueles que não são apegados às próprias crenças. Será que esse paradoxo talmúdico poderia servir de modelo para o moderno Estado de Israel? O autoquestionamento saudável da Beit Hillel

---

[2] Ibid.

[3] Para uma discussão mais aprofundada, ver Haim Shapira e Menachem Fish, "Polêmica entre as escolas: debate meta-haláchico entre a Beit Shammai e a Beit Hillel". *Revista de Direito da Universidade de Tel Aviv* 22 (1999), p. 461-497 (hebraico). Esse ensaio, que descreve o contexto filosófico do debate entre as duas escolas de pensamento, também aborda vários exemplos que divergem da norma apresentada aqui.

conseguiria "furar a armadura" do discurso político israelense? Para reabilitar o debate nacional sobre o conflito, os israelenses precisam primeiro repensar a relação emocional que têm com as próprias opiniões. Contudo, a turbulência emocional que compromete o debate sobre o conflito não é nada quando comparada à turbulência emocional do conflito em si.

O IMPASSE EMOCIONAL

O desentendimento entre israelenses e palestinos é perpetuado por uma destrutiva dinâmica psicológica. O embate entre as duas nações é também um embate de sentimentos. Entre os israelenses, o sentimento predominante é o medo. Os israelenses têm medo dos palestinos.[4] Trata-se de um medo ancestral, profundo e comum a todos os israelenses, de todas as orientações políticas. O som de alguém falando árabe dispara uma espécie de alarme tanto para israelenses de esquerda quanto de direita. Entre os palestinos, o sentimento predominante não é o medo, e sim a humilhação.[5] Os palestinos não têm medo dos israelenses, mas se sentem humilhados por eles. O conflito entre essas duas nações é um conflito de sentimentos – em termos específicos, um doloroso confronto entre medo e humilhação.

Esses sentimentos nutrem e agravam um ao outro. O medo que os israelenses têm dos palestinos faz com que tomem medidas de proteção, como impor restrições à movimentação dos palestinos, retardar o tempo que levam nos postos de controle e lhes fazer perguntas na entrada de locais públicos. Como consequência dessas ações, a sensação de humilhação dos palestinos aumenta ainda mais. Porém, a dinâmica destrutiva não termina por aí. A humilhação inflama os sentimentos já existentes de ódio e raiva, criando um clima que gera violência – violência que por sua vez eleva a sensação de medo por parte dos israelenses. O trágico é: a sensação de medo dos israelenses promove ações que aprofundam a sensação de humilhação dos palestinos; e a sensação de humilhação dos palestinos promove reações

---

[4] Eran Halperin, Neta Oren e Daniel Bar-Tal, "Socio-Psychological Barriers to Resolving the Israeli-Palestinian Conflict: An Analysis of Jewish Israeli Society". In: Yaacov Bar-Siman-Tov (org.), *Barriers to Peace in the Israeli-Palestinian Conflict*. Jerusalém: Jerusalem Institute for Israel Studies, 2010, p. 28-52.

[5] Para uma discussão mais aprofundada sobre a sensação de humilhação dos palestinos, ver Padraig O'Malley, *The Two-State Delusion: Israel and Palestine – A Tale of Two Narratives*. Nova York: Penguin, 2006, p. 22-25.

que exacerbam a sensação de medo dos israelenses. Quando o medo e a humilhação colidem, um e outro ficam mais fortes.

Essa dinâmica caracteriza não apenas as relações pessoais, mas também as relações políticas entre as duas nações. Um dos principais objetivos dos palestinos é fazer um acordo com Israel que não os humilhe. Por outro lado, a demanda mais importante dos israelenses é estabelecer um acordo com os palestinos que não os ponha em risco. E é aí que reside o problema: satisfazer as necessidades de segurança de Israel necessariamente fere o *karamah* dos palestinos, seu orgulho nacional.[6]

Vejamos um exemplo: a maioria dos israelenses só apoiaria um acordo se os palestinos se desmilitarizassem. Além disso, os israelenses em geral insistem que essa desmilitarização deveria ser imposta, entre outras coisas, pelo controle contínuo por parte das IDF sobre o Vale do Jordão. Só que essa demanda é humilhante para os palestinos: a presença militar israelense em solo palestino representaria um forte golpe à soberania deles e perpetuaria a sensação de ocupação e humilhação.

Ora, são legítimas as razões dos dois lados. Para os israelenses, a presença militar no Vale do Jordão é uma necessidade à qual não podem renunciar; para os palestinos, essa presença constitui uma humilhação nacional inaceitável.[7]

Mais um exemplo: a maior parte dos israelenses rejeitaria um acordo que fechasse o espaço aéreo palestino à Força Aérea Israelense. As razões são evidentes: apenas com o espaço aéreo livre Israel conseguiria supervisionar a desmilitarização palestina, conduzir exercícios de treinamento necessários e garantir sua segurança aérea. Mas não poderia haver maior humilhação para os palestinos do que ter jatos israelenses sobrevoando suas cabeças diariamente.[8] De novo, ambos os lados têm razão. As mesmas

---

[6] Minha apresentação da perspectiva palestina é, por óbvio, incompleta. Para uma leitura mais aprofundada, ver Yohanan Tzoref, "Barriers to Resolution of the Conflict with Israel: The Palestinian Perspective". In: *Barriers to Peace in the Israeli-Palestinian Conflict*, p. 58-96.

[7] Ver a pesquisa de dezembro de 2013 conduzida pelo Centro Palestino para Políticas e Pesquisas (PCPSR, na sigla em inglês), Pesquisa de Opinião Pública n. 50, em que três quartos dos entrevistados disseram que seriam contra um acordo que incluísse a presença militar israelense no Vale do Jordão, mesmo que temporária. Dito isso – e esse ponto será analisado mais à frente –, é possível que, diante das crescentes ameaças regionais, os palestinos tenham agora interesse na presença das IDF no Vale do Jordão.

[8] Ver a pesquisa de dezembro de 2014 conduzida pelo PCPSR, Pesquisa Conjunta Israelo-Palestina, n. 54, segundo a qual 53% dos palestinos se oporiam a um acordo pela soberania

medidas que aliviariam a sensação de medo dos israelenses exacerbariam a sensação de humilhação dos palestinos.

Trata-se de um jogo de soma zero entre a honra nacional de uma nação e a segurança nacional de outra. Assim, um acordo que satisfizesse as necessidades de segurança de Israel seria encarado como perpetuação do controle israelense sobre os palestinos, tendo como consequência mais humilhação. Por outro lado, um acordo aceitável para os palestinos seria encarado como um passo que enfraqueceria Israel, expondo o Estado a ameaças inaceitáveis em termos de segurança. Quando o medo e a humilhação colidem, qualquer possibilidade de acordo político voa pelos ares.

O medo que os israelenses sentem em relação aos palestinos é resultado de décadas de conflito, em que pelo menos três gerações foram expostas ao terrorismo.[9] Se o propósito do terrorismo é espalhar medo por toda a sociedade, então o terrorismo palestino foi muito bem-sucedido. Os israelenses têm medo, mas esse medo possui raízes mais profundas, para além da situação atual. É consequência não apenas do terrorismo palestino, mas também de séculos de história judaica.

A história dos judeus é uma história de perseguição. Na memória judaica coletiva, o passado consiste em uma longa e interminável série de expulsões e *pogroms*.[10] A crença de que "a cada geração eles se levantam para nos destruir", repetida todo ano no Pessach, foi sendo inscrita nas profundezas da consciência judaica. O terrorismo palestino não criou esse medo — apenas reativou no subconsciente israelense um medo judaico, muito mais antigo.

---

palestina na Cisjordânia que reservasse a Israel o direito de usar o espaço aéreo palestino para exercícios de treinamento.

[9] Ver Nimrod Rosler, "Fear as an Obstacle and Motive for Conflict Resolution: Theoretical Discussion and the Israeli Case". In: Yaacov Bar-Siman-Tov (org.), *Barriers to Peace in the Israeli-Palestinian Conflict*. Jerusalém: Jerusalem Institute for Israel Studies, 2010, p. 129-157 (hebraico). Para este ensaio, usei a edição em hebraico do livro, que não corresponde exatamente à edição em inglês. Ver também Daniel Bar-Tal, *Convivendo com o conflito: uma análise sociopsicológica da sociedade judaico-israelense*. Jerusalém: Carmel, 2007 (hebraico).

[10] A impressão entre os judeus de que a história judaica é uma sucessão interminável de *pogroms* e perseguições é apenas um reflexo parcial da verdade histórica. Porém, as percepções do passado moldam mais o presente do que o próprio passado em si. Para entender mais o debate em curso entre historiadores do povo judeu sobre o elemento de sofrimento na historiografia judaica, ver a análise de Alon Gan, *Da vitimização à soberania*. Jerusalém: Israel Democracy Institute, 2014, p. 171-180 (hebraico).

Por sua vez, o sentimento de humilhação compartilhado entre os palestinos foi sendo moldado por décadas de controle militar israelense sobre a população civil dos territórios.[11] Mas essa humilhação não teve início em 1967. Da mesma forma que o medo israelense tem raízes na história judaica, o sentimento de humilhação dos palestinos tem raízes na história muçulmana.

Por muitos séculos, a civilização islâmica foi a mais desenvolvida de todo o mundo. Era líder no progresso científico e fonte de grandes avanços na matemática, na filosofia e na arte, promovendo verdadeiras mudanças de paradigma. Deu origem a alguns dos maiores astrônomos, poetas e pensadores do período. A civilização islâmica servia de inspiração para todas as demais fés, inclusive para o judaísmo. Maimônides, por exemplo, abriu um novo caminho na filosofia judaica inspirando-se em pensadores muçulmanos, em especial Avicena e al-Farabi. Alguns dos maiores progressos intelectuais do mundo cristão, como as obras de Tomás de Aquino, por exemplo, também se inspiraram nos pensadores muçulmanos. A filosofia islâmica iluminava o mundo todo, enquanto os pensadores na Europa — domínio da cristandade — permaneciam em grande medida isolados. Os avanços da civilização islâmica apenas enfatizavam a relativa inércia do mundo cristão.[12]

A transformação das civilizações europeias teve início no século XIV, quando os filósofos e homens da política passaram a questionar a ortodoxia e o poder da Igreja. Com o Renascimento e a entrada na era moderna, os europeus começaram a exercer o pensamento crítico e a produzir novas ideias, provocando revoluções políticas e tecnológicas que transformaram o mundo. Essas revoluções não aconteceram no mundo islâmico. Quando os Estados europeus começaram a despontar, a civilização islâmica sofreu um declínio: o pensamento crítico foi silenciado, a incrível vida intelectual foi extinta e seu poder acabou enfraquecido. Por fim, os europeus conseguiram transformar as disparidades culturais em disparidades de poder, e então colonizaram o mundo islâmico, assumindo seu controle.[13]

Esse doloroso revés histórico para o Islã é a raiz do sentimento de humilhação compartilhado por muitos muçulmanos ao redor do mundo.

---

[11] Ver Tzoref, "Barriers to Resolution of the Conflict with Israel".
[12] Ver Bernard Lewis, *What Went Wrong?* Londres: Weidenfeld and Nicolson, 2012.
[13] Ibid.

O antes glorioso e poderoso império saiu enfraquecido e atrofiado, e essa transição criou uma forte sensação de ofensa na psique muçulmana.[14] Portanto, a bagagem psicológica afeta a luta palestina contra Israel. Os palestinos enxergam os israelenses como invasores ocidentais que se implantaram de forma injusta no mundo do Islã. Assim, para os muçulmanos, o sucesso do sionismo é uma lembrança viva e penosa da humilhação que eles sofrem nas mãos da civilização ocidental.

Em suma, assim como o terrorismo palestino não é a causa do medo dos israelenses, mas amplifica um medo mais antigo, judaico, as ações de Israel hoje não são a causa do sentimento de humilhação dos palestinos, mas amplificam uma humilhação mais abrangente compartilhada pelo mundo muçulmano em geral.[15]

Como ficam, então, os dois lados? O apego emocional de ambas as partes a seus respectivos posicionamentos diante do conflito obstrui o debate franco sobre o próprio conflito. Porém, o debate não é a única vítima desse envolvimento emocional — o próprio conflito é mais uma vítima. Sentimentos judaicos ancestrais colidem com sentimentos muçulmanos também ancestrais, bloqueando o surgimento de qualquer solução. Trata-se de um conflito com profundidade

---

[14] Mais do que uma ofensa, essa mudança nas relações de poder também provocou uma sensação de constrangimento religioso. Do ponto de vista islâmico, a primazia militar, política, cultural e intelectual do Islã sobre o Ocidente deriva da escolha de Deus de eleger o Islã como a fé que triunfaria sobre as outras religiões e lideraria a humanidade, bem como da escolha de Deus envolvendo o profeta Maomé ("o último profeta"). A transferência desse direito inato para o Ocidente cristão representa não apenas uma ameaça nacional, mas também teológica.
No final do século XIX, líderes religiosos — como Jamal al-Din al-Afghani, Muhammad Abduh e Rashid Rida — enxergaram essa situação como um chamado divino para que os muçulmanos se dedicassem a uma profunda introspecção e adotassem mudanças e reformas no Islã. Curiosamente, essa corrente fez nascer tanto o liberalismo quanto o fundamentalismo islâmico que prega uma cruzada contra o Ocidente, com grupos que vão desde a Irmandade Muçulmana, passando pela Al Qaeda até o Estado Islâmico. Para mais detalhes, ver Malcom H. Kerr, *Islamic Reform: The Political and Legal Theories of Muhammad Abduh and Rashid Rida*. Berkeley: University of California Press, 1966.
[15] Diversos fatores ajudaram a moldar a mentalidade palestina, segundo a qual o sionismo é encarado como um movimento colonialista europeu. Hillel Cohen analisa esses fatores em *Year Zero of the Arab-Israeli Conflict: 1929*. Waltham, Mass.: Brandeis University Press, 2015. Ele os apresenta de forma clara e sistemática.

psicológica, e essa profundidade tem, ainda, profundidade histórica. A história dos judeus e a história dos muçulmanos estão intimamente vinculadas ao conflito, fadadas a entrar em choque uma com a outra. O jubileu da Guerra dos Seis Dias oferece aos israelenses a oportunidade de renovar suas ideias sobre o conflito – e uma importante medida que eles precisam adotar é parar de pensar em dicotomias e começar a pensar em estágios.

PENSAR EM ESTÁGIOS, EM VEZ DE DICOTOMIAS

O pensamento judaico religioso passou por uma grande transformação na era moderna. A tradição judaica apresenta uma hierarquia de mandamentos, sendo alguns da máxima importância e outros nem tanto. Alguns deles estão enraizados na própria Torá (chamados de *d'oraita*), enquanto outros se baseiam nos ensinamentos dos sábios (*d'rabanan*); há também os que tecnicamente não são mandamentos, e sim costumes.

No século XIX, o judaísmo ultraortodoxo jogou por terra essa hierarquia. De uma hora para outra, todos os mandamentos passaram a ter o mesmo caráter obrigatório. "Para nós, o povo judeu", escreveu o rabino Akiva Schlesinger, "todo o *Shulchan Aruch* [código da lei judaica] é equivalente aos Dez Mandamentos, e todos os costumes judaicos também são equivalentes aos Dez Mandamentos".[16] Os rabinos passaram a ordenar a suas congregações que observassem simples costumes como se fossem mandamentos bíblicos explícitos. Misturaram o trivial com o supremo, eliminando as nuances da lei religiosa judaica e usando um único tom para pintar um rico e diversificado legado.

Não foi apenas o pensamento religioso que ficou dicotômico; o mesmo aconteceu ao pensamento político. Assim como a lei ultraortodoxa eliminou o espectro de mandamentos e ofensas, tornando tudo igualmente solene, a política judaica também eliminou o espectro de questões e soluções, deixando tudo no mesmo patamar de solenidade. Tanto a esquerda quanto a direita traduziram a linguagem religiosa – distinções entre puro e impuro, sagrado e profano – em linguagem política, diferenciando trevas e luz, patriotismo e traição.

---

[16] Akiva Yosef Schlesinger foi um dos fundadores da ortodoxia haredi. Citado em Michael Silber, "Origins of Ultra-Orthodoxy". In: Salmon, Yosef; Ravitzky, Aviezer; Ferziger, Adam (orgs.). *Orthodox Judaism – New Perspectives*. Jerusalém: Magnes, 2006, p. 317 (hebraico).

Nos últimos cinquenta anos, o pensamento político israelense se tornou binário: Israel ou é uma potência ocupante ou uma sociedade de valores morais; ou está em conflito ou está em paz; ou está assentando a terra ou traindo sua identidade e seus valores. Este é o momento certo para questionar: o que acontecerá se os israelenses ajustarem sua forma de pensar sobre política? O que acontecerá se eles pararem de enxergar a política a partir de um olhar ultraortodoxo e começarem a vê-la com um olhar não dicotômico? Uma mudança assim lhes permitiria fazer perguntas totalmente inéditas. Em vez de perguntar como resolver o conflito, perguntariam como limitá-lo. Em vez de perguntar como pôr fim à ocupação, perguntariam como minimizá-la.

O mais importante é que os israelenses teriam condições de rever sua atitude diante da própria noção de paz. Eles se acostumaram a falar de paz como alguma coisa que um dia "vai irromper"; tendem a achar que a paz é um evento grandioso, transformador, que vai simplesmente "acontecer" e transformar os próprios fundamentos da realidade. Mas talvez a paz também exija que os israelenses pensem em termos de estágios. Dessa forma, é capaz de eles descobrirem que o mundo já contém um certo nível de paz, e que a missão de Israel é justamente criar ainda mais paz.

O Talmud diz que os estudiosos da Torá "ampliam a paz no mundo" — eles não *trazem* a paz.[17] Eles a ampliam por meio de suas ações e de seus estudos. Portanto, em vez de perguntar como trazer a paz, os israelenses precisam perguntar o que podem fazer para *ampliá-la*.

Toda ideia tem sua própria história, e neste livro tentarei contar as histórias das principais ideias políticas de Israel. São ideias com raízes no pensamento sionista e que se tornaram verdadeiras ideologias políticas ao longo dos anos, colidindo umas com as outras com força catastrófica. Esse confronto de ideias abalou o âmago da sociedade israelense, e é por isso que as descreverei em termos tão dramáticos e duros. Leitores que preferem formulações mais reservadas podem consultar as fontes listadas nas notas.

O debate que dilacera Israel não se baseia apenas em ideias. Há outros fatores responsáveis por ampliar as divergências e impedir que os israelenses escutem uns aos outros. O debate é alimentado também por divisões

---

[17] Talmud babilônico, Berakhot 64a, trad. Adin Steinsaltz. In: *The William Davidson Talmud*, Sefaria Library, Sefaria. org.

étnicas, conflito de classes e até interesses políticos pessoais. Nada disso será abordado em detalhes na discussão que se segue. Acima de tudo, esta é uma jornada intelectual.

As ideias de Zeev Jabotinsky, Rav Kook, Karl Marx, David Ben-Gurion e muitos outros pautaram as tendências profundas da política israelense moderna. Na Parte I, discuto a filosofia que há por trás da política.[18] Na Parte II, parto do pensamento político subjacente a esse discurso para os argumentos específicos que ele gera. Ao longo do caminho, mergulho nos argumentos políticos difundidos dentro de Israel, ouvindo com respeito e empatia as causas defendidas pelos diferentes lados nos últimos cinquenta anos.[19]

As duas primeiras partes compõem o núcleo deste livro. Espero que a análise de ideias, por um lado, e de argumentos, por outro, permita aos leitores compreender com maior nitidez o debate que vem perturbando Israel desde a Guerra dos Seis Dias. Na Parte III, esboço as características de um tipo pragmático de pensamento que talvez seja útil para vencer a relutância que os israelenses têm de escutar uns aos outros.

Enquanto fazia a pesquisa para este livro, descobri que em Israel todos os lados do debate político nutrem um desejo inconfesso de serem compreendidos. Mas para que o diálogo nacional tenha salvação, os israelenses terão de somar a esse desejo também o desejo de *compreender*. É raro as pessoas apresentarem esse desejo, mas alguém que de fato tinha isso era minha grande amiga Sari Rubinstein, que nos deixou enquanto eu escrevia este livro. Sari entendia profundamente o ser humano e ao longo da vida teve muito êxito na missão de ampliar a paz no mundo. Dedico este livro a ela, com amor e saudade.

---

[18] O confronto de ideologias políticas é parte de um confronto muito mais amplo que assola a sociedade israelense: o desentendimento entre religiosos e seculares. No livro *The Wondering Jew* [O judeu questionador], a sair pela Yale University Press e já publicado em Israel, examino as raízes intelectuais do debate sobre a identidade judaica de Israel, para oferecer um amplo panorama sobre o confronto de ideias dentro do país.

[19] No decorrer desta análise, utilizarei os termos *esquerda* e *direita* como generalizações. Os termos representarão os posicionamentos tradicionais de dois campos rivais, ao mesmo tempo em que, deliberadamente, deixarão de lado as variações que existem dentro de cada campo político.

PARTE I
CRISE DAS IDEOLOGIAS POLÍTICAS
—

> Quando vejo uma pessoa entre nós que já respondeu a todas as próprias perguntas e contradições [...] fico me perguntando se ela não estaria vivendo em outro planeta, fora do nosso mundo de lágrimas e vicissitudes, de tormentas e ilusões perdidas [...]. Quanto a mim, prefiro uma mente confusa, errática e inquieta a uma mente sem preocupações, que silencia sobre as verdades que lhe são caras.
>
> ***Berl Katznelson***

INTRODUÇÃO

DIREITA E ESQUERDA – CRÔNICA DE DUAS GUINADAS

Quanto mais de direita, mais religiosos os israelenses são; e quanto mais religiosos, mais de direita eles são. Claro que se trata de uma generalização nem sempre verdadeira, mas hoje em Israel existe quase uma correlação direta entre ser de direita e ser religioso.

As coisas nem sempre foram assim. Nenhum dos pais fundadores do sionismo religioso encarava a soberania sobre toda a Terra de Israel como algo sagrado. O rabino Yaakov Reines, que fundou o sionismo religioso em sua forma política, apoiava o Plano de Uganda – a proposta do Império Britânico, no início do século XX, de criar um lar nacional para os judeus na África Oriental. O fundador do movimento que depois rejeitaria com vigor a ideia de abrir mão de partes da Terra de Israel estava disposto a entregar toda a terra.[1]

Mais tarde, o ministro que representava o Partido Nacional Religioso, Haim-Moshe Shapira, opôs-se com veemência a que Israel iniciasse a Guerra dos Seis Dias. A campanha de restabelecer o povo de Israel em sua antiga pátria bíblica e na Cidade Velha de Jerusalém foi conduzida apesar da oposição feita pelo partido dos nacionalistas religiosos.[2] Quem olha hoje

---

[1] Ver Ehud Luz, *Parallels Meet: Religion and Nationalism in the Early Zionist Movement*. Filadélfia: Jewish Publication Society, 1988. Por que os judeus religiosos, em particular, aceitaram a proposta de estabelecer um novo Estado fora da Terra Santa? Havia alguns fatores políticos e pessoais envolvidos, como fidelidade partidária ao líder Theodor Herzl, mas também argumentos religiosos. Em vez de esquecer Sião, um dos rabinos propôs um "remédio já testado": rezar três vezes ao dia. Ver também Ehud Luz, "The Uganda Controversy" ["A controvérsia de Uganda"], *Kivunim* 1, 1979, p. 59-60 (hebraico).

[2] Como mostrou Eliezer Don-Yehiya, Haim-Moshe Shapira liderou, no governo israelense, a maior resistência contra a decisão de ir para a guerra. Além disso, quando as vozes messiânicas já haviam ganhado força dentro do sionismo religioso, depois da conquista de Jerusalém e dos territórios, Shapira não manifestou seu posicionamento sobre o status político das novas terras. Ver Eliezer Don-Yehiya, "Leadership and Policy in Religious Zionism:

para o sionismo religioso certamente se surpreende ao saber que o rabino Reines defendeu a proposta de entregar a Terra Santa e que o ministro Shapira se opôs à liberação da Cidade Velha.

Assim como no início o sionismo religioso não era de direita, em seus primórdios a direita israelense tampouco era predominantemente religiosa. O pai fundador da direita israelense, Ze'ev Jabotinsky, era o líder sionista menos religioso do começo do século XX. Nascido e criado na cosmopolita cidade de Odessa, ele viveu num ambiente intelectual longe de ser religioso.[3] Ao contrário da maior parte dos líderes sionistas de esquerda, que foram criados em lares religiosos e preservaram a vida toda uma relação nostálgica e até ambivalente com as tradições judaicas, Jabotinsky cresceu como indivíduo secular, com pouco apego à tradição. Talvez para a geração de hoje também seja surpreendente saber que o líder sionista menos religioso era ao mesmo tempo o mais à direita de todos.

Nos anos que se seguiram à Guerra dos Seis Dias, a natureza do sionismo religioso se transformou, bem como a natureza da direita secular. O sionismo religioso se moveu mais para a direita durante a década de 1970; em paralelo, a direita secular começou a se enfraquecer, até se ver incorporada

---

Chaim Moshe Shapira, the NRP and the Six-Day War" ["Liderança e política no sionismo religioso: Chaim Moshe Shapira, o PNR e a Guerra dos Seis Dias"]. In: Asher Cohen; Yisrael Harel. *Religious Zionism: The Era of Change* [Sionismo religioso: a era da mudança]. Jerusalém: Bialik Institute, 2004, p. 148-157 (hebraico).

[3] Joseph Schechtman explica que o judaísmo como religião tinha um papel de certa forma menor na vida de Jabotinsky. Joseph Schechtman, *Rebel and Statesmen: The Vladimir Jabotinsky Story*. Nova York: Thomas Yoseloff, 1956. Também é assim que Jabotinsky descreve o próprio judaísmo em sua autobiografia; ver Ze'ev Jabotinsky, "Story of My Life" ["História da minha vida"]. In: Eri Jabotinsky (org.). *Collected Works* [Obra reunida], 18 vols. Jerusalém: E. Jabotinsky Ltd., 1947-1959, vol. 1: *Autobiography* [Autobiografia], 18-19 (hebraico). Ver também Arye Naor, "'Even Heretics Have a Role at Sinai': Clarifying Jabotinsky's Relationship with Jewish Tradition" ["'Até os hereges têm um papel no Sinai': esclarecimentos sobre a relação de Jabotinsky com a tradição Judaica"]. *Studies in Israeli and Modern Jewish Society* [Estudos sobre a sociedade israelense e a sociedade judaica moderna], 16, 2006, p. 131-170 (hebraico); Eliezer Don-Yehiya, "Between Nationalism and Religion: The Transformation of Jabotinsky's Attitude Towards Religious Tradition". In: Avi Bareli; Pinhas Ginossar (orgs.). *In the Eye of the Storm: Essays on Ze'ev Jabotinsky*. Sde Boker: Ben-Gurion Institute for the Study of Israel and Zionism, 2004; Michael Stanislawski, *Zionism and the Fin de Siècle: Cosmopolitanism and Nationalism from Nordau to Jabotinsky*. Berkeley: University of California Press, 2001, p. 116-238.

pelo sionismo religioso. Foi assim que nasceu uma das forças ideológicas mais influentes na história de Israel: a direita religiosa.

Não foi apenas a direita que passou por mudanças profundas; o mesmo aconteceu à esquerda. Em sua origem, o foco da esquerda israelense não era a paz. Por muitos anos, após ter surgido, a paixão da esquerda era o campo social, e não o campo político. Seu principal objetivo era fomentar a solidariedade entre os trabalhadores, não a paz entre as nações. Por muito tempo, os líderes do histórico movimento trabalhista — David Ben-Gurion, Moshe Dayan e Golda Meir — foram extremamente céticos quanto à possibilidade de se alcançar uma paz duradoura com os árabes. Sempre se distanciavam de iniciativas políticas que pretendessem eliminar as hostilidades entre os dois povos. Porém, a esquerda israelense passou por uma enorme mudança nos anos posteriores à Guerra dos Seis Dias. Seus líderes trocaram o socialismo pela paz, alçando-a a objeto de paixão e sonho máximo.

Esses processos paralelos aconteceram quase simultaneamente. Enquanto a direita se tornou menos secular e liberal e mais religiosa e messiânica, a esquerda deixou de ser um movimento social para se tornar um movimento diplomático. A nova esquerda e a nova direita colidiram com uma força brutal, dando origem ao conflito ideológico que se desenrolou depois da Guerra dos Seis Dias. Nos próximos capítulos, contarei a história dessas novas ideias.

CAPÍTULO 1
A guinada ideológica da direita
—

──────────── AS TRÊS VISÕES PROFÉTICAS DE JABOTINSKY

Z E'EV JABOTINSKY ERA um pessimista. Para onde quer que olhasse, só enxergava perigosas ameaças à espreita do povo judeu. Ele alertou para a traição dos ingleses, o ataque dos árabes e a iminente aniquilação dos judeus da Europa, catástrofe que de fato previu. Da forma mais dolorosa, a história provou que essas visões se tornaram realidade. Jabotinsky era o homem que quase sempre estava certo.

Durante a Primeira Guerra Mundial, os ingleses se comprometeram a ajudar o povo judeu a estabelecer um lar nacional na Terra de Israel. O compromisso, firmado na famosa carta de 2 de novembro de 1917, que ficou conhecida como Declaração Balfour, formou a base do mandato que definiu a obrigação dos ingleses perante os judeus e inspirou um tremendo otimismo entre muitos sionistas.

Porém, Jabotinsky não se rendeu ao inebriante clima de otimismo. Tinha certeza de que os ingleses quebrariam a promessa. Acreditava que sem um envolvimento político enérgico por parte dos sionistas, os ingleses dariam as costas aos judeus, em prol de uma aliança alternativa com os árabes.[1] Com o passar do tempo, os ingleses de fato começaram a recuar do

---

[1] Desde 1918, Jabotinsky já demonstrava evidente preocupação com a estabilidade e confiabilidade da promessa dos ingleses. Menos de um ano após a Declaração Balfour, ele já sentia que a liderança sionista, sob o comando de Chaim Weizmann, era pacifista demais, e que essa postura estava levando à erosão gradual do posicionamento político sionista. Ver Shmuel Kat, *Lone Wolf: A Biography of Vladimir (Ze've) Jabotinsky*, 2 vols. Nova York:

compromisso que tinham com o povo judeu. Quando a Inglaterra publicou o infame Livro Branco, em 1939, restringindo a migração judaica à Palestina e rejeitando a ideia da partilha, já estava claro que não se sentia mais amarrada à Declaração Balfour. Por fim, às vésperas da Segunda Guerra Mundial, os ingleses abandonaram de vez os compromissos assumidos durante a Primeira Guerra.

Na década de 1930, à medida em que os nazistas ganhavam poder na Alemanha, Jabotinsky não deixava de alertar para a terrível catástrofe que dali a pouco se abateria sobre os judeus da Europa: "Estamos vivendo à beira do abismo, na iminência de um desastre final no gueto global".[2] Ele tentou sacudir o movimento sionista, para tirá-lo de sua complacência, instando seus membros a lutar pela migração dos judeus da Europa para a Palestina. O homem que previu a traição que os judeus

---

Barricade, 1996, vol. 1. Ver também Ze'ev Jabotinsky, "The Commandment of Pressure" ["Ordem de pressão"], *Haaretz*, 21 de junho de 1954 (hebraico), e "Pressure" ["Pressão"]. In: Yosef Nedava (org.). *The Road to Revisionist Zionism: Anthology of Essays in "Razsviet", 1923-1924* [O caminho para o sionismo revisionista: antologia de ensaios em "Razsviet", 1923-1924]. Tel Aviv: Jabotinsky Institute in Israel, 1984 (hebraico).

[2] Ze'ev Jabotinsky, "Exalted Zionism — Speech at the Founding Conference of the Revisionist Zionism" ["Sionismo exaltado — Discurso na Conferência Inaugural do Sionismo Revisionista], Viena, 1935. In: Eri Jabotinsky (org.). *Jabotinsky. Collected Works* [Obras reunidas], 18 vols. Jerusalém: E. Jabotinsky Ltd., 1947-1959, vol. 11: *Speeches* [Discursos] 1927-1940, p. 179 (hebraico).

Num discurso proferido em 1938, Jabotinsky foi ainda mais direto e contundente: "Devo dizer, sem rodeios, que a catástrofe é iminente [...]. Vocês não estão enxergando o vulcão que em breve começará a cuspir o fogo da destruição [...]. Prestem atenção às minhas palavras nesta hora tão tardia. Pelo amor de Deus! Que cada um possa se salvar, enquanto ainda é tempo — e o tempo é curto! Gostaria de acrescentar mais uma palavra neste 9 de Av. Aqueles que conseguirem escapar à catástrofe merecerão um momento de grande júbilo para os judeus: o renascimento e a ressureição do Estado judeu. Nem sei ao certo se eu mesmo serei merecedor. Sim, meu filho! Acredito nisso tanto quanto acredito que amanhã de manhã o sol voltará a brilhar. Acredito piamente nisso". Ze'ev Jabotinsky, "In the Spirit of the Ninth of Av" ["Sob o espírito de 9 de Av"]. In: Yosef Nedava (org.). Jabotinsky, *Guiding Principles for the Problems of the Day* [Princípios norteadores para os problemas atuais]. Tel Aviv: Jabotinsky Institute in Israel, 1981, p. 160 (hebraico). Num discurso proferido no ano seguinte, Jabotinsky tentou amedrontar a plateia, advertindo: "Destruição. Destruição. Repitam bem alto essa palavra, e eu espero estar errado"; Jabotinsky, "The End of Hollow Condemnations" ["O fim das condenações falsas"], ibid., p. 164 (hebraico).

sofreriam nas mãos dos ingleses também previu a aniquilação do povo nas mãos dos alemães.³

Jabotinsky também tinha razão sobre os árabes. Divergindo da opinião predominante entre os sionistas, ele previu que a imigração em massa dos judeus para a Palestina provocaria uma resistência massiva por parte dos árabes que lá viviam. Ele escreveu que os distúrbios antijudaicos em Jaffa, em 1921, não eram uma exceção à norma, mas tinham se tornado a própria norma.⁴ Involuntariamente, o movimento sionista marchava rumo a um violento confronto com o movimento nacionalista árabe. Alguns sionistas acreditavam que os árabes não se oporiam ao sionismo

---

³ Cabe aqui uma pequena ressalva: há divergência entre os especialistas no sentido de determinar se Jabotinsky de fato previu o extermínio sistemático dos judeus da Europa, conforme perpetrado pela Alemanha nazista, ou se ele pretendia alertar para um perigo mais geral — a derrocada política e o colapso social dos judeus europeus, o que necessariamente levaria à assimilação.

Para estudiosos que enxergam Jabotinsky como uma figura que pressagiou a verdadeira natureza da calamidade por vir, ver Katz. *Lone Wolf*, vol. 2; Yosef Nedava, "Foreseeing Events and a Feeling for the Holocaust" ["A previsão de acontecimentos e a intuição sobre o Holocausto"], *In the Dispersion of Exile* [Na dispersão do exílio], 19, n. 83-84, 1978, p. 100-107 (hebraico); Benzion Netanyahu, *The Founding Fathers of Zionism*. Nova York: Gefen, 2012. Para interpretações mais céticas e moderadas, ver Yaakov Shavit e Liat Shteir-Livni, "Who Cried Wolf? How Did Ze'ev Jabotinsky Understand the Nature and Intentions of Nazi Germany?". In: Avi Bareli; Pinchas Ginossar (orgs.), *In the Eye of the Storm: Essays on Ze'ev Jabotinsky*. Sde Boker: Ben-Gurion Institute for the Study of Israel and Zionism, 2004; Yaacov Shavit, *The Mythologies of the Zionist Right Wing* [As mitologias da direita sionista]. Tzofit: Beit-Berl e Moshe Sharett Institute, 1986, p. 63-84 (hebraico); Dan Michman, "Ze'ev Jabotinsky – the Evocation Plan and the Problem of Foreseeing the Holocaust" ["Ze'ev Jabotinsky – o Plano de Evocação e a questão da previsão do Holocausto"], *Kivunim* 7, maio de 1980, p. 119-127 (hebraico). Ver também a discussão de Jabotinsky e um abrangente resumo em Amir Goldstein (org.),m *Zionism and Anti-Semitism in the Thought and Action of Ze'ev Jabotinsky* [Sionismo e antissemitismo nas reflexões e ações de Ze'ev Jabotinsky]. Sde Boker: Ben-Gurion University Press e Jabotinsky Institute, 2015, p. 424-440 (hebraico).

⁴ Ver, por exemplo, Jabotinsky, discurso no Conselho Geral Sionista, "The Security of the Yishuv – The Foundational Question of Zionism" ["A segurança do Yishuv – A questão fundadora do sionismo]. In: Jabotinsky. *Collected Works* [Obras reunidas], vol. 10: *Speeches* [Discursos] 1905-1926, p. 189-207 (hebraico). Jabotinsky compara os protestos árabes aos *pogroms* na Europa. Acredita que ambos os casos seriam manifestações de antissemitismo; assim, não haveria motivos para tentar persuadir ou dialogar; ibid., p. 97 (hebraico).

por imaginarem que se beneficiariam dele.⁵ Para Jabotinsky, esse era um posicionamento paternalista:

> *A fantasia infantil dos nossos "arabófilos" está ancorada numa espécie de desdém preconceituoso pelo povo árabe, numa espécie de percepção totalmente infundada sobre essa raça, que a vê como uma massa corrompida capaz de entregar a própria pátria em troca de um bom sistema ferroviário. Não há qualquer justificativa para essa percepção. Talvez seja possível subornar alguns árabes individualmente, e com certa frequência. Mas daí não se pode concluir que os árabes da Terra de Israel, como coletivo, negociarão seu fanático senso de patriotismo, o que nem mesmo os papuas aceitam negociar. Qualquer nação travará uma luta contra os colonizadores, mesmo que tenha apenas um fiapo de esperança de se livrar da ameaça de ser colonizada. É isso que os árabes da Terra de Israel vêm fazendo e é isso que continuarão a fazer.*⁶

Jabotinsky achava que os patriotas sionistas precisavam entender que os árabes também eram patriotas.⁷ Eles não negociariam seu direito de

---

⁵ Essa era a opinião de Theodor Herzl, descrita com nitidez em seu romance utópico *Altneuland* [Nova Velha Pátria]. Para uma análise mais completa sobre a opinião de Herzl, ver Derek Penslar, "Herzl and the Palestinian Arabs: Myths and Counter-Myths". *Journal of Israeli History* 24, n. 1, 2005, p. 65-77. Para mais esclarecimentos sobre as opiniões de Herzl, Jabotinsky e outros pensadores sionistas sobre a questão da relação com os árabes, ver Yosef Gorni, *Zionism and the Arabs, 1882-1948: A Study of Ideology*. Oxford: Clarendon, 1987.

⁶ Jabotinsky, "On the Iron Wall" (1923), ensaio publicado originalmente em russo; minha tradução baseia-se na versão em hebraico, disponível no site do Jabotinsky Institute [Instituto Jabotinsky]. Os alertas de Jabotinsky estavam implicitamente direcionados aos líderes sionistas oficiais, em particular a Chaim Weizmann e Nahum Sokolow, que acreditavam ser possível chegar a um acordo e um meio-termo com a liderança árabe. Ver Joseph Heller, "The Positions of Ben-Gurion, Weizmann, and Jabotinsky on the Arab Question: Comparative Study" ["As posições de Ben-Gurion, Weizmann e Jabotinsky sobre a questão árabe: um estudo comparativo"]. In: Anita Shapira; Jehuda Reinharz; Jacob Harris (orgs.), *The Zionist Age* [A era sionista]. Jerusalém: Zalman Shazar Centre, 2000, p. 233-234 (hebraico); Arye Naor, "'From the Wealth of Our Land There Shall Prosper': On Ze'ev Jabotinsky's Relationship to the Arabs of the Land of Israel" ["'Da riqueza de Nossa Terra, hão de prosperar': sobre a relação de Ze'ev Jabotinsky com os árabes da Terra de Israel"]. In: Ephraim Lavie (org.), *Nationalism and Morality: Zionist Discourse and the Arab Question* [Nacionalismo e valores morais: o discurso sionista e a questão árabe]. Jerusalém: Carmel, 2014, p. 123-142 (hebraico).

⁷ Jabotinsky dizia inclusive que os próprios árabes o enxergavam como o único sionista que os compreendia de verdade: "Alguns árabes se dirigiram a mim, e o fizeram de um

soberania nacional por uma simples melhoria na qualidade de vida. Justamente por respeitar os árabes é que os sionistas deveriam se preparar para a guerra contra eles.[8]

Jabotinsky previu a traição iminente dos ingleses, a destruição que seria causada pelos alemães e o confronto inevitável com os árabes. Era um sujeito desconfiado e pessimista, e o mais trágico de tudo é que estava quase sempre com a razão.

──────────────── PENSAMENTO POLÍTICO LIBERAL E CÉTICO

Certa vez, Jabotinsky escreveu: "Foi um sábio filósofo quem disse, *Homo homini lupus*. O homem se comporta pior que um lobo diante de outro homem, e isso não tem como ser solucionado tão cedo – nem por qualquer reforma política, nem pelas maravilhas da cultura, nem mesmo pela amarga experiência da vida. Tolo é aquele que acredita em seu vizinho, por melhor ou mais cordial que ele seja".[9] Jabotinsky acreditava que as reformas políticas nunca poderiam emendar a natureza humana. Era extremamente ingênuo, pensava ele, imaginar que um dia poderia existir uma sociedade política capaz de eliminar a maldade do ser humano.

Aquele que deposita sua fé na justiça não passa de um tolo, pois a justiça serve apenas àqueles que a demandam com força e obstinação. Quando me acusam de promover separatismo, de falta de confiança e de outros termos que ofendem ouvidos sensíveis, só posso responder: culpado da acusação! Eu apoio isso tudo, e assim continuarei fazendo. Porque o separatismo, a falta de confiança,

---

jeito curioso. Escreveram numa carta: 'Você é o único sionista que não quer nos ludibriar, e que entende que o árabe é um patriota, e não uma prostituta.'" Ze'ev Jabotinsky, "After Establishing the Border Corps" ["Depois de estabelecida a guarda de fronteira"], 1926. In: Jabotinsky, *Collected Works* [Obras reunidas], 10: 303 (hebraico).

[8] Jabotinsky continua em "After Establishing the Border Corps" ["Depois de estabelecida a guarda de fronteira"]: "A tragédia é tal que aí reside um choque entre duas verdades [...] e essa tragédia não nos lega uma possibilidade de paz. Não há espaço para a paz"; ibid.

[9] Ze'ev Jabotinsky, "*Homo Homini Lupus*" (1910). In: Jabotinsky. *Collected Works* [Obras reunidas], vol. 2: *Nation and Society* [Nação e sociedade], p. 256 (hebraico).

manter-se alerta e com um cassetete na mão — essa é a única maneira de se manter firme nesse covil não confiável de lobos.[10]

A desconfiança de Jabotinsky em relação aos ingleses, aos alemães e aos árabes não era fortuita. Pautava-se numa visão de mundo mais ampla, de ceticismo diante dos seres humanos em geral.[11] Para ele, os indivíduos escondiam impulsos violentos que não poderiam ser eliminados por meros arranjos sociais. Por conta disso, era preciso preservar a opção da guerra, mesmo em tempos de paz. Trata-se de um pensamento clássico de direita: a desconfiança na natureza humana gera desconfiança na política, que por sua vez encoraja uma atitude ultradefensiva, a autossegregação e o militarismo — elementos que podem ser, todos eles, encontrados na agenda de Jabotinsky.[12] Mas havia mais camadas no pensamento dele, baseadas não na desconfiança em relação à natureza humana, e sim na fé quanto ao caráter soberano do indivíduo.

Jabotinsky pregava a grandiosidade do indivíduo: enquanto nas ditaduras uma única pessoa governava várias, ele dizia que o indivíduo tinha sempre que governar a si mesmo.[13] O indivíduo é um ser complexo e rico, destinado a ser livre. Ninguém deveria impedir os outros de exercer seu pleno potencial, nem interferir na liberdade de expressão alheia. Uma sociedade livre é aquela em que cada indivíduo pode expressar a própria individualidade em todo seu potencial. O indivíduo nunca deveria estar subordinado a um rei; o indivíduo é o rei. "No princípio, Deus criou o indivíduo. Todo indivíduo é um rei em si mesmo, com igual valor a seu vizinho — mesmo

---

[10] Ibid.
[11] Ver Ze'ev Jabotinsky, "I Do Not Believe" ["Eu não acredito"] (1910) e "Rights and Violence" ["Direitos e violência"] (1911). In: Jabotinsky. *Collected Works* [Obras reunidas], vol. 15: *Feuilletons*, p. 81-105 (hebraico).
[12] Para a visão de mundo militarista de Jabotinsky, ver em especial "On Militarism" ["Sobre o militarismo"] (1933) e "On the Brother" ["Sobre o irmão"] (1933). In: Jabotinsky, *Collected Works* [Obras reunidas], vol. 4: *On the Road to Statehood* [A caminho de um Estado soberano], p. 39-58, 85-95 (hebraico).
[13] Raphaella Bilski Ben-Hur conduziu uma extensa pesquisa sobre o assunto. Ver Raphaella Bilski Ben-Hur, *Every Individual, a King: The Social and Political Thought of Ze'evVladimir Jabotinsky*. Washington, D.C., Bnai Brith Books, 1993. Ver também *Ze'ev Jabotinsky, To the Essence of Democracy: The Liberal and Democratic Philosophy of Ze'ev Jabotinsky* [Ze'ev Jabotinsky, na essência da democracia: a filosofia liberal e democrática de Ze'ev Jabotinsky]. Tel Aviv, Jabotinsky Medal, 2001 (hebraico).

os perversos são reis por direito próprio. É melhor o indivíduo pecar contra a sociedade do que a sociedade pecar contra o indivíduo. A sociedade foi criada para servir ao indivíduo."[14]

Aqui, Jabotinsky manifesta enfaticamente uma visão de mundo liberal. O indivíduo não nasceu para servir à sociedade; a sociedade é que nasceu para servir ao indivíduo.[15] O indivíduo não pertence ao Estado; é o Estado

---

[14] Jabotinsky, "Story of My Life" ["História da minha vida"]. In: Jabotinsky, *Collected Works* [Obras reunidas], vol. 1: *Autobiography* [Autobiografia], 38 (hebraico).

[15] Preciso fazer aqui uma ressalva a essa identificação: as declarações liberais de Jabotinsky são, sem dúvida, contundentes, mas ele também deu outras declarações, mais antiliberais. Ele defendia uma teoria orgânica do nacionalismo: a nação seria um ser vivo, com natureza discernível e caráter próprio. Se a nação era uma entidade orgânica, então cada um dos indivíduos da nação seria um órgão dentro de um corpo maior. Essa teoria, claro, é profundamente antiliberal. A filosofia nacionalista orgânica em geral não combinava com a filosofia política liberal. Porém, para Jabotinsky, as duas andavam de mãos dadas. Apesar de seu nacionalismo orgânico, em que os indivíduos pertenciam ao coletivo (a nação), o Estado ideal, para Jabotinsky, era o Estado liberal, em que o indivíduo não pertencia ao Estado, e cada um era seu próprio rei, em busca da autorrealização individual.
A filosofia de Jabotinsky sobre a *nação* não pautou sua filosofia sobre o *Estado*. Ambas se refletiram em sua teoria do sionismo, segundo a qual o Estado de Israel seria o lugar em que o corpus nacional judaico floresceria. Mas esse mesmo Estado seria liberal, alimentando o individualismo de seus cidadãos. No Estado de Israel moderno, também, a teoria nacionalista de Jabotinsky não precisa moldar a filosofia política individual. Como Estado, Israel pode promover o caráter peculiar do povo judeu e, ao mesmo tempo, manter de forma igualitária suas obrigações perante todos seus cidadãos, incluindo os cidadãos árabes. Essa contradição no pensamento de Jabotinsky é estudada por seus historiadores e pesquisadores, que discordam entre si quanto ao que ele propunha. Estudiosos como Shlomo Avineri, Gideon Shimoni e Shalom Ratzabi enfatizam o militarismo, a disciplina, o monismo e o etnonacionalismo de Jabotinsky, para demonstrar como sua perspectiva sofria influência do nacionalismo integral que florescia àquela época na Europa. Por outro lado, pesquisadores como Raphaella Bilski Ben-Hur e Arye Naor ressaltam os aspectos liberais e democráticos do pensamento de Jabotinsky, sua profunda crença no individualismo e na igualdade fundamental, enquanto enxergam os outros elementos como marginais, digressões momentâneas ou que não fazem necessariamente oposição a seu credo fundamentalmente liberal.
Ver Shlomo Avineri, *The Making of Modern Zionism: The Intellectual Origins of the Jewish State*. Nova York, Basic Books, 1981; Gideon Shimoni. *The Zionist Ideology*. Hanover, University Press of New England, 1995; Shalom Ratzabi, "Race, Nation and Judaism in M. M. Buber's and Z. Jabotinsky's Thought". In: *In the Eye of the Storm*, p. 121-158; Bilski Ben-Hur, *Every Individual, a King*; Arye Naor, "In the Beginning, God Created: Individual and Society in Jabotinsky's Thought" ["No princípio, Deus criou: indivíduo e sociedade no pensamento

que pertence ao indivíduo. Qualquer um que sustentasse tal crença poderia muito bem acabar endossando o anarquismo: como toda forma de governo necessariamente limita a liberdade individual, o caminho para a verdadeira libertação residiria em abolir de vez o governo. De fato, o mundo ideal para Jabotinsky era a anarquia. Ele sonhava com um mundo sem governo, em que cada um fosse seu próprio governante. Assim escreveu: "A visão da era messiânica no fim dos dias é um paraíso do indivíduo, uma gloriosa anarquia, um jogo de voltas e reviravoltas entre as forças do indivíduo, sem leis e sem limites".[16]

O princípio da supremacia do indivíduo conduz ao princípio liberal de limitar o poder da maioria.[17] Essa é a base da natureza liberal do sionismo

---

de Jabotinsky"]. In: Naor, Arye (org.). Ze'ev Jabotinsky, *Ideological Writings* [Escritos ideológicos], vol. 1: *Liberal Nationalism* [Nacionalismo liberal]. Tel Aviv, Jabotinsky Institute, 2012, p. 11-56 [hebraico]; Shavit, *Mythologies of the Zionist Right Wing* [Mitologias da direita sionista], p. 208-209 [hebraico]; Zeev Tzahor, "Jabotinsky and Jabotinskyism". In: *In the Eye of the Storm*, p. 39-50.
Sou grato a Eliran Zered por ter me apresentado essa fascinante controvérsia.

[16] Jabotinsky, "Story of My Life" ["História da minha vida"], p. 38 (hebraico). Jabotinsky descreveu uma espécie de sociedade utópica em uma de suas histórias, "The Truth About the Island of Tristan da Runha". In: Jabotinsky, *Collected Works* [Obras reunidas], 2, p. 367-392 (hebraico). Para uma análise dessa história, ver Svetlana Natkovich, *Among Radiant Clouds* [Entre nuvens radiantes]. Jerusalém, Magnes, 2015, p. 174-178 (hebraico). Svetlana Natkovich, "A Land of Hash Ways: 'Tristan da Runha' as Jabotinsky's Social Fantasy". *Jewish Social Studies*, 19, n. 2, 2012, p. 24-49.

[17] O liberal Jabotinsky acreditava que a democracia não abrange apenas o governo da maioria; ela demanda, antes de mais nada, a defesa das minorias contra a tirania da maioria. Jabotinsky, "Introduction to Economic Theory (B)" ["Introdução à Teoria econômica (B)"]. In: Jabotinsky, *Collected Works* [Obras reunidas], 2:219 (hebraico).
Em outro artigo, Jabotinsky sugere dois testes para descobrir se uma democracia é genuína ou não: "Em primeiro lugar, seja em que país for, o indivíduo é considerado soberano, sua liberdade está à altura da legislação, e a autoridade do Estado para limitar sua liberdade só é permitida em casos de extrema necessidade — ou, ao contrário, esse é um Estado em que o cidadão é sobretudo um súdito, e o Estado arroga para si o direito de regular todos os aspectos da vida e das atividades de seus cidadãos? Em segundo lugar, esse Estado protege a liberdade de cada um de criticar publicamente o governo que está no poder, ou esse direito é negado? Esses dois critérios são suficientes para fazer a distinção entre a democracia e seu contrário, independente do que estiver escrito na Constituição". Jabotinsky, "Perspectives on Problems in State and Society" ["Perspectivas sobre problemas no Estado e na sociedade"] (1940). In: *Guiding Principles for the Problems of the Day* [Princípios

de Jabotinsky. Um Estado judeu teria maioria judaica, mas as minorias cristã e muçulmana também governariam a si próprias. "Se tivermos maioria judaica nesta terra, antes de tudo estabeleceremos um regime de completa, total e perfeita igualdade de direitos, sem qualquer exceção. Seja o indivíduo judeu, árabe, armênio ou alemão – pouco importa perante a lei. Todos os caminhos devem estar abertos a todos os cidadãos."[18]

Ao mencionar uma "completa, total e perfeita" igualdade de direitos, Jabotinsky queria dizer exatamente isso. Imaginava os árabes como parceiros na tarefa de governar o país, numa liderança conjunta de governo. Assim escreveu: "Em todo gabinete em que um judeu servir como primeiro-ministro, o posto de vice-primeiro-ministro será oferecido a um árabe, e vice-versa".[19]

Jabotinsky misturava uma visão de mundo cautelosa a uma filosofia política liberal. Nutria profunda desconfiança em relação aos rivais e inimigos do povo judeu, mas exigia que os judeus demonstrassem imensa sensibilidade frente às minorias que viviam entre eles. Trata-se de uma combinação rara, quase inexistente hoje em dia.

O que aconteceu com a direita liberal? Por que desapareceu a combinação de Jabotinsky entre grande desconfiança em relação aos inimigos e grande sensibilidade frente às minorias? Antes de enfrentar essa questão, precisamos mergulhar mais fundo, pois há outra tensão no pensamento de

---

norteadores para os problemas atuais], 22 [hebraico]. Ver um ensaio dessa ideia também em Jabotinsky, "Sons of Kings". *HaMashkif*, 25 de abril de1941; e "The Social Question", *HaYarden*, 21 de outubro de 1938.

[18] Ze'ev Jabotinsky, "Israel's Land" (1929). In: Jabotinsky. *Guiding Principles for the Problems of the Day* [*Princípios norteadores para os problemas atuais*], p. 75 (hebraico). Mais tarde, Jabotinsky inclusive interpreta a letra de sua famosa "Shir Betar" [Canção do Betar]: "Mesmo na pobreza o judeu é um príncipe / Seja escravo ou pedinte / Você foi criado como filho de reis / Coroado com o diadema de Davi / Seja à luz ou na escuridão / Lembre-se sempre da coroa / A coroa de orgulho e Tagar": "Eu, que escrevi essas palavras, queria aplicá-las a todo indivíduo, grego ou bantu, do norte ou esquimó. Todos foram criados à imagem de Deus". Ze'ev Jabotinsky, "Perspectives on Problems in State and Society (1940) ["Perspectivas sobre problemas no Estado e na sociedade"], ibid., p. 20 (hebraico). A tradução de "Shir Betar" foi feita a partir de "A canção Betar", disponível em hebrewsongs.com (http://hebrewsongs.com/?song=shirbetar).

[19] Ze'ev Jabotinsky, "The Arab Problem – Without Dramatics" ["O problema árabe – sem dramas"] (1940). In: Jabotinsky, *Guiding Principles for the Problems of the Day* [Princípios norteadores para os problemas atuais], 105 (hebraico). Ver também Arye Naor, "Jabotinsky's Constitutional Guidelines for Israel". In: *In the Eye of the Storm*, p. 51-92.

Jabotinsky, igualmente misteriosa. Além de conciliar a crença na liberdade individual com a desconfiança pelo indivíduo, ele também acreditava no sionismo como a luta pela Grande Israel e, ao mesmo tempo, pela diplomacia internacional.

AS FRONTEIRAS DA TERRA PROMETIDA

Jabotinsky acreditava que o movimento sionista era muito passivo e pacifista. Ele defendia um estilo vigoroso e ativo de sionismo político, que exigisse da comunidade internacional a permissão para estabelecer uma estável maioria judaica ao longo de toda a Terra de Israel. O território a que ele fazia referência incluía as duas margens do rio Jordão. E de onde Jabotinsky tirou a ideia de que a expansão das fronteiras deveria ser exigida junto à comunidade internacional? Ora, da própria comunidade internacional.

Quando as potências aliadas decidiram outorgar a Palestina à Inglaterra, em abril de 1921, na Conferência de San Remo – convocada para distribuir os territórios do antigo Império Otomano –, os ingleses se comprometeram, conforme estipulava o mandato, a alavancar o estabelecimento de um lar nacional para o povo judeu. Na época, as fronteiras da Palestina incluíam ambas as margens do rio Jordão. O mandato foi confirmado pela Liga das Nações em julho de 1922, representando, assim, o compromisso oficial da comunidade internacional com o povo judeu. Diante disso, Jabotinsky argumentava que as fronteiras que os sionistas deviam exigir da comunidade internacional não estavam delineadas na Bíblia, mas em tratados internacionais.[20] Os judeus receberam a terra a partir de um pacto internacional

---

[20] É claro que é possível discordar dessa conclusão tão incisiva e afirmar que se o sionismo político de Jabotinsky baseava-se na interpretação *dele* quanto à promessa da comunidade internacional, tratava-se apenas de uma interpretação possível, e não da única, a respeito daquele compromisso. A Declaração Balfour não dizia que a Palestina *seria* o lar nacional do povo judeu, e sim que o lar nacional do povo judeu seria estabelecido *na* Palestina. Essa formulação abriu espaço para a criação de outras entidades no solo da Palestina. Ver Uri Naaman e David Arbel, *Borderline Choices* [Escolhas sobre fronteiras]. Tel Aviv. Yediot Books, 2011, p. 16-17 (hebraico).
Arye Naor ressalta a relação legalista e simbólica do movimento revisionista de Jabotinsky com a Terra de Israel, diferente da relação do movimento sionista trabalhista. Ele distingue dois aspectos da abordagem de Jabotinsky quanto à Terra de Israel – um instrumental

em San Remo, não de um pacto com Deus no Monte Sinai. A autoridade

---

e legalista, e outro expressivo e simbólico. No primeiro sentido, que Naor avalia como o predominante, a Terra de Israel serviria como canal adequado para o objetivo sionista de absorver as massas de judeus da Diáspora e lhes garantir um porto seguro, como era o entendimento de Theodor Herzl. Aqui vemos o aspecto matemático-demográfico do pensamento de Jabotinsky, a partir do qual ele calcula os números da população e o território com olhos na viabilidade econômica. Ver, por exemplo, os ensaios: "On the Iron Wall" ["Sobre a muralha de ferro"] e "The Arab Problem – Without Dramatics" ["O problema árabe – sem dramas"], bem como "Fulfill Your Promise; or, Get Out of the Mandate! Testimony at the Royal Commission" ["Cumpram sua promessa; ou, Saiam do Mandato! Depoimento à Comissão Real"] (1937). In: Jabotinsky, *Collected Works* [Obras reunidas], vol. 5: *In Times of Wrath* [Em tempos de cólera], p. 221-271 (hebraico).

No segundo aspecto da abordagem de Jabotinsky, ele atribui à terra uma certa santidade como valor intrínseco, mas não no sentido religioso de uma promessa divina. Em vez disso, o sentido é mítico e histórico, considerando que o povo judeu era nativo daquela terra, havia habitado ali, lutado por ela e ansiado por ela ao longo de milhares de anos. Ver, entre outros escritos, Ze'ev Jabotinsky, "Zionism and the Land of Israel" ["O sionismo e a Terra de Israel"]. In: Jabotinsky, *Collected Works* [*Obras reunidas*], vol. 8: *First Zionist Writings* [Primeiros escritos sionistas], p. 107-129 (hebraico), e seu poema "The East Bank of the Jordan" ["A margem oriental do Jordão"]. In: *Collected Works* [Obras reunidas], 2, p. 21-22 (hebraico). Ver também Arye Naor, "On the Matter of the Land of Israel in Revisionist Zionist Thought: Political Theology and Instrumental Considerations" ["Sobre a questão da Terra de Israel no pensamento sionista revisionista: teologia política e considerações instrumentais"]. In: Aviezer Ravitzky (org.), *The Land of Israel in Modern Jewish Thought* [A Terra de Israel no pensamento judaico moderno]. Jerusalém, Yad Yitzhak Ben-Zvi, 1998, p. 422-495 [hebraico]; Naor, "It's All Mine! The Land of Israel in Jabotinsky's Thought" ["É toda minha! A Terra de Israel no pensamento de Jabotinsky"]. In: Jabotinsky, *Ideological Writings* [Escritos ideológicos], 1, p. 9-35 (hebraico); Jabotinsky, *The Land of Israel A* [A Terra de Israel A]. Jerusalém, Jabotinsky Institute, 2015, p. 9-35 (hebraico); Naor, "Greater Israel Ideology and Politics in the Revisionist Movement, 1925-1948" ["Ideologia e política da Grande Israel no Movimento Revisionista, 1925-1948"]. *Contemporary Jewry* [Judaísmo contemporâneo], 14, 2000, p. 9-41 (hebraico).

Yaacov Shavit assume uma posição ainda mais radical que Naor, argumentando que a visão de mundo de Jabotinsky era totalmente pragmática, sem qualquer traço de romantismo. Shavit, *Mythologies of the Zionist Right Wing* [Mitologias da direita sionista], p. 216 (hebraico); ver também Shavit, "Ze'ev Jabotinsky: Between Liberal Nationalism and Romantic Nationalism" ["Ze'ev Jabotinsky: entre o nacionalismo liberal e o nacionalismo romântico"]. *Gesher*, 144, 2001, p. 27-36 (hebraico). Essa impressão ganha força a partir dos próprios comentários de Jabotinsky em "Story of My Life" ["História da minha vida"]: "Eu não nutria, antes, um amor romântico pela Terra de Israel, e não tenho certeza se isso mudará a partir de agora" (49) (hebraico).

que determinava as fronteiras da Terra de Israel não era a revelação divina, e sim o consenso internacional.[21]

Pode parecer estranho aos observadores contemporâneos, mas a Terra Prometida daquela época era de fato uma terra prometida — não por Deus, mas pelos próprios homens. Hoje, aqueles que cobiçam uma Grande Israel e se opõem à negociação de territórios pouco se importam com as

---

[21] O sionismo de Jabotinsky era um tipo de sionismo político. Ele enxergava Theodor Herzl como seu pai espiritual e fonte de inspiração para suas ideias. Para Herzl, o Estado judeu não seria fundado por meio do assentamento da terra nem pela força militar: o Estado dos judeus seria estabelecido por meio de acordos internacionais. No Primeiro Congresso Sionista, que aconteceu na Basileia, Suíça, em 1897, Herzl declarou que o objetivo do sionismo era "um lar na Palestina para o povo judeu, publicamente reconhecido e assegurado legalmente". *The Congress Addresses of Theodor Herzl*. Trad. Nellie Straus. Nova York, Federation of American Zionists, 1917. O Estado de Israel não seria uma conquista nem do assentamento nem da força militar. Quanto ao propósito do militarismo, Jabotinsky discordava de seus próprios discípulos. Ele defendia uma força militar judaica poderosa, com capacidade de autodefesa. Também acreditava que o militarismo reabilitaria o caráter diaspórico dos judeus. Mas a ideia não era que o militarismo substituísse a diplomacia, e sim que servisse de precondição. Os batalhões de judeus na Primeira Guerra Mundial, por exemplo, foram formados para instar os ingleses a outorgar um Estado aos judeus. Jabotinsky acreditava que uma força militar poderosa aumentaria a vontade política dos ingleses de cumprir a Declaração Balfour. Porém, os seguidores de Jabotinsky que fundaram o Lehi (grupo Stern), por exemplo — grupo paramilitar que operou entre 1940 e 1948 —, acreditavam que o Estado de Israel só se tornaria realidade por meio da força militar. De forma parecida, o herdeiro e sucessor de Jabotinsky, Menachem Begin, acreditava que o Estado de Israel só seria estabelecido através de uma revolta militar, e não de um acordo político. Em 1938, no Terceiro Congresso Mundial do movimento Betar, o movimento juvenil sionista revisionista, Begin confrontou a liderança de Jabotinsky, pedindo que o grupo se afastasse de um sionismo diplomático que mantinha a fé na consciência da comunidade internacional e partisse para um sionismo militarista. Jabotinsky fez uma contra-argumentação bastante dura, desaprovando o discurso de Begin. Ver Daniel Gordis, *Menachem Begin: The Battle for Israel's Soul*. Nova York, Schocken, 2014, p. 24. Em consonância com essa nova visão de mundo, Begin propôs uma alteração no juramento do Betar. A formulação de Jabotinsky dizia assim: "Só para defesa erguerei minha mão". A alteração proposta por Begin era: "Prepararei minha mão para a defesa de meu povo e a conquista de minha pátria". No fim das contas, a formulação não só foi alterada conforme pediu Begin, mas também o Irgun (conhecido como Etzel, grupo paramilitar posteriormente absorvido pelas IDF) seguiu esse comando. Quando se tornou comandante do Irgun, Begin declarou uma revolta contra os ingleses. Essa força militar acabou absorvendo o esforço diplomático ao qual deveria servir originalmente. Ibid., p. 24 (citações); Ofer Grosbard, *Menachem Begin — The Absent Leader*. Haifa, IDF National Defense College, 2007.

preocupações da comunidade internacional. Porém, o maximalismo territorial de Jabotinsky pautava-se na crença contrária. Longe de ser indiferente à comunidade internacional, ele exigia, na verdade, que seus membros cumprissem a promessa firmada.[22]

Para Jabotinsky, essas contradições complementavam-se entre si. No âmbito externo, ele desconfiava das potências estrangeiras, e no âmbito interno, apoiava os direitos humanos. Defendia um sionismo que tivesse olhos ao mesmo tempo para a criação da Grande Israel e para a diplomacia internacional. A seu ver, esses objetivos seriam mais bem alcançados em paralelo. Jabotinsky era um homem de direita que acreditava na diplomacia, no maximalismo territorial e no liberalismo. Contudo, as aparentes contradições que se combinavam sem esforço em sua mente complexa e ágil acabaram se desintegrando nas gerações posteriores.

A FRATURA NA VISÃO DE MUNDO REVISIONISTA

Menachem Begin foi o sucessor de Jabotinsky na liderança da direita sionista e herdou seu maximalismo.[23] Declarou diversas vezes que a Terra de Israel abrangia as duas margens do rio Jordão.[24] Begin herdou também

---

[22] Essa crença no poder da comunidade internacional era a base da doutrina política de pressão de Jabotinsky. Ele acreditava piamente na diplomacia, num formato que contava não apenas com a influência política e econômica, mas que também acreditava na consciência da comunidade internacional. Ora, aqui há um gritante contraste com sua visão desconfiada e violenta sobre a natureza humana e a sociedade. Em *The Making of Modern Zionism*, Shlomo Avineri ressalta esse difícil paradoxo entre as demandas de Jabotinsky, em reuniões diplomáticas, por condutas morais e sua concepção realista de política, baseada na força.

[23] Menachem Begin liderou a retirada da Península do Sinai, mas não enxergava esse passo como um recuo em relação à filosofia de Jabotinsky. O Sinai nunca fora incluído nas fronteiras do Mandato Britânico — e na cabeça de Jabotinsky, as fronteiras da Terra Prometida eram as fronteiras do Mandato Britânico. Ver Arye Eldad, *Things You See from Here* [O que se vê daqui]. Or Yehuda, Kinneret, 2016, p. 38-39, 97-134 (hebraico).

[24] Uma diferença fundamental entre Begin e Jabotinsky é que Begin transformou a promessa divina em uma das principais justificativas da direita para a Grande Israel. No dia seguinte à votação da partilha na ONU, Begin falou no rádio: "Em nome da promessa divina feita ao pai da nossa nação... a partilha da nossa pátria é ilegal. Nunca será reconhecida... A Terra de Israel será devolvida ao povo judeu. Toda a Terra. Para sempre". Menachem Begin, "The Day After the U.N. Resolution: the Sanctity of the Wholeness of the Homeland"

o liberalismo de Jabotinsky: foi Begin quem pediu ao governo do Mapai (Partido dos Trabalhadores) que revogasse a lei marcial imposta sobre os árabes israelenses durante as décadas de 1950 e 1960, na sequência da Guerra da Independência. Foi Begin quem insistiu que o Knesset ratificasse uma constituição para limitar o governo e proteger os direitos individuais.[25]

Essa situação também é capaz de confundir os observadores contemporâneos: era a ordenação política da esquerda que ameaçava os direitos individuais, enquanto a direita lutava por um governo limitado e pela garantia das liberdades individuais. A mesma direita que exigia a criação da Grande Israel também exigia plenos direitos civis para os habitantes dessa Grande Israel.[26] A frágil conexão entre liberalismo e maximalismo passou de Jabotinsky a Begin, mas não sobreviveu à transição de Begin para seus sucessores. Esse ponto de vista sofreu uma fratura no âmbito da terceira geração de sionistas revisionistas.

A terceira geração da direita israelense inclui muitos filhos e filhas da geração que fundou o país, membros do grupo paramilitar Irgun e de sua ramificação, o Lehi. Dan Meridor, ex-vice-primeiro-ministro, por exemplo, é filho de Eliyahu Meridor, antigo comandante do Irgun. Tzipi Livni, ex-ministra das Relações Exteriores, é filha de Eitan Livni, que foi chefe de operações do Irgun. O ministro das Comunicações, Tzachi Hanegbi, é filho da ex-porta-voz do Lehi, Geula Cohen. O ex-ministro da Agricultura, Yair

---

["O dia seguinte à Resolução da ONU: a santidade da totalidade da pátria"]. In: Begin, *In the Underground: Writings, Volume D* [No subterrâneo: escritos, volume D]. Tel Aviv, Hadar, 1977, p. 80 (hebraico).

Para uma elaboração maior dessas diferenças, ver Arye Naor, "Greater Israel Ideology and Politics in the Revisionist Movement" ["Ideologia e política da Grande Israel no Movimento Revisionista"] (hebraico); Naor, "Religion and Nation in the Worldview of the Zionist Right: From Jabotinsky to Begin" ["Religião e nação na visão de mundo da direita sionista: de Jabotinsky a Begin"]. In: Asher Maoz; Aviad Hacohen (orgs.), *Jewish Identity* [Identidade judaica]. Tel Aviv, Tel Aviv University Buchmann Faculty of Law, 2013, p. 251-290 (hebraico).

[25] Ver Gordis, *Menachem Begin*; Mordechai Kremnitzer e Amir Fuchs, *Menachem Begin on Democracy and Constitutional Values*. Jerusalém, Israel Democracy Institute, 2012.

[26] Em 1978, Menachem Begin foi inflexível durante as negociações com Anwar El Sadat que levaram aos Acordos de Camp David, no sentido de que não devolveria a Judeia e a Samaria. Durante seu mandato, a iniciativa dos assentamentos ganhou muita força – e ao mesmo tempo, Begin continuou fortalecendo o Estado de direito, prestando total deferência à Suprema Corte e assegurando os direitos humanos.

Shamir, é filho de Yitzhak Shamir, antigo comandante do Lehi que depois se tornou primeiro-ministro.

Essa lista inclui, ainda, o ex-ministro da Cultura, Limor Livnat, o ex-ministro da Segurança Pública, Uzi Landau, o ex-ministro da Saúde, Roni Milo, o ex-ministro da Habitação, Zeev Boim, o ex-primeiro-ministro Ehud Olmert, bem como o presidente Reuven Rivlin e o primeiro-ministro Benjamin Netanyahu. Esses e muitos outros líderes de direita — algumas das figuras mais célebres da terceira geração de políticos israelenses — são filhos e filhas dos ativistas e combatentes revisionistas de antes da fundação do Estado.[27] Esse grupo de líderes dinásticos, apelidados de "os príncipes" pelo jornalista Eitan Haber, quase não encontra paralelos na história política mundial.[28] Contudo, a ironia é que esses herdeiros biológicos nem sempre se mostram fiéis herdeiros em termos intelectuais.

Muitos desses príncipes — como Tzipi Livni, Dan Meridor, Ehud Olmert, Roni Milo e, se levarmos ao pé da letra o que ele diz, Benjamin Netanyahu — renunciaram à esperança inicial de soberania israelense sobre toda a Terra de Israel e apoiaram publicamente a divisão em dois Estados. Alguns príncipes continuaram fiéis ao legado dos pais, mas a maioria trilhou um novo caminho.[29] Eles honraram os pais, mas não seguiram os mesmos passos. Curiosamente, o movimento que obteve maior continuidade do que qualquer outro não conseguiu preservar uma continuidade de ideias.

Em grande medida, essa guinada ideológica foi resultado de novas circunstâncias. O sonho da Grande Israel sofreu um sério golpe na Primeira Intifada, a revolta árabe que começou em dezembro de 1987. Quando hordas de crianças palestinas tomaram as ruas e passaram a lançar pedras e coquetéis Molotov sobre soldados e colonos israelenses, Israel sofreu um enorme trauma. Cidadãos israelenses eram convocados como reservistas do Exército

---

[27] Esse fenômeno é investigado a fundo em Gil Samsonov, *The Princes* [Os príncipes]. Or Yehuda, Dvir, 2015 (hebraico). Ver também Yechiam Weitz, "Princes of Hadar" ["Príncipes de Hadar"]. In: *Between Ze'ev Jabotinsky and Menachem Begin: Essays on the Revisionist Movement* ["Entre Ze'ev Jabotinsky e Menachem Begin: ensaios sobre o movimento revisionista"]. Jerusalém, Magnes, 2012, p. 236-246 (hebraico).

[28] Samsonov, *The Princes* [Os príncipes], p. 14-16 (hebraico). Samsonov explica que embora existam dinastias familiares em todo o mundo, não há precedentes para dinastias políticas intergeracionais nessa forma.

[29] Para a disputa política entre os príncipes e sua fragmentação definitiva, ver Samsonov, *The Princes* [Os príncipes].

por períodos que duravam quarenta dias cada um, mas não lhes davam armas para proteger as fronteiras do país contra uma invasão inimiga. Em vez disso, recebiam cassetetes para patrulhar bairros civis e se viam perseguindo crianças que faziam pichações ou agitavam bandeiras palestinas.

Os reservistas voltavam para casa muito assustados. Tinham se alistado para lutar, não para patrulhar; para proteger seu povo, não para controlar outro. Com o passar do tempo, os cidadãos israelenses foram cada vez mais tomando consciência de que era bastante problemático impor um jugo militar sobre uma população civil. Essa percepção se espalhou por toda a sociedade e foi internalizada pela direita. Assim, o casamento entre liberalismo e maximalismo territorial passou a soar forçado e insustentável.

Os israelenses começaram a se dar conta do chamado "problema demográfico" no final da década de 1980.[30] A intifada fez com que eles atentassem tanto para a existência da população civil palestina quanto para a ameaça que a situação trazia à sobrevivência de uma maioria judaica na Terra de Israel. No cerne do problema demográfico está um simples cálculo aceito pela maioria dos especialistas: a taxa de crescimento da população palestina é mais alta do que a da população israelense; logo, não está longe o dia em que a maioria dos habitantes da Terra da Israel não será composta de judeus.[31]

Ora, os israelenses foram então levados a se perguntar: quando os judeus forem minoria dentro de seu próprio país, ainda terão um país para chamar de seu? Esse pesadelo demográfico passou a assombrar muitos israelenses e feriu gravemente a ala liberal da direita. O argumento demográfico foi o que persuadiu o primeiro-ministro Ariel Sharon, como ele mesmo disse, a retirar os assentamentos israelenses da Faixa de Gaza, em 2005.[32] O medo de perder

---

[30] Assim que a Guerra dos Seis Dias terminou, alguns israelenses — como o ministro das Finanças Pinchas Sapir e o intelectual Yeshayahu Leibowitz — começaram a alertar sobre o problema demográfico, mas eles representavam uma minoria, às margens do debate público. A conscientização sobre o problema só se difundiu nos anos 1980, quando muitos israelenses internalizaram a questão. Ver Uriel Abulof, *Living on the Edge: The Existential Uncertainty of Zionism* [Vivendo no limite: a incerteza existencial do sionismo]. Haifa, Yediot Books e Haifa University Press, 2015, p. 81-82 (hebraico).

[31] Alguns demógrafos divergem nos cálculos, e eu tratarei desse debate na Parte II do livro, no capítulo "Problema demográfico?".

[32] Ver "Prime Minister Ariel Sharon's Address to the Knesset Prior to the Vote on the Disengagement Plan" ["Discurso do primeiro-ministro Ariel Sharon ao Knesset, antes da

a maioria judaica foi o que levou Ehud Olmert e Tzipi Livni, conforme eles mesmos disseram, a começar negociações intensivas e abrangentes com os palestinos, em 2007, pela divisão da terra.³³ E foi esse mesmo temor, de que Israel poderia no futuro virar um Estado binacional, que levou Benjamin Netanyahu — como ele mesmo alegou — a fazer seu emblemático discurso na Universidade Bar Ilan, em 2009, destacando a necessidade de estabelecer um Estado palestino desmilitarizado junto a Israel.³⁴

Como foi dito anteriormente, o pensamento de Jabotinsky abarcava dois valores: maximalismo territorial e liberalismo individual. Porém, na terceira geração de sionistas revisionistas já predominava a noção de que era impossível perseguir os dois princípios ao mesmo tempo. Na prática, o revisionismo tinha começado a se reduzir a uma de suas partes constitutivas — o maximalismo territorial — ainda na época de Jabotinsky. Hoje, no entanto, está acontecendo o processo oposto. No passado, ativistas e pensadores abandonaram o liberalismo em prol do maximalismo territorial: figuras de direita como Israel Eldad, Abba Ahimeir e Uri Zvi Greenberg se aferravam a um sionismo altamente maximalista, mas rejeitavam tendências liberais.³⁵ O que aconteceu de inédito com a terceira geração de sionistas

---

votação sobre o Plano de Retirada"], 25 de outubro de 2004. Disponível em: www.knesset.gov.il/docs/eng/sharonspeech04.htm.

[33] Ver, por exemplo, o discurso de Ehud Olmert na Conferência de Herzliya, em janeiro de 2006 (o discurso na íntegra está disponível em: www.herzliyaconference.org); os comentários de Tzipi Livni na Conferência Presidencial Israelense, em Jerusalém, em outubro de 2009. In: Pinchas Wolf, "Livni: In 2020, Israel Is Set to Lose Its Demographic Majority" ["Livni: em 2020, Israel perderá sua maioria demográfica"]. *Walla News*, 22 de outubro de 2009. Disponível em: news.walla.co.il/item/1594439. Acesso em: 26 de outubro de 2016 (hebraico).

[34] No discurso, Netanyahu anunciou: "Meus amigos, precisamos falar toda a verdade aqui. A verdade é que na área da nossa pátria, no coração da nossa pátria judaica, hoje vive uma grande população de palestinos. Não queremos governá-los. Não queremos comandar a vida deles. Não queremos impor nossa bandeira e nossa cultura sobre eles. Na minha visão sobre a paz, há dois povos livres vivendo lado a lado nessa pequena terra, com uma boa relação de vizinhança e respeito mútuo". "Full Text of Netanyahu's Foreign Policy Speech at Bar Ilan University" ["Texto completo do discurso de Netanyahu sobre política externa na Universidade Bar Ilan"]. *Haaretz*, 14 de junho de 2009.

[35] Para uma análise mais profunda sobre a complicada relação entre Jabotinsky e a ala maximalista do movimento revisionista, ver Eran Kaplan, *The Jewish Radical Right: Revisionist Zionism and Its Ideological Legacy*. Madison, University of Wisconsin Press, 2005, p. 3-30; Yaacov Shavit, *Jabotinsky and the Revisionist Movement*. Londres, Cass, 1988, p. 107-161.

revisionistas é que seus adeptos não se afastaram do liberalismo, um dos princípios fundadores, muito pelo contrário: só se mantiveram fiéis a ele.

Enquanto Eldad e Ahimeir deixaram de lado o liberalismo, ficando apenas com o maximalismo territorial, Livni e Meridor abandonaram o maximalismo territorial, conservando somente o liberalismo.

As considerações demográficas já estavam presentes na filosofia de Jabotinsky; eram um componente essencial de seu pensamento.[36] Ele falava em números. Assim declarou várias vezes: "O propósito do sionismo pode ser resumido em uma única frase: a criação de uma maioria judaica na Terra de Israel".[37] Em outro contexto, afirmou: "Estamos disputando uma maratona contra os árabes: ganha a população que crescer mais rápido".[38] Para ele, o objetivo máximo do sionismo era a criação de uma maioria judaica na Terra de Israel, porque apenas com a maioria judaica os direitos humanos em sua plenitude poderiam ser estendidos às minorias sem pôr em risco a própria essência do sionismo — a soberania do povo judeu.[39]

"Se tivermos uma maioria judaica nesta terra", escreveu Jabotinsky, "em primeiro lugar estabeleceremos um regime de completa, total e perfeita

---

[36] Em seu discurso na Conferência de Herzlyia, Olmert inclusive citou Jabotinsky sobre a questão da centralidade do princípio da maioria em sua filosofia de liberalismo e maximalismo.

[37] Ze'ev Jabotinsky, carta ao editor do *Jewish Chronicle*, jornal judaico publicado na Inglaterra, 12 de junho de 1925. Jabotinsky incluiu outras perspectivas esclarecedoras em seu ensaio "Majority" ["Maioria"] (1923). In: *Collected Works* [Obras reunidas], 4, p. 195-203 (hebraico). Nesse ensaio, ele apela a um "retorno às origens [...] em primeiro lugar: a criação de uma maioria judaica é, sempre foi e continuará sendo o propósito fundamental do sionismo" (p. 197). O princípio da maioria era um componente predominante em todas as declarações públicas de Jabotinsky sobre os objetivos do sionismo, sinônimo para ele de "o Estado dos judeus". "Na prática, qual é o significado de 'Estado judeu'?", escreveu ele na carta de princípios do Betar, em 1934. "A condição primordial para um Estado-nação é uma maioria nacional." Jabotinsky, "The Idea of Betar" ["A ideia do Betar"], ibid., 4, p. 310 (hebraico).

[38] Moshe Bila (org.), *Jabotinsky's World — Anthology of Statements and Theoretical Principles* [O mundo de Jabotinsky — antologia de declarações e princípios teóricos]. Tel Aviv, Dfusim, 1972 (hebraico).

[39] Por essa razão, Jabotinsky se opôs à criação de um parlamento democrático para os residentes da Terra de Israel durante o período do Mandato Britânico. Ele acreditava que um parlamento desses deveria representar, como população civil, também os judeus que imigrariam no futuro, de acordo justamente com o propósito do Mandato. Ze'ev Jabotinsky, "In the Land of Israel Congress" ["Congresso na Terra de Israel"] (1919). In: Jabotinsky, *Collected Works* [Obras reunidas], 10, p. 97 (hebraico).

igualdade de direitos."⁴⁰ Ele foi explícito: a condição básica para a plena igualdade de direitos em todo o território era a existência de uma maioria judaica *in loco*. Levando isso em conta, a próxima pergunta deve ser: mas o que aconteceria, segundo a filosofia de Jabotinsky, se os judeus *não* fossem maioria? O que os israelenses deveriam fazer nesse caso?

Jabotinsky nutria três ambições principais: demográfica, territorial e política. Em termos demográficos, ele queria uma maioria judaica significativa. Em termos territoriais, queria que essa maioria se espalhasse em ambas as margens do rio Jordão. E em termos políticos, queria que as minorias vivendo no território desfrutassem plenamente de direitos iguais. Essa meta tripla era exequível na época dele, pelo menos na teoria. Havia milhões de judeus na Europa; se a maioria deles tivesse imigrado, a Palestina teria contabilizado uma maciça maioria judaica. Porém, o extermínio dos judeus do continente europeu mudou para sempre a demografia judaica, tornando impossível o sonho de concretizar as três ambições. Na época de Jabotinsky, o caminho para alcançar uma maioria judaica era incentivar a imigração em massa – e alguns israelenses ainda hoje acreditam que é possível alcançar uma maioria assim, sem concessões territoriais. Mas quando os príncipes abriram mão do objetivo de ter a terra unificada em prol de garantir a maioria judaica numa terra dividida, eles cederam em um dos objetivos da filosofia de Jabotinsky. Fizeram isso, no entanto, para alcançar outro objetivo, não menos importante, dessa mesma filosofia.

Descrevi, de forma breve, a história de uma ideologia abrangente, que se fragmentou em suas partes constitutivas. A filosofia de Jabotinsky continha uma tensão entre princípios teoricamente conflitantes – mas quando eles colidiram na prática, a vertente do liberalismo acabou derrotando a vertente do maximalismo territorial.

A direita rachou, mas não desmoronou – apenas sofreu adaptações. Um grupo ideológico diferente começou a ganhar terreno, injetando-lhe vida nova: era a direita religiosa messiânica. A nova direita parou de falar numa terra prometida pela comunidade internacional e começou a falar numa terra prometida por Deus.⁴¹ Para essa vertente, o direito

---

40 Jabotinsky, "Israel's Land" ["A terra de Israel"], p. 75 (hebraico).
41 Para ser preciso, a crença numa promessa feita por Deus e não pela comunidade internacional já estava presente no pensamento do Lehi, como também era evidente nos discursos de Menachem Begin. Ver Naor, "Greater Israel Ideology and Politics in the

do povo judeu a toda a terra baseava-se não num pacto internacional, e sim num pacto divino. A direita secular estava enfraquecida por uma crise ideológica, e a direita religiosa ganhou força a partir de um despertar ideológico — o resultado foi uma revolução que transformou todo o universo intelectual da direita israelense. O impulso básico da direita moderna não é mais liberal: é messiânico.[42]

A transição que criou a direita moderna se deu em paralelo à enorme mudança que aconteceu na esquerda israelense. Essa história será contada no próximo capítulo.

Revisionist Movement" ["Ideologia e política da Grande Israel no Movimento Revisionista"], p. 9-41 (hebraico).

[42] Cabe aqui fazer um esclarecimento: um dos pilares fundamentais da direita israelense permaneceu intacto — seu ponto de vista desconfiado, aliado ao entendimento de que só se pode confiar numa força militar independente. Esse axioma de segurança conservador estava presente na filosofia de Jabotinsky, como já vimos, e continua caracterizando o pensamento político da direita religiosa. Ao longo do livro, veremos que desde a retirada de Gaza, em 2005, esse princípio vem ganhando força, em detrimento do princípio messiânico.

CAPÍTULO 2
A guinada ideológica da esquerda
—

E M GRANDE PARTE de sua existência, a corrente predominante da esquerda israelense não acreditava que fosse possível chegar à paz com os árabes.¹ Do início do século XX até a década de 1970, o movimento trabalhista nunca considerou o acordo de paz como um de seus principais objetivos. A profunda desconfiança da esquerda em relação ao mundo árabe vetava qualquer esperança nesse sentido. O chefe do Estado-Maior, Moshe Dayan, deu voz à postura sóbria da geração do Mapai em seu célebre elogio fúnebre a Roi Rotberg, morto em 1956 por invasores palestinos de Gaza:

> *Somos uma geração de colonos, e sem o capacete do combate e o fogo do canhão não seremos capazes de plantar uma árvore ou construir um lar. Nossos filhos só sobreviverão se cavarmos abrigos, e sem uma cerca elétrica e metralhadoras não teremos como abrir caminhos ou cavar poços para obter água... Para além do sulco dessa fronteira, um mar de ódio e desejo de vingança se avoluma, aguardando o dia em que o silêncio embotará nosso estado de alerta, o dia em*

---

¹ Aqui é preciso fazer um esclarecimento: a descrença na possibilidade de chegar a uma resolução política quanto à relação de Israel com o mundo árabe era um tema fundamental dentro do movimento trabalhista, mas de forma alguma era o único tema. O trabalhista Yigal Allon, por exemplo, apresentava uma visão diferente, em que Israel deveria ter a ambição de transformar seu posicionamento político, libertar-se do status quo e lutar por um acordo de paz com os árabes. Para se aprofundar nas diferenças entre as duas vertentes da esquerda, ver Udi Manor, *Yigal Allon: Political Biography, 1949-1980* [Yigal Allon: biografia política, 1949-1980]. Or Yehuda, Dvir, 2016, p. 25-29 (hebraico).

que daremos atenção aos embaixadores da hipocrisia malévola, que nos conclamam a depor nossas armas... Esta é nossa opção de vida: estarmos preparados e armados, fortes e determinados, ou deixar que a espada seja arrancada de nosso punho — e ter nossas vidas ceifadas.

Dayan não mudou sua visão após a Guerra dos Seis Dias. Em 1969, ele explicou que o Estado de Israel seria sempre encarado como um corpo estranho no Oriente Médio: "Somos um coração transplantado numa região em que os outros órgãos não se encaixam com esse coração e estão tentando rejeitá-lo".[2] Ao mesmo tempo, Shimon Peres, então ministro da absorção de imigrantes — que mais tarde se tornaria o grande profeta da paz —, também se mostrava extremamente cético quanto à possibilidade de chegar a um acordo de paz: "Israel é um Estado cercado por países árabes... E o propósito dos árabes não tem meio-termo: eles querem a destruição de Israel e a aniquilação ou expulsão de seus habitantes... Nenhuma negociação é capaz de satisfazê-los. O objetivo dos árabes é eliminar Israel, e não transformar uma situação política".[3]

A esquerda dizia que a paz era uma ilusão, e nenhum acordo reduziria o ódio implacável que o mundo árabe nutria por Israel. Essa profunda desconfiança reverberava nas palavras e nas ações. Em 1971, o governo de Golda Meir rejeitou as propostas do Egito para uma resolução diplomática do conflito entre as duas nações.[4]

Se a esquerda não acreditava na paz e não tinha esperanças de chegar a um acordo, qual era sua ideologia? Antes de empreender sua guinada histórica, a preocupação da esquerda não era elaborar iniciativas diplomáticas, e sim criar uma sociedade socialista exemplar.

---

[2] Moshe Dayan, "Not from the Arabs but Ourselves We Seek Roy's Blood" ["Não é nos árabes que devemos buscar o sangue de Roy e sim em nós mesmos"]. *Davar*, 2 de maio de 1956 (hebraico); Dayan, *A New Map, New Relationships* [Um novo mapa, novas relações]. Tel Aviv, Maariv Press, 1969 (hebraico).

[3] Shimon Peres, *David's Sling*. Nova York, Random House, 1970, p. 9-10.

[4] Em contrapartida, alguns especialistas dizem que o Egito não estava pronto para chegar a um acordo e fez, de caso pensado, algumas ofertas que Israel não tinha condições de aceitar. Para mais detalhes, ver Boaz Vanetik e Zaki Shalom, "The White House Middle East Policy in 1973 as a Catalyst for the Outbreak of the Yom Kippur War". *Israel Studies*, 16, n. 1 (primavera de 2011), p. 53-78. Ver também: Yigal Kipnis, *1973: The Road to War*. Charlottesville, Just World Books, 2013 (sobretudo o capítulo introdutório).

DUAS CONCEPÇÕES DO TEMPO

"A história de todas as sociedades que existiram até hoje é a história da luta de classes", determinou Karl Marx.[5] Em outras palavras, o verdadeiro drama que impulsiona a história para a frente é a guerra entre as classes. Ao longo da história da humanidade, as classes dominantes sempre oprimiram e exploraram aqueles que estavam sob seu poder, ao mesmo tempo em que lançavam mão de ideologias sedutoras para mascarar essa exploração. Porém, dizia Marx, essa história de injustiça estava com os dias contados. Era inevitável que os trabalhadores se unissem e se rebelassem contra o capitalismo, pusessem abaixo a sociedade injusta dominante e construíssem uma nova sociedade, esclarecida, a partir dos escombros; uma sociedade livre da opressão e da exploração.

Essa concepção do tempo era comum a socialistas do mundo todo. O passado era sombrio – uma história interminável de opressão da classe trabalhadora –, ao passo que o futuro, quando prevalecesse entre os trabalhadores a igualdade e a solidariedade, seria de muita luz. Assim, o presente não passava de um período de transição, difícil e desafiador, entre um passado sombrio e um futuro luminoso.

Para a esquerda sionista, o propósito do sionismo era livrar os judeus de um passado de exploração para conduzi-los a um futuro de solidariedade. O presente era difícil, argumentavam, porque todos os períodos de transição são assim. Porém, tinham certeza de que aquela realidade penosa daria lugar a uma nova era de fraternidade entre os trabalhadores judeus, um clima que inspiraria toda a humanidade.

O foco intelectual da esquerda sofreu uma grande guinada na década de 1970. Seus adeptos começaram a se afastar do ideal de uma sociedade socialista exemplar, substituindo-o pelo ideal de alcançar a paz. A solidariedade entre as nações tomaria o lugar da solidariedade entre os trabalhadores. Portanto, o sonho da paz sucedeu o socialismo, ao mesmo tempo em que herdou seu caráter otimista.

Assim como o ideal socialista, esse novo ideal ancorava-se numa concepção específica do tempo. Na visão de mundo atualizada da esquerda, a história do Estado poderia ser dividida em duas partes: antes da Guerra dos

---

[5] Karl Marx e Friedrich Engels, *The Communist Manifesto* [O manifesto comunista]. Auckland, N. Z., Floating Press, 2008, p. 6.

Seis Dias, Israel era uma democracia ética, cujos cidadãos sonhavam em construir uma sociedade exemplar; depois da Guerra, passou a ser um ocupante étnico, imoral por definição. Assim, a única possibilidade de avanços seria se o Estado de Israel chegasse a um acordo de paz com o mundo árabe.

Portanto, embora a visão de mundo da esquerda israelense tenha se transformado, sua concepção do tempo permaneceu a mesma. O passado está pautado em pecado, e o futuro, em redenção. A história não é mais a história da opressão sobre os trabalhadores, mas a história da ocupação sobre os palestinos. O futuro não requer a solidariedade entre os trabalhadores, e sim a paz entre os povos. Logo, em vez de se definir pela luta por uma revolução social, o presente se define pela luta por um acordo de paz igualmente revolucionário.[6]

Já vimos como a direita migrou do liberalismo para o messianismo. Mas como foi que a esquerda fez a transição do socialismo para a diplomacia?

ASCENSÃO E QUEDA DO SIONISMO SOCIALISTA

Entre os fundadores do sionismo, muitos eram imigrantes russos que chegaram à Palestina imbuídos do espírito revolucionário do socialismo. Contudo, ao contrário de seus camaradas russos, esses primeiros sionistas, em vez de incitar a revolução, optaram por construir uma sociedade socialista exemplar na Terra de Israel. Nem todos os sionistas daquela época eram socialistas; porém, entre as diferentes correntes do sionismo, aquela que se fundiu ao socialismo foi a que moldou de forma mais profunda os primórdios da sociedade israelense. Os sionistas socialistas lideravam

---

[6] Para evidências mais concretas sobre essa guinada, pensemos no surgimento do partido Meretz. O Meretz surgiu de uma fusão entre várias correntes que discordavam em assuntos socioeconômicos, mas compartilhavam da mesma visão sobre diplomacia. De um lado, havia o Mapam, o Partido da União dos Trabalhadores, com foco nos kibutzim; de outro, o Ratz, o Movimento pelos Direitos Civis e pela Paz, fundado por membros da burguesia de Tel Aviv; havia, ainda, uma ala do Shinui (Mudança; partido secular de centro), que defendia o livre mercado. Nas primeiras décadas do Estado de Israel, seria impensável um partido político baseado numa aliança entre socialismo e capitalismo, mas a partir do início da década de 1990, essa aliança passou a ser vista quase como natural. A fusão política que formou o Meretz prova que para a esquerda moderna, a questão político-diplomática é mais importante do que quaisquer outras considerações.

o Yishuv, a comunidade judaica anterior à fundação do Estado; foram eles que comandaram o nascente Estado de Israel e continuaram liderando o movimento sionista até boa parte da década de 1970. Muitos acreditavam que a Israel do futuro não seria apenas um modelo de sociedade socialista — seria também um modelo a ser copiado por toda a humanidade.

Com o tempo, ficou claro que o futuro não traria a tão aguardada redenção socialista — na verdade, a história estava prestes a destruí-la. Durante a Guerra Fria, a esquerda israelense sofreu um duro golpe. A disputa entre as superpotências era também uma disputa entre ideologias, entre capitalismo e socialismo. A União Soviética defendeu o Estado judeu em seus primórdios, tendo votado a favor do seu estabelecimento no Plano de Partilha da ONU, de 29 de novembro de 1947. Os soviéticos inclusive ajudaram Israel a obter armas durante a Guerra de Independência, em 1948. Contudo, na década de 1950, o regime comunista em Moscou passou a apoiar os inimigos de Israel.

Logo ficou muito nítido que a União Soviética não apenas era anti-Israel, como também era institucionalmente antissemita. Milhões de judeus oprimidos viram-se de repente aprisionados atrás de suas grades de ferro. Mais tarde, quando vieram à tona os terríveis crimes de Stálin, em 1956, descobriu-se que o regime soviético, para além de ser anti-Israel ou antissemita, era também anti-humanidade.

Conforme a União Soviética se tornava cada vez mais condenável, o magnetismo de suas ideias perdia força. Quando Israel começou a se afastar do socialismo, o governo passou a cultivar uma aliança com os Estados Unidos. No momento em que os Estados Unidos viraram a maior potência ocidental, tornaram-se também o principal apoiador de Israel. Assim, enquanto os judeus americanos cresciam e prosperavam, seus correligionários na União Soviética continuavam lutando contra a opressão. O capitalismo americano acabou se espalhando por todo o mundo, a economia israelense começou um processo de privatização e o sistema educacional do país iniciou um acelerado programa de americanização.[7]

---

[7] A relação Estados Unidos-Israel passou por altos e baixos em seus primeiros anos, mas a conexão especial entre os dois países se estabilizou depois de 1967, e principalmente depois de 1973. Ver Avraham Ben-Zvi, *From Truman to Obama* [De Truman a Obama]. Tel Aviv, Yediot Books, 2011 (hebraico).

Por fim, houve a queda do comunismo na União Soviética, e os regimes comunistas ruíram em várias partes do mundo. Em Israel, os enclaves de comunismo que ainda existiam – as comunidades coletivas da iniciativa dos kibutzim – foram quase todos privatizados. Em seus primórdios, o Estado sofrera uma forte influência cultural da Rússia, mas acabou migrando decisivamente para a esfera cultural dos Estados Unidos.

Logo após o início do novo milênio, Israel testemunhou diversas campanhas em prol de mudanças sociais. O ápice foi no verão de 2011, quando milhares de israelenses deixaram suas casas para acampar em barracas, em Tel Aviv. Centenas de milhares de cidadãos foram às ruas marchar em protesto. Nas ruidosas manifestações, os participantes gritavam em uníssono: "O país quer justiça social!".

Essa demanda por justiça social seria um clamor para fazer reviver o sionismo em sua vertente socialista? Tudo indica que não. Para os manifestantes do verão de 2011, a justiça social seria alcançada por meio de atitudes urgentes para reduzir o custo de moradia, os impostos sobre as vendas e os preços, em geral, a partir da quebra de monopólios e, portanto, da injeção de maior competitividade no mercado israelense. Hoje em dia, o que mais se identifica como questão "social" em Israel é justamente o custo de vida. Não se trata de um clamor para restaurar o sionismo socialista; por mais irônico que seja, é prova da vitória do capitalismo ocidental. O sionismo socialista do início do século XX estava preocupado com os direitos do trabalhador; as campanhas de cunho social do século XXI têm como foco os direitos do consumidor. A solidariedade entre trabalhadores foi substituída pela solidariedade entre consumidores. É muito curioso que a última pá de cal sobre o sionismo socialista tenha sido lançada logo pelo movimento de justiça social israelense.

DO SOCIALISMO À PAZ

Com o fim da Guerra dos Seis Dias, as fronteiras de Israel se ampliaram, incluindo a partir de então a Península do Sinai, a Faixa de Gaza, a Judeia e a Samaria e as Colinas de Golã. Israel passou a controlar territórios que antes pertenciam ao Egito, à Jordânia e à Síria. Pela primeira vez, o país tinha importantes cartas na manga para negociar com o mundo árabe. Em junho de 1967, o governo israelense decidiu oferecer a maior parte desses territórios de volta para os países árabes, em troca de um amplo acordo de paz.⁸ O Conselho de Segurança das Nações Unidas declarou que esse acordo poderia trazer estabilidade ao Oriente Médio, conforme ficou registrado na Resolução 242 da ONU, que pela primeira vez estabeleceu a fórmula política de trocar terra por paz. Pela primeira vez desde a criação do Estado de Israel e dos acordos de armistício de 1949, surgia a oportunidade de encerrar de uma vez por todas o conflito com os vizinhos árabes.

Contudo, a resposta do mundo árabe à oferta de Israel foi frustrante. Em setembro de 1967, a Liga Árabe se reuniu em Cartum, no Sudão, e anunciou seus Três Nãos à proposta israelense: não à paz com Israel; não ao reconhecimento de Israel e não às negociações com Israel.

Primeiro, os árabes se uniram para rejeitar a proposta de paz, e poucos anos depois, se uniram mais uma vez, numa iniciativa bélica. Com um impressionante esforço de coordenação e apoio pan-árabe, o Egito e a Síria lançaram um ataque surpresa sobre Israel, na tarde do Yom Kippur de 1973. Essa guerra sangrenta tirou a vida de muitos israelenses, deixando também inúmeros feridos. Porém, na sequência do ataque, Anwar Sadat, o presidente egípcio que havia iniciado a ofensiva, rompeu os acordos com o restante do mundo árabe e voltou seus esforços para construir a paz.

A resposta de Israel à iniciativa de paz do Egito chegou a beirar a euforia. Os israelenses ficaram exultantes quando Sadat chegou ao país, discursou no Knesset e estendeu a mão, pela paz. Todos estavam tão surpresos com a proposta de paz quanto tinham ficado com a iniciativa da guerra, encabeçada pelo Egito. O ataque inesperado destruíra a fé de muitos israelenses nas lideranças do sionismo socialista. Por sua vez, a inesperada proposta conciliatória oferecia uma alternativa àqueles ideais socialistas – a paz.⁹

---

⁸ Por unanimidade, o governo aprovou a seguinte resolução: "Israel se prontifica a estabelecer a paz com o Egito [e a Síria] com base na fronteira internacional e nas exigências de segurança israelenses". Ver os protocolos das reuniões do governo israelense, 19 de junho de 1967, nos Arquivos do Estado de Israel, nas pastas da Guerra dos Seis Dias, disponível em: http://www.archives.gov.il/archives/#/Archive/0b0717068031be30/File/0b0717068212c55b/Item/0907170682de093d.

⁹ Aqui é preciso fazer uma ressalva: o movimento pacifista que surgiu no final da década de 1980 não era totalmente inédito. Yaakov Hazan, um dos líderes do movimento juvenil Hashomer Hatzair, já havia declarado que a paz deveria ser um dos objetivos do sionismo: "A paz com os árabes é a garantia de nossa existência na Terra de Israel. Para nós, essa é uma função do socialismo e um imperativo do sionismo"; ver Shmuel Dota, *The Debate*

As negociações de paz entre Sadat e o primeiro-ministro de Israel, Menachem Begin, não foram fáceis, e em determinado momento houve uma grande crise. Um dos principais obstáculos às negociações era a questão do status político dos palestinos. O Egito condicionara a paz com Israel ao estabelecimento de um Estado palestino. Israel, por sua vez, preferia manter o acordo de paz com o Egito como algo separado de qualquer acordo futuro relativo aos palestinos que moravam nos territórios. A certa altura, parecia que as negociações estavam a ponto de fracassar, porque o governo de Begin reafirmava que não abriria mão da Judeia e da Samaria, não como parte de um acordo de paz com o Egito.[10]

Esse foi o pano de fundo para a criação do movimento pacifista israelense, cuja missão era pressionar o governo Begin a vencer todos os obstáculos, fazer todas as concessões necessárias e não adiar mais as perspectivas de paz. Em outras palavras, Paz Agora. Esse movimento difere da maioria dos movimentos pacifistas de outros lugares do mundo, porque não foi formado para protestar contra uma guerra e sim para apoiar uma iniciativa de encerrar uma guerra. Enquanto o correlato movimento pacifista americano

---

Over Partition During the Mandate Era [O debate sobre a partilha durante o período do Mandato]. Jerusalém, Ben-Zvi Institute, 1979, p. 142 (hebraico). Nas décadas de 1920 e 1930, o Yishuv testemunhou o surgimento de diversos movimentos e organizações — sendo o Brit Shalom o mais relevante deles — cujos membros enxergavam a paz com os habitantes da terra como objetivo da iniciativa que tinha como propósito justamente assentar a terra.

Contudo, essas vozes representavam uma opinião minoritária, às margens do movimento sionista. A paz só começou a sair da periferia e ganhar o centro dos debates políticos no período entre a Guerra dos Seis Dias e a Guerra do Yom Kippur. Foi quando Yaakov Rotblit escreveu "Shir LaShalom" [Canção pela Paz], cuja letra incluía o seguinte apelo: "Não diga que 'o dia chegará' / Traga este dia!" Intelectuais como Amós Oz e Yeshayahu Leibowitz clamavam pelo fim da ocupação dos territórios. Mas essas vozes ainda ficavam às margens do discurso público nesse momento entreguerras.

Uma representação melhor do clima da época pode ser encontrada na exortação de Moshe Dayan: "Retornamos ao nosso lugar mais sagrado, para nunca mais deixá-lo". A mudança de direção só aconteceu mesmo após a Guerra do Yom Kippur, especialmente depois de iniciado o processo de paz com o Egito. (Para Dayan, ver "40th Anniversary of the Reunification of Jerusalem" ["40º aniversário da reunificação de Jerusalém"], site do Ministério das Relações Exteriores de Israel: http://www.mfa.gov.il/mfa/aboutisrael/state/jerusalem/pages/40th%20anniversary%20of%20the%20reunification%20of%20jerusalem.aspx.)

[10] Para mais detalhes sobre as dificuldades nas negociações, ver Daniel Gordis, *Menachem Begin: the Battle of Israel's Soul*. Nova York, Schocken, 2014.

surgiu para fazer oposição à Guerra do Vietnã, o movimento pacifista israelense não surgiu da indignação contra alguma guerra em andamento, e sim da esperança de uma possível paz futura.[11]

O acordo de paz que acabou sendo assinado entre Israel e o Egito, em 1979, deu à esquerda um novo impulso, renovando-lhe as esperanças. O setor pacifista defendia que Israel se retirasse dos territórios e estabelecesse relações pacíficas com os palestinos, abrindo caminho para a paz com todo o mundo árabe. Muitos israelenses acreditavam que a ameaça de guerra poderia ser extinta e que isso só dependia da coragem política de Israel para negociar com os árabes.

No início da década de 1990, foram feitas as primeiras tentativas de traduzir esse sonho em realidade. Houve um esforço público na Conferência de Madri, de 1991, patrocinada pelos Estados Unidos e pela União Soviética, que incluiu os vizinhos de Israel mas não a Organização para a Libertação da Palestina (OLP); na sequência, reuniões secretas entre Israel e a OLP levaram aos Acordos de Oslo de 1993. Aos poucos, um acordo de paz entre Israel e os palestinos começava a ganhar forma. O ministro das Relações Exteriores, Shimon Peres – um dos mais importantes e eloquentes defensores da paz –, publicou em 1993 o livro *O Novo Oriente Médio*,[12] que expressava a visão da nova esquerda israelense. Peres argumentava que a paz com os palestinos seria apenas o primeiro estágio de um processo que levaria à paz com todo o mundo árabe. A paz se traduziria em cooperação econômica regional e na superação das diferenças que até então haviam mantido as partes afastadas. Na visão de Peres, todos os habitantes do Oriente Médio aproveitariam os frutos dessa cooperação econômica, e a prosperidade que seria alcançada com a paz também garantiria a estabilidade da própria paz.

---

[11] No início dos anos 1980, irrompeu uma guerra que conseguiu inflamar o otimismo do setor pacifista israelense: a Guerra do Líbano. Começou como uma campanha restrita para expulsar os terroristas da fronteira norte de Israel, e de início contou com amplo apoio da população. Mas com o tempo, a guerra não parava de se expandir. Conforme se prolongava cada vez mais, o consenso nacional dentro de Israel foi diminuindo, até se reduzir drasticamente. Quanto mais as IDF se atolavam no "lamaçal do Líbano", mais barulhentos ficavam os protestos contra a guerra. Assim, o movimento pacifista que surgira da esperança de uma paz contínua se transformou num movimento de protesto contra uma guerra em andamento.

[12] Shimon Peres, *O novo Oriente Médio*. Rio de Janeiro, Ediouro, 1994.

A sofisticada teoria de Peres buscava explicar como o Estado de Israel poderia se transformar — por meio de mudanças políticas e econômicas — em parte orgânica do Oriente Médio, bem como em país legítimo e aceito por todo o mundo. Até então, a história dos judeus tinha sido uma história de hostilidades e tensões constantes com diversas nações. Os Acordos de Oslo foram pensados para mudar não só a relação entre Israel e os palestinos, mas também o rumo da história judaica. O povo judeu já não estava mais no longo exílio em relação a sua pátria. Em tese, os Acordos de Oslo aboliriam também o exílio em relação ao resto da humanidade.

A história da esquerda israelense é de uma jornada que vai da busca pelo socialismo à busca pela paz.[13] Por sua vez, a história da direita israelense é de uma jornada que vai do liberalismo ao messianismo. Essas duas jornadas aconteceram praticamente em paralelo. Nos anos 1980 e 1990, a nova direita e a nova esquerda israelense entraram num forte embate. A direita da "Grande Israel" e a esquerda do "Paz Agora" passaram a se confrontar com enorme paixão, incendiando a esfera pública.

Acontece que essas guinadas também foram apenas temporárias.

UMA NOVA GUINADA

A história dessas duas ideias — Grande Israel e Paz Agora — atravessa duas intifadas. A Primeira Intifada eclodiu no fim de 1987 e abalou a direita

---

[13] Preciso incluir uma ressalva à minha argumentação sobre essa guinada: as ideais de socialismo e paz já estavam conectadas desde os primórdios do sionismo, quando havia quem acreditasse que a solidariedade entre trabalhadores judeus se ampliaria para uma solidariedade entre todos os trabalhadores, inclusive árabes. Concretizar a visão socialista significaria também concretizar o sonho da paz. Ver Anita Shapira, *Berl: The Biography of a Socialist Zionist, Berl Katznelson*. Nova York, Cambridge University Press, p. 184.
Dito isso, seria complicado afirmar que essa ideia era central dentro da ideologia de esquerda daquela época. Com o tempo, a causa do socialismo e a causa da paz não se entrelaçaram. No fim das contas, o socialismo não conseguiu produzir a paz e acabou sendo substituído pela própria ideologia da paz. Para uma discussão franca sobre essa guinada ideológica com dois dos fundadores da esquerda moderna, Yossi Sarid e Yossi Beilin, ver Ari Shavit, *My Promised Land: The Triumph and Tragedy of Israel*. Nova York, Spiegel and Grau, 2015, p. 239-270. [Edição brasileira: *Minha terra prometida: o triunfo e a tragédia de Israel*. Trad. Alexandre Morales. São Paulo, Três Estrelas, 2016.]

secular. Os números falam por si. Em 1987, no início da Primeira Intifada, apenas 21% dos israelenses eram a favor da criação de um Estado palestino.[14] Porém, em 2001, 57% deles apoiavam a ideia.[15] A revolta popular árabe levou a maior parte da sociedade israelense a concluir que Israel não podia continuar subjugando os palestinos.

Se a Primeira Intifada abalou a direita israelense, a Segunda quase destruiu por completo a esquerda. Ela eclodiu em setembro do ano 2000, envolvendo uma menor participação popular árabe, mas foi muito mais violenta do que a anterior. Aos rebeldes da Primeira Intifada juntaram-se homens-bomba. Os palestinos não ficaram apenas lançando pedras – eles passaram a explodir ônibus. O alvo eram mulheres e crianças em Tel Aviv e Jerusalém, bem como soldados nos territórios. Essa intifada pulverizou a esquerda, não apenas por conta da extrema violência envolvida, mas principalmente em razão das circunstâncias: ela aconteceu dois meses após a Cúpula de Camp David.

Na Cúpula de Camp David, em julho de 2000, o primeiro-ministro israelense Ehud Barak fez a Yasser Arafat, presidente da Autoridade Palestina, uma oferta que Bill Clinton, presidente dos Estados Unidos, descreveu como a melhor oferta que Arafat poderia receber por parte de um primeiro-ministro israelense. A proposta afetava muitos mitos de Israel e sacrificava ainda mais suas vacas sagradas. Incluía a retirada de quase todos os territórios conquistados na Guerra dos Seis Dias, a divisão de Jerusalém entre Israel e os palestinos e um acordo sobre o Monte do Templo. Arafat recusou a oferta, sem fazer qualquer contraproposta.[16] A resposta final dos

---

[14] Ver Asher Arian, "A Further Turn to the Right: Israeli Public Opinion on National Security". *INSS Strategic Assessment* 5, n. 1., junho de 2002, p. 19-24.

[15] Ibid.

[16] Cabe esclarecer que essa descrição é a narrativa convencional sobre o fracasso da Cúpula de Camp David. A narrativa aceita, portanto, é que a Cúpula fracassou por conta do rejeicionismo palestino. Embora pessoalmente eu considere convincente essa versão dos fatos, há outras narrativas, que atribuem a culpa a ambos os lados, e ainda narrativas contrárias, que lançam toda a culpa sobre Israel. Para um resumo sobre essas diferentes narrativas, ver Itamar Rabinovich, *The Lingering Conflict: Israel, the Arabs, and the Middle East, 1948-2012*. Washington, D.C., Brookings Institution Press, 2012. Ver também Padraig O'Malley, *The Two-State Delusion: Israel and Palestine – a Tale of Two Narratives*. Nova York, Penguin, 2006, p. 90-96.

palestinos veio dois meses depois, sob a forma de uma onda letal de atentados feitos por homens-bomba.[17]

Como ficou claro para a maioria dos israelenses, a Segunda Intifada não eclodiu *por causa* da ocupação; ela eclodiu depois que Israel fez uma oferta para *pôr fim* à ocupação.[18] O argumento de que a ocupação era a causa do conflito foi logo desacreditado, uma vez que o conflito se intensificou justamente no momento em que Israel fez uma proposta para encerrá-la. Nas palavras do jornalista israelense Ari Shavit, que manifestou a frustração da esquerda num artigo escrito em 2014, "Exatamente 14 anos atrás, a mais generosa oferta de paz israelense desencadeou o pior ataque terrorista sobre Israel".[19]

A Segunda Intifada pulverizou a esquerda israelense. A noção de que a paz estava logo ali, na esquina, e que o caminho seria aberto por meio de concessões feitas por Israel parecia mais inverossímil do que nunca.

---

[17] Na área de inteligência de Israel, não existe consenso; há quem acredite que Arafat desencadeou a Segunda Intifada deliberadamente (como defende o Departamento de Pesquisa da Direção de Inteligência Militar); e há quem acredite que só depois é que ele se juntou à revolta árabe (segundo algumas alas da Direção de Inteligência Militar e da Agência de Segurança de Israel).

[18] Na narrativa difundida entre os palestinos e alguns quadros da esquerda israelense e europeia, o oposto é verdade. Nessa narrativa, o grosso da culpa pelo início da intifada recai sobre os israelenses. Mas como? Os Acordos de Oslo criaram expectativas nos palestinos, ao mesmo tempo em que, em paralelo a esse processo político, os assentamentos disparavam, a população dos assentamentos crescia, novas estradas eram construídas dentro dos territórios e Israel sinalizava, por meio de seus feitos, que o país não estava interessado em pôr fim à ocupação — queria mais é expandi-la. O abismo entre as expectativas e a realidade acabou gerando um enorme rancor, que irrompeu sob a forma da Segunda Intifada.
A imensa maioria dos israelenses culpa os palestinos pela violência da Segunda Intifada, diferente de como enxergam a Primeira Intifada. Ver Eran Halperin, Neta Oren e Daniel Bar-Tal, "Socio-Psychological Barriers to Resolving the Israeli-Palestinian Conflict: An Analysis of Jewish Israeli Society". In: Yaacov Bar-Siman-Tov (org.), *Barriers to Peace in the Israeli-Palestinian Conflict*. Jerusalém, Jerusalem Institute for Israel Studies, 2010.
Vale acrescentar o seguinte: se para os israelenses a palavra *ocupação* em geral se refere ao jugo militar sobre palestinos não cidadãos, que teve início em 1967, os palestinos usam o termo para se referir à própria criação do Estado de Israel e à soberania israelense a partir de 1948. Dessa forma, a ideia de "pôr fim à ocupação" tem significados bem diferentes para israelenses e para palestinos.

[19] Ari Shavit, "Israeli-Palestinian Peace is Dead, Long Live Peace", *Haaretz*, 24 de setembro de 2014.

O movimento que nasceu durante os Acordos de Camp David com o Egito morreu após a Cúpula de Camp David com os palestinos.

A questão da paz ocupa um lugar central na história política de Israel. Como vimos, foi a paz que sucedeu o socialismo como ideal máximo da esquerda, resgatando assim a própria esquerda de uma possível crise intelectual. Porém, quando a ideia da paz ruiu, nenhuma outra ideia otimista assumiu esse lugar. A crise intelectual que deveria ter acontecido com o colapso do socialismo só foi despontar quando as iniciativas de paz fracassaram.

DOIS SONHOS VERSUS DUAS INTIFADAS

A Primeira Intifada devastou a direita secular, enquanto a Segunda Intifada devastou a esquerda sionista.[20] Onde se encontra a sociedade israelense hoje, após ter sobrevivido a duas violentas intifadas? Também nesse caso, os números falam por si. Mais de 70% dos israelenses não têm o menor interesse de subjugar os palestinos, só que um percentual similar não acredita na possibilidade de chegar a um acordo de paz com eles.[21] Esta é a armadilha a que iremos nos dedicar mais à frente: os sobreviventes das duas intifadas não conseguem imaginar a situação de o território permanecer unificado, mas também não conseguem imaginar a hipótese de ele permanecer em paz.

Com a chegada do novo milênio, Israel entrou numa era pós-ideológica. A direita secular sofreu um golpe quando seu liberalismo derrotou o maximalismo territorial. Por sua vez, a esquerda sionista ruiu quando a Segunda Intifada aniquilou suas esperanças de paz. Ao mesmo tempo em que essas ideias foram abandonadas, apenas uma ideologia continuou de pé: o sionismo da direita religiosa. Ela angariou sua inspiração mais profunda justamente quando seus rivais perdiam as esperanças.

---

[20] Sou grato a meu amigo Yossi Klein Halevi por essa distinção esclarecedora.
[21] Essa pesquisa foi retirada de Uriel Abulof, *Living on the Edge: The Existential Uncertainty of Zionism* [Vivendo no limite: a incerteza existencial do sionismo]. Haifa, Yediot Books e Haifa University Press, 2015, p. 85 e 118 (hebraico). Ver também as pesquisas exaustivas mencionadas. Ibid., p. 259.

CAPÍTULO 3
O sionismo religioso e a guinada messiânica
—

──────────── A METAMORFOSE DO SIONISMO RELIGIOSO

O SIONISMO RELIGIOSO NEM sempre foi do âmbito da direita. A grande guinada nessa vertente do sionismo aconteceu na década de 1970, ancorada nos eventos de junho de 1967.[1] Em seis dias de guerra, o mundo dos sionistas religiosos se viu completamente modificado. A guerra foi interpretada como nada menos que um episódio bíblico. A vitória de Israel foi encarada como um verdadeiro milagre; além disso, os judeus retomaram seu núcleo bíblico ancestral. Depois da guerra, a história israelense passou a ter ares cada vez mais divinos. Parecia que Deus tinha retornado à história.

O entusiasmo religioso que inspirava os herdeiros do sionismo religioso agora encontrava expressão numa linguagem religiosa, conforme exposto na filosofia messiânica do rabino Abraham Isaac Kook, também conhecido como HaRav – *o rabi*. A filosofia do rabi Kook, aperfeiçoada por seu filho, rabi Zvi Yehuda Kook, tinha ficado por muito tempo confinada à periferia do movimento sionista religioso. Dali em diante, logo se tornou praticamente a filosofia oficial do movimento.

───
[1] Eliezer Don-Yehiya demonstra que havia indícios, ainda na década de 1950, do novo espírito do sionismo religioso, mas ele não encontrou expressão política dentro do partido Mizrahi. Ver Eliezer Don-Yehiya, "Leadership and Policy in Religious Zionism: Chaim Moshe Shapira, the NRP and the Six-Day War" ["Liderança e política no sionismo religioso: Chaim Moshe Shapira, o PNR e a Guerra dos Seis Dias"]. In: Asher Cohen e Yisrael Harel (orgs.), *Religious Zionism: The Era of Change* [Sionismo religioso: a era da mudança]. Jerusalém, Bialik Institute, 2004, p. 135-170 (hebraico).

Rabi Zvi Yehuda Kook interpretou os eventos históricos de 1967 como a concretização de vários estágios do plano messiânico de Deus. Para ele, a ampliação da soberania judaica no solo bíblico era o mais forte indício de que os judeus já estavam nos estágios avançados da Redenção. Portanto, abrir mão de qualquer pedaço da Terra de Israel seria um ato de sabotagem contra o progresso rumo à Redenção. Para os sionistas religiosos, a luta contra uma retirada israelense não era apenas uma questão de luta por território, mas também de luta pela marcha progressiva da história em direção à era messiânica.

A guinada messiânica do sionismo religioso aconteceu praticamente ao mesmo tempo em que a direita secular enfrentava sua crise ideológica. Logo, o movimento sionista religioso tornou-se a vertente predominante do universo político da direita, e a narrativa messiânica passou a ser a narrativa hegemônica.

Foi assim que a ideia central da direita israelense sofreu uma revolução. A princípio, a "Grande Israel" era entendida como a terra prometida pela comunidade internacional, com base nas profundas e históricas raízes judaicas naquela terra; já no fim do século XX, ela passou a ser entendida como a terra prometida por Deus. Em seus primórdios, a vertente predominante da direita enfatizava os direitos humanos; porém, no fim do século XX, sua vertente predominante passou a enfatizar a Redenção. Além de transformar a direita, essas guinadas acabaram por fortalecê-la. A partir do momento em que seus partidários começaram a enxergar a luta pela Grande Israel como uma luta pela Redenção, ganharam um ímpeto quase incontrolável.

OS FUNDAMENTOS TEOLÓGICOS DA DIREITA RELIGIOSA

Rabi Kook pai interpretava ao mesmo tempo os livros e os acontecimentos. O misticismo é um método de interpretação dos textos sagrados que identifica as camadas ocultas por entre as linhas. Todo texto possui um significado literal, mas sempre esconde alguns segredos em suas profundezas. Da mesma forma, a interpretação mística da história é a busca por camadas de significado no passado que permanecem invisíveis a olho nu. Rabi Kook acreditava que o sionismo secular tinha um "significado literal", mas também guardava um segredo profundo em seu âmago. Segundo ele, o sionismo secular também era um movimento messiânico — e os judeus seculares que lideravam o movimento eram basicamente religiosos, sem sequer se dar conta disso.

Essa historiografia mística despertou pouco interesse e teve pouca aceitação na época em que Rabi Kook viveu e na geração seguinte. Contudo, foi energicamente reavivada depois da impressionante vitória israelense na Guerra dos Seis Dias.[2] Na década de 1970, essa interpretação — repaginada pelo filho de seu fundador, Rabi Zvi Yehuda Kook — transformou por completo as feições do sionismo religioso.[3]

---

[2] Ver Aviezer Ravitzky, *Messianism, Zionism, and Jewish Religious Radicalism* [Messianismo, sionismo e radicalismo religioso judaico]. Tel Aviv, Am Oved, 1993, p. 170-172 (hebraico).

[3] Em que medida Rabi Zvi Yehuda foi o verdadeiro sucessor de seu pai, Rabi Kook? Seus discípulos consideravam-no o maior conhecedor dos escritos do pai, mas a comunidade acadêmica é mais cética. O professor Benjamin Ish-Shalom, por exemplo, concentra sua pesquisa no Rabi Kook pai, e não no filho e em outros discípulos, usando o argumento de que "sabemos que em questões de princípio eles divergiam do mestre". Benjamin Ish-Shalom, "Religious Zionism — Between Apologia and Coping" ["Sionismo religioso — entre apologia e enfrentamento"]. *Cathedra* 90, dezembro de 1988, p. 148 (hebraico).

Aviezer Ravitzky também apontou diferenças substanciais entre os dois rabinos: "A fé messiânica e as expectativas otimistas de Rabi Kook sobre o futuro assumiram, entre seus discípulos, o sólido aspecto de certeza messiânica e previsão do futuro." Ravitzky, *Messianism, Zionism, and Jewish Religious Radicalism* [Messianismo, sionismo e radicalismo religioso judaico], p. 172 (hebraico).

Por outro lado, alguns estudiosos argumentam que Rabi Kook e seus discípulos (Rabi Zvi Yehuda, o "nazireu" Rabi David Cohen e Rabi Yaakov Moshe Charlap) deveriam ser considerados como integrantes de uma única escola de pensamento que continha algumas diferenças em seu interior, mas que valia ser estudada como um todo, por conta da continuidade entre Rabi Kook e seus discípulos e da dependência deles em relação ao mestre. Esse argumento foi desenvolvido pela primeira vez por Don Schwartz, em "Paths in the Study of Religious Zionist Thought" ["Caminhos para o estudo do pensamento sionista religioso"]. In: Yosef Ahituv et al. (orgs.), *Ayin Tova — Dialogue and Polemic in Jewish Culture: Jubilee Book in Honor of Tova Ilan* [Ayin Tova — Diálogo e polêmica na cultura judaica: livro do jubileu em honra a Tova Ilan]. Tel Aviv, Hakibbutz Hameuchad, 1999, p. 564-581 (hebraico). Depois, foi também comentado por Jonathan Garb, Uriel Barak e outros.

A guinada revolucionária que transformou as feições do sionismo religioso na década de 1970 foi iniciada pela liderança espiritual da yeshivá Merkaz HaRav e por seus alunos. Gideon Aran mostrou que as sementes dessa transformação maior foram plantadas já na década de 1950, quando os sionistas religiosos começaram a descobrir a yeshivá Merkaz HaRav, ao mesmo tempo em que eram membros de um grupo pioneiro de estudos da Torá, o *Gahlat*. Ver Gideon Aran, *Kookism* [Kookismo]. Jerusalém, Carmel, 2013, p. 30-109 (hebraico).

Rabi Zvi Yehuda observava que muitos profetas bíblicos proclamavam a mesma visão: o destino do povo judeu era se reunir, saindo do exílio, e retomar a Terra Prometida. O renascimento do Estado judeu, as ondas de imigração judaica ao redor do mundo, a milagrosa Guerra dos Seis Dias e o assentamento do solo bíblico eram acontecimentos que só podiam ser encarados como a concretização de antigas profecias. Para o Rabi Zvi Yehuda Kook, não pairavam dúvidas. Os vaticínios proféticos já haviam se transformado em realidade messiânica. Aqueles acontecimentos teriam provado que as profecias viraram realidade. "Graças a Deus, as visões proféticas estão se revelando diante de nossos olhos", escreveu ele. "Não há mais espaço para dúvidas ou quaisquer questionamentos que possam perturbar nossa alegria e gratidão perante o Redentor de Israel."[4]

A comparação entre o plano messiânico de Deus, conforme revelado nas Escrituras, e o percurso da história judaica, conforme vinha se revelando no Estado de Israel, provava que a Redenção estava próxima. Para o Rabi Kook filho, o Estado de Israel não anunciava o início da Redenção: o Estado de Israel já se encontrava em estágios avançados da Redenção.[5] Portanto, ele criou para si mesmo um papel histórico pertinente: interpretar o curso da história sionista como a história da concretização dos planos messiânicos de Deus. "A Redenção verdadeira já está acontecendo com o avanço da iniciativa dos assentamentos na Terra de Israel, a ressurreição do Estado neste solo, a contínua renovação dos assentamentos da terra graças à absorção dos exilados que retornam e a retomada do controle do nosso governo sobre esta terra."[6]

Os sionistas religiosos messiânicos acreditam no mandamento de assentar a Terra de Israel e que esse mandamento difere dos demais em um

---

[4] A declaração apareceu pela primeira vez num artigo publicado no jornal *HaTzofe* (O Observador), em 26 de janeiro de 1975, e é citado em Ravitzky. *Messianism, Zionism, and Jewish Religious Radicalism* [Messianismo, sionismo e radicalismo religioso judaico], p. 113 (hebraico).

[5] Ver Don Schwartz, *Challenge and Crisis in Rabbi Kook's Circle* [Desafio e crise no círculo de Rabi Kook]. Tel Aviv, Am Oved, 2002, p. 56-86 (hebraico).

[6] Rabi Zvi Yehuda Kook, *On The Ways of Israel* (Lintivot Yisrael), seção A, p. 193-194 (hebraico), citado em Ravitzky, *Messianism, Zionism, and Jewish Religious Radicalism Radicalism* [Messianismo, sionismo e radicalismo religioso judaico], p. 113 (hebraico). O ensaio fundamental de Rabi Zvi Yehuda, "The State as the Fulfillment of the Redemptive Vision" ["O Estado como a concretização da visão redentora"], em seu *On The Ways of Israel* (hebraico), interpreta os acontecimentos em torno da fundação de Israel no contexto maior da narrativa histórica da redenção.

aspecto essencial: sua importância não reside no significado que tem para a lei religiosa, e sim em seu papel central no desenrolar de uma narrativa messiânica. Os assentamentos são a causa da Redenção, não um simples prenúncio dela. Para o Rabi Zvi Yehuda, a Redenção não deveria ser aguardada passivamente — era preciso fazê-la acontecer. E a atitude capaz de trazer a Redenção seria o assentamento da Terra de Israel.[7]

Para o Rabi Zvi Yehuda, era importante, ainda, o fato de o mandamento de assentar a Terra de Israel ser também a principal esfera em que a religiosidade involuntária dos judeus seculares encontrava sua plena expressão.[8] Israelenses seculares que construíam os assentamentos e serviam no exército que protegia esses assentamentos participavam ativamente na concretização das antigas profecias e na marcha progressiva da história rumo à Redenção final. A ironia é que israelenses seculares, que não acreditavam na agenda messiânica, eram justamente os que a concretizavam. Como é possível que os pioneiros da Redenção não acreditassem nela? Rabi Zvi Yehuda argumentava que as ações deles eram prova de um desejo subconsciente nesse sentido. Por meio de suas ações, eles demonstravam a profunda conexão com o espírito divino do povo, através de uma rede mística, oculta.

A CRISE TEOLÓGICA DA RETIRADA

Para o Rabi Kook filho, o processo messiânico começou com a Primeira Aliá (primeira onda de imigração para a Palestina, 1882-1903), intensificou-se com a criação do Estado judeu, ganhou um ímpeto irrefreável com a Guerra dos Seis Dias, avançou mais com o assentamento da Judeia, da Samaria e

---

[7] Perguntado se ele e seus alunos não estariam transgredindo o alerta talmúdico contra a possibilidade de acelerar a era messiânica, Rabi Zvi Yehuda respondeu: "Nós não estamos instigando a Redenção — é a Redenção que está nos instigando!" Ver Rabi Yosef Bramson (org.), *In The Public Campaign* [Na campanha pública]. Jerusalém, 1985, p. 24-25 (hebraico).

[8] Nas palavras de Rabi Yaakov Ariel, "esse mandamento de assentar a Terra de Israel dentro de suas fronteiras sagradas é o principal e talvez único mandamento capaz de restaurar a fé de muitos dessa geração". Rabi Yaakov Ariel, "*Torah va'Avodah* in *Bnei Akiva over Time*", capítulo 4: "Religious and National Conceptions" ["Concepções religiosas e nacionais"]. In: Mordecai Bar-Lev, Yedidya Cohen e Shlomo Rosner (orgs.), *Fifty Years of Bnei Akiva in Israel* [Cinquenta anos de Bnei Akiva em Israel]. Tel Aviv, Bnei Akiva Movement, 1987, p. 281 (hebraico).

da Faixa de Gaza e estava destinado a continuar. Os profetas haviam prometido que o retorno do Exílio era irreversível, como declarou o profeta Amos: "E trarei do cativeiro meu povo Israel, e eles reedificarão as cidades assoladas, e nelas habitarão, e plantarão vinhas, e beberão o seu vinho, e farão pomares, e lhes comerão o fruto. E plantá-los-ei na sua terra, e não serão mais arrancados da sua terra que lhes dei, diz o Senhor teu Deus".[9]

A Redenção é um processo linear, que progride e se intensifica com o tempo. Conforme explicou o Rabi Zvi Yehuda: "O decreto histórico de Deus de encerrar o Exílio, muito claro e perfeitamente visível, não pode ser modificado nem distorcido... Eventuais atrasos ou adiamentos que venham a ocorrer nunca poderão reverter sua marcha progressiva e ascensão absolutamente inevitável".[10]

O plano messiânico poderia até sofrer pequenos atrasos, argumentou o Rabi Zvi Yehuda, mas o progresso messiânico da história sionista jamais seria revertido — uma sensação que só fez aumentar diante dos resultados da Guerra dos Seis Dias. Assim respondeu o Rabi Yaakov Filber, aluno de Kook filho, aos apelos de se abrir mão de parte da terra conquistada pelas IDF durante a guerra: "Acredito piamente que se o Santo Deus, abençoado seja, nos entregou esta terra, Ele nunca irá arrancá-la de nossas mãos. *O Senhor não realiza milagres em vão*".[11]

Vejamos com cautela o que o Rabi Filber disse e o que ele não disse. Ele não disse que era *proibido* entregar os territórios liberados na guerra; ele determinou categoricamente que os territórios *não seriam* entregues. Às vésperas da evacuação da Península do Sinai, Hanan Porat, líder do movimento de colonização, manifestou um posicionamento similar. Ele explicou que uma retirada de qualquer parte da Terra de Israel era metafisicamente impossível — e acreditar que isso pudesse acontecer não passava

---

[9] Amos 9:14-15, JPH Tanakh. Todas as citações bíblicas são dessa edição. Para saber mais sobre essa visão e suas origens, ver Rabi Ari Yitzhak Shvat, "There Shall Not Be Another Exile — On the Sayings of Rabi Herzog" ["Não haverá outro Exílio — sobre os dizeres do Rabi Herzog"]. *Zohar* 21, 2005, p. 111-122 (hebraico).

[10] Rabi Zvi Yehuda Kook, *On the Ways of Israel*, seção A, 25, citado em Ravitzky, *Messianism, Zionism, and Jewish Religious Radicalism* [Messianismo, sionismo e radicalismo religioso judaico], p. 173 (hebraico). Para a historiografia de Rabi Zvi Yehuda, ver Schwartz, *Challenge and Crisis in Rabi Kook's Circle* [Desafio e crise no círculo de Rabi Kook], p. 38-71 (hebraico).

[11] Rabi Yaakov Filber, citado em Ravitzky, *Messianism, Zionism, and Jewish Religious Radicalism* [Messianismo, sionismo e radicalismo religioso judaico], p. 183 (hebraico).

de superstição.¹² "Precisamos entender que a ideia de uma retirada é tão fantasiosa quanto a existência de fantasmas", disse ele.¹³

Rabi Zvi Yehuda morreu semanas antes da evacuação final dos assentamentos judaicos no deserto do Sinai. Havia quem pensasse que a destruição desses assentamentos faria com que os seguidores de Kook abandonassem sua filosofia, e que a retirada levaria ao colapso da corrente messiânica do sionismo religioso. Mas não foi o que aconteceu. Foi sem dúvida um momento de crise, mas a escola messiânica sobreviveu ao primeiro evento que supostamente poderia desprestigiá-la. Depois veio mais uma crise, ainda maior: 23 anos após a evacuação da Península do Sinai, Israel decidiu arrancar a comunidade de Gush Katif da Faixa de Gaza.

Em 2005, quando o Plano de Retirada — a evacuação dos colonos de toda a Faixa de Gaza e de partes do norte da Samaria — estava prestes a ser implementado, o país foi tomado por uma onda de protestos. A essa altura, os discípulos de Rabi Zvi Yehuda já contavam com milhares de seguidores. Muitas famílias que moravam em Gush Katif se recusavam a fazer qualquer preparo para o iminente dia da evacuação; não arrumavam seus pertences nem tomavam qualquer medida no sentido de decidir para onde ir. Continuavam se comportando como se a desocupação nunca fosse ocorrer. O prognóstico de Porat às vésperas da evacuação da Península do Sinai se tornou uma suposição amplamente aceita às vésperas da evacuação da Faixa de Gaza: "Simplesmente não vai acontecer".¹⁴

---

¹² A interpretação teológica dada a essa determinação por Hanan Porat e seus companheiros não envolve um prognóstico do futuro, mas o poder da fé humana para influenciar o futuro: "Eles me disseram: na Merkaz HaRav eles acreditam nas 'dores do parto da era messiânica'; eles fecham os olhos, não enxergam a realidade. Eu respondi: Existe a inocência, e existe a inocência criativa, e o próprio fato da inocência já é criativo. Se um dia perguntarem, 'Vai haver uma retirada?', o completo sacrifício pessoal garantirá que isso jamais vai acontecer". Aran, *Kookism* [Kookismo], p. 6 (hebraico). O conceito de "inocência criativa" foi desenvolvido em grupos associados à Merkaz, especialmente pelo Rabi Zvi Tau e sua esposa, Rabbanit Hannah, enquanto outros círculos messiânicos, influenciados pelo Kol HaTor, também lidavam com prognósticos sobre o futuro e calculavam datas em que o Messias poderia chegar. Ver Udi Abramovitz, "The State Theology" (PhD diss., Universidade Ben-Gurion do Negev, 2014), capítulos 1 e 2 e p. 141-145.
¹³ Citado em Ravitzky, *Messianism, Zionism, and Jewish Religious Radicalism* [Messianismo, sionismo e radicalismo religioso judaico], p. 184 (hebraico).
¹⁴ O principal defensor dessa crença era o Rabi Mordechai Eliyahu, que apresentou essa ideia, entre outras, num comício religioso em Neve Dekalim, uns dois meses antes da

Porém, o prognóstico mais uma vez estava errado, e a crise de fé que deveria ter irrompido após a evacuação do Sinai só foi ocorrer depois da desocupação de Gush Katif e do norte da Samaria.

Com a Retirada, o Rabi Moshe Tzuriel declarou que era preciso lidar com a possibilidade de que Rabi Kook pudesse ter se enganado: "Será *isso* realmente o 'início da nossa redenção'? Se Rabi Abraham Isaac Kook estivesse vivo nesta geração, vocês acham que ele continuaria defendendo que já estamos no processo de Redenção? Ou em vez disso, será que engoliria as próprias palavras? Talvez fosse mais sábio e responsável de nossa parte chegar à conclusão de que Rabi Kook simplesmente estava equivocado".[15]

Quando o Estado de Israel desalojou os colonos de toda a Faixa de Gaza e de partes do norte da Samaria, não destruiu apenas os assentamentos em si – destruiu também a ideia messiânica que havia incentivado os colonos a construir os assentamentos. A retirada dos assentamentos representou para o sionismo religioso o mesmo que a privatização dos kibutzim representou para o sionismo socialista: um golpe ideológico difícil de superar.

Nem todos se desesperaram. Os esforços para justificar a interpretação messiânica do sionismo continuaram ainda muito tempo depois da Retirada.[16] Rabi Zvi Tau, da yeshivá messiânica Merkaz HaRav, declarou que recuar de partes da Terra de Israel não era um recuo da Redenção, e sim

---

Retirada. Ver seus comentários, por exemplo, no website da Arutz 7 (hebraico): http://www.inn.co.il/News/News.aspx/115887. Os discípulos do Rabi Zvi Tau criaram a Fundação Believe and Sow [Acreditar e semear], em Gush Katif, cuja missão era garantir "que tudo funcionasse normalmente" e permitir que os agricultores continuassem semeando a terra para o ano seguinte, com base no entendimento de que "a fé determina a realidade" e assim se evitaria a Retirada iminente.

[15] Rabi Moshe Tzuriel, "Is this really the beginning of the growth of our redemption? Was Rabbi Kook wrong?" ["Será isso realmente o início da nossa redenção? Rabi Kook estava errado?"]. Disponível em: www.yeshiva.org.il. Acesso em: janeiro de 2006. Tzuriel conclui que, apesar das diversas crises, "esse é o caminho da Redenção, e não pode ser de outra forma". Apesar das dificuldades, ele continua insistindo na interpretação messiânica da história sionista. Dito isso, insinua que a liderança do Estado era uma "ralé", de origem não judaica.

[16] Para as diferentes reações à Retirada que ganharam espaço nos círculos sionistas messiânicos, ver Avinoam Rosenak, *Cracks: Unity of Opposites, the Political and Rabbi Kook's Disciples* [Fissuras: união de opostos, a política e os discípulos de Rabi Kook]. Tel Aviv, Riesling, 2013, p. 137-154 (hebraico).

parte integrante dela. "Os estágios de retração e de crise também fazem parte de nossa jornada de ascensão. Constituem treinamento e preparo para o próximo estágio da Salvação", argumentou ele.[17]

Embora ainda fosse possível justificar a fé messiânica no sionismo, era muito mais difícil justificar a fé messiânica na sociedade secular. A Retirada tinha provado que o secular Estado de Israel não apenas plantaria assentamentos como também os arrancaria; o secular Exército israelense não apenas protegeria os assentamentos como também os destruiria. Caiu por terra a teoria de que os israelenses seculares eram os pioneiros inconscientes da Redenção, quando ficou claro que eles eram na verdade os pioneiros plenamente conscientes do recuo em relação à Redenção. Logo, a justificativa religiosa para a cooperação com os sionistas seculares sofreu um golpe mortal.[18]

Essa sensação foi muito bem descrita pelo Rabi Zalman Melamed, outro discípulo do Rabi Zvi Yehuda: "Talvez o movimento sionista religioso estivesse errado ao pensar que poderia criar laços com o sionismo secular... Talvez todo aquele sonho de coexistência e de um dia encontrar uma forma de aproximar os sem fé da fé não passasse de uma quimera. *Talvez, no fim das contas, quem tinha razão eram aqueles que diziam que não valia a pena se aproximar do grupo dos seculares, porque eles eram o nosso oposto* [grifo meu]".[19]

Com a Retirada, o golpe sofrido pela compreensão messiânica do sionismo não é nada, portanto, se comparado ao golpe sofrido pela interpretação mística do secularismo. Rabi Kook pai escreveu que a noção de povo dos judeus seculares acabaria levando-os de volta à religião, mas na verdade aconteceu o contrário. O nacionalismo não transformou o secularismo: em vez disso, foi o secularismo que transformou o nacionalismo. O secularismo provocou uma forma de nacionalismo entre os sionistas religiosos

---

[17] Rabi Zvi Tau, *Those Who Hope in the Lord Will Renew Their Strength* [Aqueles que acreditam no Senhor renovarão sua força] (hebraico).

[18] Vale dizer que a ampla maioria dos sionistas religiosos não mergulhou numa crise de fé a partir da Retirada. Isso porque a fé na interpretação mística do secularismo e o significado messiânico do sionismo nunca tiveram um papel central na vida da maior parte dos sionistas religiosos de classe média. Porém, o grupo que *de fato* mergulhou numa crise de fé incluía muitos líderes religiosos, rabinos, diretores de yeshivá e educadores do sionismo religioso.

[19] Todas as citações dos que se opunham à Retirada encontram-se em Rosenak, *Cracks* [Fissuras] (hebraico).

que encontrava justificativa não apenas na Bíblia como também na terra e em sonhos de redenção.[20]

Na filosofia de Jabotinsky, como vimos, havia uma forte tensão entre o liberalismo e o maximalismo territorial. Na filosofia de Rabi Zvi Yehuda Kook, há também uma tensão muito forte: entre uma firme devoção à Torá e uma conexão mística a uma nação que não obedece os preceitos da Torá. Assim como, ao longo do tempo, a filosofia de Jabotinsky se fragmentou em suas partes constitutivas, o sionismo religioso corre o risco de passar pelo mesmo processo. A ideia que foi supostamente justificada por um acontecimento histórico – a Guerra dos Seis Dias – acabou enfraquecida por outro acontecimento histórico, a Retirada.

O SIONISMO RELIGIOSO MESSIÂNICO E A CRISE ISRAELENSE DE IDEIAS POLÍTICAS

O declínio do movimento messiânico, no entanto, não enfraqueceu a direita de forma geral. Pelo contrário: a Retirada chegou a fortalecê-la. Vejamos de que forma. A direita religiosa baseava sua agenda em dois pilares – segurança e Redenção. Desde 2005, a pauta messiânica estava enfraquecida, mas a pauta da segurança se fortaleceu. Ao mesmo tempo em que sacudiu as convicções da direita quanto à Redenção, a Retirada também ampliou suas preocupações com segurança.

Antes que de fato acontecesse, os pessimistas profetizavam que uma retirada unilateral poria em risco a segurança de Israel. Argumentavam que qualquer território desocupado pelas IDF seria tomado pelas forças islâmicas radicais para lançar mísseis sobre as cidades israelenses. Essas profecias do caos logo se tornaram realidade. Se por um lado a Retirada enfraqueceu os argumentos da direita sobre misticismo, por outro reforçou os argumentos sobre segurança. Foi assim que despontou a versão mais recente da direita israelense – uma direita ancorada predominantemente na promessa de segurança, e não na esperança da Redenção.

---

[20] Rabi Kook apontou e talvez tenha até previsto essa possibilidade. Ver "The Process of Ideas in Israel" ["O processo das ideias em Israel]. In: *Lights* (*Orot*) [Luzes]. Jerusalém, Rabbi Kook Institute, 1989, p. 93 (hebraico).

Como resposta, a esquerda também passou por um processo de renovação.[21] Assim como a direita amadureceu e deixou de falar em Redenção, a esquerda amadureceu e deixou de falar na paz. No lugar das esperanças de paz, ela passou a se preocupar com os crimes da ocupação. Hoje, o discurso predominante da esquerda não tem como foco principal as virtudes da paz e sim as violações dos direitos humanos inerentes a um jugo militar contínuo.

A nova direita e a nova esquerda são imagens espelhadas uma da outra. A nova esquerda não fala mais que a retirada dos territórios trará a paz. Porém, acredita que manter a presença militar só causará desastres. A nova direita não fala mais que assentar os territórios trará a redenção. Porém, acredita que sair deles será desastroso. Ambos os lados trocaram suas maiores esperanças pelos temores mais sombrios.

Neste capítulo, descrevi de forma resumida a história de duas ideias contundentes: a história de como a direita e a esquerda passaram por duas metamorfoses cada uma. Os partidários da direita começaram como liberais, se tornaram messiânicos e agora pensam principalmente em segurança. Já os partidários da esquerda despontaram como socialistas, depois sonharam com a paz e agora têm como foco principal os direitos humanos e os males da ocupação. Essa é a história de como Israel migrou das certezas passadas de suas robustas ideologias para o cenário atual, de extrema confusão.

---

[21] A nova esquerda não é tão nova assim. Foi Yeshayahu Leibowitz quem primeiro direcionou o foco ideológico da esquerda para a ocupação, em detrimento da paz, logo após a Guerra dos Seis Dias. "Só temos uma escolha, no que tange à preocupação com o povo judeu e com o nosso Estado, que é sair dos territórios habitados por 1,25 milhão de árabes — sem qualquer conexão com a questão da paz." Leibowitz, "Territories" ["Territórios"]. *Yediot Aharonot*, abril-maio de 1968 (hebraico). A esquerda precisou de quarenta anos para deslocar a exortação de Leibowitz das margens do movimento para o centro.

PARTE II
CRISE DAS IDEIAS POLÍTICAS
—

Mesmo perseverando na luta pelo que fala ao nosso coração, não podemos ficar presos aos nossos sentimentos. Precisamos saber que o mundo é grande o bastante para abarcar sentimentos contrários aos nossos.
Rabi Abraham Isaac Kook

INTRODUÇÃO

─────────────────── OS DOIS LADOS ESTÃO CERTOS

N**A SEÇÃO ANTERIOR,** meu foco foi a história das ideologias políticas em Israel. Agora, pretendo me debruçar sobre a lógica dos diversos argumentos políticos que existem no país. Apesar da correlação entre as duas coisas, existe uma diferença crucial. As ideologias são agrupamentos de ideias que proporcionam uma identidade a seus seguidores. O revisionismo, o socialismo, o messianismo e a paz, por exemplo, tornaram-se elementos orgânicos da identidade de muitos israelenses. Os argumentos, no entanto, não cultivam identidades; eles justificam determinadas linhas de conduta. Os argumentos não produzem visões de mundo; eles justificam políticas pragmáticas.

Os argumentos políticos em Israel entraram em crise, seguindo o mesmo que aconteceu às ideologias. Contudo, trata-se de uma crise diferente. A crise ideológica se estabeleceu a partir do momento em que essas ideologias não conseguiram se adequar à realidade. Os argumentos políticos, no entanto, continuam convincentes. A realidade não os desautorizou — ela os justificou, isso sim. Com o tempo, quase todos os argumentos políticos que hoje convivem dentro de Israel se provaram corretos. A direita tem razão, assim como a esquerda. Os argumentos de ambos os lados são válidos. É justamente nisso que reside a crise.

Pretendo, a partir de agora, elucidar e analisar esses argumentos. No caso da direita, voltarei a atenção para o argumento sobre os imperativos da segurança; já no âmbito da esquerda, quero me concentrar no argumento da fatalidade demográfica. Assim, confrontaremos, de um lado, a questão levantada pela esquerda sobre os difíceis dilemas éticos da ocupação, e de outro, o posicionamento histórico da direita de que na realidade não existe "ocupação". Depois, levarei em conta o argumento de que abrir mão da Judeia e da Samaria representaria abrir mão da identidade judaica, ao mesmo tempo em que vou debater se um jugo militar sobre uma população civil não estaria violando a visão dos profetas judeus.

Por fim, abordarei a ideia de que reter os territórios vai contra a visão do sionismo, por um lado, ao mesmo tempo em que, por outro, concretiza o sonho sionista. Esta seção do livro representa um mergulho nas profundezas da lógica interna de quatro argumentos: existencial, ético, judaico e sionista. Juntos, eles formam a base de uma nova realidade que toma conta da política israelense: um estado de profunda e completa confusão.

CAPÍTULO 4
Um paradoxo perturbador

―

——— AS DIFICULDADES INERENTES À LOCALIZAÇÃO DE ISRAEL

A **EXISTÊNCIA DE ISRAEL** é ameaçada por sua localização. Trata-se de uma democracia liberal, cercada de forças culturais antiocidentais que enxergam sua presença no Oriente Médio como uma invasão ocidental em território árabe. Israel é também um Estado judeu cercado de forças antissemitas que enxergam qualquer soberania não muçulmana dentro do domínio do Islã como uma ofensa contra Deus. Essas duas forças imponentes – a que deseja expulsar os invasores ocidentais e a outra, que deseja purificar o reinado do Islã – se fundiram, formando um poderoso eixo de resistência contra a existência de Israel.[1]

O Estado de Israel é ameaçado não somente por sua localização, mas também por seu tamanho. O país é tão estreito que as IDF não têm margem de manobra para se preparar efetivamente contra as investidas inimigas. Essas dificuldades intrínsecas ameaçam a sua sobrevivência. Por conta de sua localização e de seu tamanho, Israel é rodeado de inimigos e desafiado a se defender deles.[2]

---

[1] A liderança da Liga Árabe se opunha energicamente à existência do Estado judeu e ainda o considera um organismo estrangeiro que se recusa a ser assimilado à região como um todo. Ver Yuval Arnon-Ohana, *Line of Furrow and Fire: 150 Years of Conflict over the Land of Israel, 1860-2010* [Linha de sulco e fogo: 150 anos de conflito sobre a Terra de Israel, 1860-2010]. Netanya, Achiasaf, 2013, p. 157 (hebraico).

[2] Para um aprofundamento maior, ver Moshe Yaalon, "Introduction: Restoring a Security--First Peace Policy". In: Dan Diker (org.), *Israel's Critical Security Requirements for Defensible Borders*. Jerusalém, Jerusalem Center for Public Affairs, 2010, p. 7-17.

Essas condições difíceis aumentam ainda mais a importância das montanhas da Judeia e da Samaria para a segurança israelense. Devido a sua distribuição populacional e suas características geográficas, é simplesmente impossível defender o país sem esse território. Em termos demográficos, a estreita planície costeira é o lar da ampla maioria da população judaica de Israel. Setenta por cento dos cidadãos israelenses moram nessa planície, e 80% da capacidade industrial do país concentra-se ali.[3] Essa área é a capital cultural e o centro econômico do Estado de Israel, com a maior concentração de população judaica do mundo.

Sob o aspecto geográfico, a planície costeira fica aos pés das montanhas da Judeia e da Samaria, que se elevam sobre ela a partir do lado leste. A cadeia de montanhas chega a atingir uma elevação de mais de mil metros acima do nível do mar, antes de mergulhar acentuadamente nas profundezas do Vale do Jordão. As montanhas e o vale são o único anteparo geográfico entre um vasto mundo árabe e uma densa população judaica. A conclusão é simples: quem controlar as montanhas controlará o centro nervoso de todo o povo judeu.

A questão que ainda precisa ser respondida é: quem controla essa região montanhosa? O topo poderia servir como ponto estratégico a um ataque devastador sobre a maior concentração de judeus do mundo, mas também poderia servir de zona de proteção para sua defesa. Com as IDF estabelecidas nessas montanhas, não só é impossível os árabes usarem-nas para atacar o centro de Israel, como é muito mais fácil defender esse centro. Ao controlar a cadeia de montanhas, Israel mantém uma zona topográfica de segurança entre a região metropolitana de Tel Aviv e o vasto mundo árabe-muçulmano.

Do contrário, se Israel se retirasse dessas montanhas, haveria um vácuo de poder que seria preenchido pelo caos predominante no Oriente Médio, chegando à entrada de Tel Aviv. A retirada criaria um território contínuo de dominação árabe que se estenderia de Bagdá até Netanya. Transformaria o centro de Israel em uma região fronteiriça, com vizinhança perigosa. As montanhas da Judeia e da Samaria formam uma barreira defensiva que divide o instável mundo árabe do relativamente estável mundo ocidental em Israel. Sem esse território, seria impossível prometer a Israel que seu mundo continuaria sendo ocidental ou pacífico.

---

[3] Ibid., p. 35.

O PROBLEMA DEMOGRÁFICO

Em geral, a taxa de crescimento populacional de países desenvolvidos é diferente da taxa de países em desenvolvimento. A diferença entre o crescimento populacional israelense e o palestino representa o que os israelenses chamam de problema demográfico: como a população palestina cresce num ritmo mais veloz do que a população judaica, com o tempo ela com certeza ultrapassará o número de judeus dentro de Israel. A maioria judaica está encolhendo, e logo chegará o dia em que a maioria dos habitantes do país não será composta de judeus. Considerando esse prognóstico, contestado por alguns demógrafos, o Estado judeu está em perigo.[4] A tendência demográfica ameaça a continuidade de Israel como Estado-nação do povo judeu. O dia em que se tornarem minoria em sua própria terra, os judeus deixarão de ser donos de seu destino.

A população judaica de Israel é uma pequena minoria no Oriente Médio, mas ainda é uma inequívoca maioria dentro das fronteiras pré-1967. Ao longo da história, Israel conseguiu resistir aos ataques da maioria muçulmana a seu redor. Porém, se olharmos para o futuro, os judeus não têm chance de se saírem bem diante de uma maioria muçulmana dentro do Estado. O fim do sionismo não virá a partir de conquistas externas, e sim a partir de mudanças demográficas internas.

"Fiz um cálculo objetivo", disse o demógrafo israelense Arnon Soffer, da Universidade de Haifa. "Estamos enfrentando o fim do Estado de Israel."[5]

Nesse cenário alarmante, o sionismo não terá como cumprir seu objetivo. Não porque os judeus voltarão a ser minoria nos Estados-nação de onde vieram, mas porque eles se tornarão minoria no Estado-nação em que vivem hoje. Contudo, o fim do sionismo não é o único resultado possível desse cenário demográfico. Existe outra possibilidade: que a minoria judaica de Israel continue governando o país, apesar de ser minoria, e o

---

[4] Discuto mais sobre isso no capítulo 6, "Problema demográfico?".
[5] Citado em Uriel Abulof, *Living on the Edge: The Existential Uncertainty of Zionism* [Vivendo no limite: a incerteza existencial do sionismo]. Haifa, Yediot Books e Haifa University Press, 2015, p. 2 (hebraico). Vale notar, no entanto, que muitas previsões de Arnon Soffer — como é da natureza de várias previsões demográficas — se provaram erradas ao longo dos anos. Teorias demográficas alternativas serão consideradas a seguir.

faça pela força das armas. Sob essa hipótese, o Estado de Israel continuaria sendo judeu, mas deixaria de ser democrático.

Trata-se do cerne do problema demográfico. Está chegando o dia em que Israel enfrentará um dilema impossível — ser governado, como minoria, por uma maioria não judaica, ou governar sobre essa maioria não judaica pela força. Os israelenses terão que decidir se querem que Israel seja judaico e não mais democrático, ou se querem um país democrático e não judaico. Aconteça o que acontecer, seria o fim do Estado de Israel como o conhecem hoje.

A Guerra de Independência de Israel sofreu uma virada decisiva em julho de 1948, quando as IDF começaram a ganhar terreno contra os exércitos árabes. Enquanto as forças invasoras recuavam, as IDF foram ampliando as áreas sob seu controle. De uma perspectiva militar, as IDF poderiam ter conquistado toda a Cisjordânia naquele momento. E de fato militares de altas patentes levantaram essa possibilidade com o primeiro-ministro David Ben-Gurion.[6] Aconselharam-no a aproveitar o embalo do exército e agarrar a oportunidade de conquistar a Judeia e a Samaria, transformando o Rio Jordão na fronteira leste do novo Estado. Mas Ben-Gurion rejeitou a proposta: "As IDF podem até conquistar todo o território entre o rio e o mar. Mas que país seria esse? [...] Teríamos o Knesset com maioria árabe. Se for para escolher entre a Grande Israel ou uma Israel judaica, optamos pela Israel judaica".[7]

Dotado de profundo apreço pela história e pelas Escrituras, Ben-Gurion entendia que com a conquista da Judeia e da Samaria Israel ganharia muito mais do que a terra em si. Essa pequena área é o repositório das lembranças fundacionais do povo judeu. Sem a Judeia e a Samaria, a Terra de Israel estaria incompleta. O problema é que, além de lembranças, esse território abrigava também pessoas. Se passasse a fazer parte do democrático Estado de Israel, seus habitantes também pertenceriam ao Estado. A ironia reside no seguinte: a anexação de um território que continha tamanha relevância em termos de ancestralidade judaica teria acabado com

---

[6] Um dos comandantes mais proeminentes que chegou a fazer essa sugestão foi Yigal Allon. Ver Udi Manor, *Yigal Allon: Political Biography, 1949-1980* [Yigal Allon: biografia política, 1949-1980]. Or Yehuda, Dvir, 2016, p. 25-27 (hebraico).

[7] David Ben-Gurion, discurso no Knesset, 4 de abril de 1949, *Knesset Protocols, 20th Session of the First Knesset* [Protocolos do Knesset, 20ª sessão do Primeiro Knesset] (hebraico).

a moderna soberania judaica. Confrontado com o dilema de ter uma minoria judaica sobre todo o território ou uma maioria judaica sobre parte dele, Ben-Gurion optou, sem titubear, pela maioria judaica — e, portanto, contra a ideia de conquistar a Judeia e a Samaria.

Porém, o que não aconteceu durante a Guerra de Independência acabou acontecendo depois, na Guerra dos Seis Dias. A rápida e grandiosa vitória em 1967 culminou com a conquista dos territórios que Israel tinha decidido não conquistar em 1948. O dilema de Ben-Gurion retornou com uma vingança, dessa vez no sentido inverso. Em 1948, ele se perguntava se valia a pena conquistar o território; desde 1967, os israelenses vêm debatendo se vale a pena se retirar dele. A questão virou do avesso, mas seu núcleo continua o mesmo: Israel prefere ter uma minoria judaica sobre toda a terra ou uma maioria judaica sobre parte dela?

A decisão de Ben-Gurion de renunciar à conquista desses territórios resgatou o ideal de soberania judaica no nascimento do Estado, e seria natural supor que repetir essa decisão — por meio da retirada dos territórios — resgataria o ideal de soberania judaica hoje.

Embora alguns demógrafos continuem discutindo o embasamento factual do problema demográfico, como descreverei mais adiante, a maior parte deles concorda que a maioria judaica a oeste do Rio Jordão está com os dias contados. O escritor Amós Oz resumiu a situação em poucas palavras: "Se não houver dois Estados aqui, e logo, vai haver um só Estado. E se houver um só Estado, ele será um Estado árabe, desde o mar até o Rio Jordão".[8]

Para concluir, eu gostaria de recapitular os dois argumentos principais: do ponto de vista da segurança, Israel não pode se retirar dos territórios; mas do ponto de vista demográfico, não pode permanecer neles. Se Israel se retira, sua área se reduz a proporções indefensáveis; mas se permanece, a maioria judaica fica ameaçada. As duas posições contrárias criam um paradoxo perturbador: Israel não pode se retirar desses territórios, mas ao mesmo tempo precisa se retirar deles.

---

[8] Amós Oz, "Amós Oz Has a Recipe for Saving Israel" ["Amós Oz tem uma receita para salvar Israel"]. *Haaretz*, 10 de março de 2015.

CAPÍTULO 5
Sem problemas de segurança?
—

NA ESQUERDA ISRAELENSE, alguns negam a existência do paradoxo que envolve os perigos de permanecer nos territórios e de abrir mão deles. Acreditam que, embora o problema demográfico seja mesmo difícil e grave, a ameaça à segurança foi algo fabricado. Se a retirada trouxer a paz, no fim das contas, então essa retirada não vai abalar a segurança de Israel; vai é reforçá-la. Ao que tudo indica, um acordo de paz incluiria medidas de segurança com garantias da comunidade internacional, além de resgatar Israel de seu atual isolamento no mundo. Qualquer acordo com os palestinos teria que ser endossado pela Liga Árabe e pela comunidade mundial, o que transformaria por completo a reputação internacional de Israel. Israel deixaria de ser um estado-fortaleza isolado, sempre se defendendo contra seus próprios vizinhos, e se tornaria um país integrado e em paz com aqueles ao redor. Para a esquerda, os frutos de um acordo de paz deixariam Israel mais forte e mais resiliente do que é hoje.

O argumento da esquerda sobre a questão da segurança pode ser resumido assim: os territórios são um recurso de segurança, mas um acordo de paz também seria — e o recurso diplomático de um acordo de paz teria mais valor em termos de segurança do que o recurso territorial da Judeia e da Samaria. Portanto, trocar os territórios por uma paz duradoura não significaria enfraquecer a segurança de Israel e sim fortalecê-la. A retirada talvez dificultasse a defesa do país em tempos de guerra, mas um acordo de paz encerraria o atual estado de guerra como um todo.

Esse argumento baseia-se em duas premissas equivocadas. A primeira minimiza erroneamente o peso do conflito histórico; a segunda amplifica erroneamente o poder de um possível acordo diplomático. Voltemos agora nossa atenção a essas duas falácias.

A LÓGICA DA RESISTÊNCIA: *MUQAWAMA*

Em parte, o ódio que os palestinos sentem dos israelenses tem raízes em algo mais amplo: o ódio que o mundo árabe e islâmico sente em relação ao que eles enxergam como um contínuo imperialismo ocidental. A ascensão do Ocidente e o declínio do Islã desencadearam um sentimento de humilhação entre os muçulmanos.[1] A resistência nacional ao imperialismo ocidental — *muqawama*, em árabe — é uma recusa em aceitar a disparidade de poder entre as duas civilizações; e, portanto, uma recusa em aceitar a presença física e a influência cultural de qualquer elemento ocidental sobre terras muçulmanas.[2] *Muqawama* é uma luta cujo valor independe dos resultados: perseverar é não se render à humilhação estrangeira.[3] É uma luta cuja importância está em sua própria existência: uma luta pela luta. Sob essa lógica, um acordo de paz que pusesse fim a todas as demandas dos palestinos e encerrasse sua luta nacional seria o mesmo que se render à supremacia ocidental e aceitar a inferioridade islâmica. Para muitos muçulmanos, fazer a paz com Israel seria fazer a paz com a invasão ocidental de terras muçulmanas.

Para livrar o conflito árabe-israelense do peso histórico dessa rivalidade entre o Islã e o Ocidente, os palestinos teriam que separar a questão nacional da questão histórica. Conseguindo isso, deixariam de ver o conflito

---

[1] Ver Uriya Shavit, *The Decline of the West in Muslim-Arab Scholarship* [O declínio do Ocidente nos estudos árabe-muçulmanos]. Tel Aviv, HaKibbutz HaMeuchad, 2010, p. 15-18 (hebraico).

[2] Vale notar que existe outra tendência no mundo muçulmano, que identifica a disparidade de poder entre o Ocidente e o Islã como um apelo à introspecção e à mudança, não à rejeição pelo Ocidente. Ibid., p. 95-110, 142 (hebraico).

[3] Yohanan Tzoref, "Barriers to Resolving the Conflict with Israel: The Palestinian Perspective". In: Yaacov Bar-Siman-Tov (org.), *Barriers to Peace in the Israeli-Palestinian Conflict*. Jerusalém, Jerusalem Institute for Israel Studies, 2010, p. 58-96. Na terminologia de grupos islâmicos, como o Hamas e o Movimento da Jihad Islâmica, essa resistência nacional anti-imperialista é complementada por uma ideologia religiosa de guerra santa contra os hereges: *jihad*. Assim, muitos vivenciam essa luta nacional-religiosa contra Israel como a concretização simultânea do imperativo da *muqawama* e dos mandamentos da *jihad*.

como resultado da luta entre o mundo islâmico e o mundo ocidental, passando a enxergá-lo apenas como uma luta entre israelenses e palestinos. Se os palestinos conseguissem reestruturar sua identidade nacional, o conflito não precisaria mais estar atrelado ao declínio e à humilhação do Islã.

Porém, mesmo nesse cenário hipotético, o fardo histórico do conflito continuaria muito pesado. Ainda que os palestinos reconhecessem que um conflito entre uma nação e outra não é um choque de civilizações, o peso histórico frustraria as tentativas de se chegar a uma solução diplomática. Isso porque no âmago das recordações históricas dos palestinos não está a ocupação de 1967 e sim a expulsão de 1948.

──────────────────────────── A NAKBA

A Guerra de Independência criou o Estado de Israel, mas também criou o fantasma que vem assombrando a existência de Israel desde então: o problema dos refugiados palestinos. A guerra provocou um êxodo massivo.[4] Centenas de milhares de árabes deixaram o que se tornou o Estado de Israel e foram para países árabes vizinhos. Dos 950 mil árabes que viviam, às vésperas da guerra de 1948, no que hoje é o Estado de Israel, cerca de 700 mil ou fugiram ou foram expulsos no decorrer das hostilidades.[5] Quando as armas silenciaram, os refugiados árabes se viram diante da política explícita do governo israelense de proibi-los de voltar para casa. Essa guerra, que arrancou cerca de 80% dos palestinos de suas casas, fragmentou a sociedade palestina e espalhou seus membros aos quatro ventos.

Hoje, o número de descendentes desses refugiados gira em torno de cinco a sete milhões de pessoas, e muitas ainda moram em campos de

---

[4] Nos últimos anos, cresceu em Israel a conscientização sobre a existência de um movimento populacional reverso – um número estimado de oitocentos mil refugiados judeus de países árabes. Esses judeus foram reconhecidos como refugiados em decisões do governo israelense e na Resolução 185 (2008) do Congresso dos Estados Unidos.

[5] O número exato de refugiados, bem como as circunstâncias e os motivos de sua fuga durante a guerra, continua sendo motivo de acirrada controvérsia entre historiadores palestinos e israelenses, e também dentro do escopo acadêmico em Israel. A Agência das Nações Unidas de Assistência aos Refugiados da Palestina (UNRWA, na sigla em inglês), por exemplo, considera o número de refugiados como aproximadamente 750 mil; ver "Palestine Refugees" ["Refugiados palestinos"], em http://www.unrwa.org/palestine-refugees.

refugiados na Jordânia, Síria, Líbano, Cisjordânia e Faixa de Gaza. Os campos são administrados pela Agência das Nações Unidas de Assistência aos Refugiados da Palestina (UNRWA, na sigla em inglês), uma organização criada para lidar exclusivamente com esses refugiados.[6] De todas as ondas de movimento populacional em massa de meados do século XX, a situação palestina é o único caso em que os descendentes dos refugiados originais são automaticamente definidos também como refugiados.[7]

Pesquisadores que já visitaram os campos de refugiados, onde tantos deles ainda vivem, contam que os moradores guardam lembranças das casas de onde foram expulsos e também acalentam a esperança de um dia voltar a essas casas. Num campo de refugiados no Líbano, quando pediram às crianças mais velhas que desenhassem suas casas, elas não desenharam os alojamentos em que de fato moravam, e sim casas localizadas em Haifa ou Safed.[8] Na entrada de muitos desses campos, há esculturas de chaves, representando as chaves das casas em Israel de onde eles foram desalojados. Muitas histórias em quadrinhos palestinas incluem a figura de uma criança usando em volta do pescoço a chave da antiga casa da família em Jaffa ou Haifa.

Portanto, o episódio que dispersou a sociedade palestina também forjou a memória nacional do povo. Conhecida simplesmente como "A Catástrofe", a *Nakba* foi gravada na consciência coletiva dos palestinos e se tornou parte integrante de sua identidade. Aqueles que abraçam essa identidade se enxergam numa linha cronológica com passado e futuro muito nítidos. O passado é a expulsão; o futuro, o retorno. A maioria dos palestinos

---

[6] Sobre o papel da UNRWA na perpetuação do problema dos refugiados, ver Ben-Dror Yemini, *Industry of Lies* [Indústria da mentira]. Tel Aviv, Yediot Books, 2014, p. 92-93 (hebraico).
[7] Essa é a definição segundo o critério da UNRWA, em contraste com a definição adotada pelo Alto Comissariado das Nações Unidas para os Refugiados. A Convenção das Nações Unidas relativa ao Estatuto dos Refugiados, de 1951, consagra a definição internacionalmente aceita de refugiado, cujos critérios não são preenchidos pelos palestinos.
[8] Ver Padraig O'Malley, *The Two-State Delusion: Israel and Palestine — A Tale of Two Narratives*. Nova York, Penguin, 2006, p. 178. Em diversas rodadas de negociação, diplomatas tentaram encontrar a formulação certa para permitir que os palestinos declarassem ter realizado seu direito de retorno sem requerer que Israel absorvesse uma massa crítica de refugiados. No entanto, como me disse um intelectual árabe, há uma discrepância entre a flexibilidade exibida por alguns palestinos nas negociações e o fato de que eles nunca tentaram preparar a sociedade palestina para esse tipo de concessão.

acredita que todos os refugiados têm o direito de retornar às casas de onde foram expulsos: chamam isso de *haqq al-'awda*, "direito de retorno". Eles também esperam que um dia esse direito seja reconhecido, e que os refugiados possam retornar ao território nacional e a suas terras particulares. Como o direito de retorno é crucial para a identidade palestina, não é possível renunciar a ele sem mudar a essência dessa identidade nacional.[9]

A concretização completa dessa aspiração nacional palestina significaria o fim do sionismo. Se centenas de milhares de refugiados retornassem a seus antigos lares, o lar nacional do povo judeu deixaria de existir.[10] É por esse motivo que a solução de dois Estados para dois povos exigiria que os palestinos abrissem mão do retorno massivo de palestinos ao território soberano do Estado de Israel. Numa solução de dois Estados, Israel entregaria os territórios conquistados em 1967 à soberania palestina, e os palestinos, por sua vez, renunciariam a seu alegado direito de retorno às terras que possuíam antes da guerra de 1948. Eis a negociação sobre a mesa: Israel faria a paz entregando os territórios conquistados em 1967, e os palestinos fariam a paz cedendo a terra para além das fronteiras de 1948.

Os palestinos aceitariam um acordo desses? E se aceitassem, seria um acordo duradouro? Se antes vimos que um acordo de paz exigiria que os palestinos separassem sua memória histórica do sentimento de humilhação vivido pelos muçulmanos em geral, agora tudo indica que eles teriam que separar sua memória histórica de seu próprio sentimento nacional de humilhação.

Os israelenses não costumam entender que ao demandar que os palestinos abram mão do direito de retorno, estão efetivamente pedindo que eles neguem sua própria identidade. Além disso, a expectativa de Israel de que os palestinos se reconciliem com os episódios de 1948, em troca de uma reversão dos episódios de 1967, equivale a esperar que eles traiam sua própria nação.[11] Um acordo desses seria encarado como uma traição às

---

[9] O'Malley, *The Two-State Delusion*, p. 48, n. 10.

[10] Uma alternativa proposta ao retorno dos refugiados é a indenização financeira. Na Conferência de Annapolis, os palestinos insistiram que essa indenização deveria ser de 200 bilhões de dólares, montante três vezes maior que o orçamento anual de Israel à época. Ibid., p. 196-198.

[11] Para um bom exemplo de como os palestinos reagiriam a uma concessão dessas, consideremos o lapso de Mahmoud Abbas, presidente da Autoridade Palestina, numa entrevista

centenas de milhares de palestinos que ainda vivem em dezenas de campos de refugiados.[12] Ao insistir, com teimosia, que o cerne do conflito é a ocupação de 1967, os israelenses não reconhecem as nuances dessa história.

De forma resumida, o conflito palestino-israelense tem três componentes: o trauma de alguns séculos de humilhação do Islã pelo Ocidente; o trauma de algumas décadas do massivo êxodo palestino durante a Guerra de Independência; e o trauma de cinquenta anos da ocupação e do jugo militar que se estende da Guerra dos Seis Dias até hoje.[13] A solução de dois Estados para dois povos aborda apenas o terceiro componente.

Um acordo que encerrasse a ocupação militar mas não resolvesse o problema dos refugiados não poderia ter esperanças de pôr fim ao conflito. Um acordo que retirasse as IDF dos territórios conquistados na Guerra dos Seis Dias mas deixasse o mundo islâmico se sentindo inferior diante da superioridade ocidental não atenderia as necessidades básicas dos palestinos em termos de identidade. As soluções diplomáticas propostas até agora para encerrar o conflito são muito frágeis e sem consistência — ao passo que o problema é profundo e inflexível. A assimetria entre o problema e as soluções propostas é, em si, um problema fundamental.

Israel não tem o poder de apagar os séculos de humilhação islâmica pelas mãos do Ocidente, sentimento que alimenta a luta nacional dos palestinos contra o sionismo. Israel tampouco tem o poder de apagar o trauma

---

de 2012, quando disse estar preparado para abrir mão de seu direito pessoal de retornar a seu lar em Safed. Isso incitou massas de palestinos a tomarem as ruas, em protesto, chamando-o de traidor. Pouco tempo depois, em outra entrevista, Abbas esclareceu que nenhum líder palestino tem o direito de ceder, em nome do povo palestino, seu direito de retorno. Dito isso, há alguns poucos líderes palestinos — como Sari Nusseibeh, professor de filosofia em Jerusalém e ex-representante da Autoridade Palestina — que assumem um tom mais moderado sobre essa questão do retorno. Ver Yemini, *Industry of Lies* [Indústria da mentira], p. 96 (hebraico).

[12] De acordo com Dennis Ross, enviado especial do presidente Clinton ao Oriente Médio, a relutância dos palestinos em renunciar ao direito de retorno explicaria o fracasso das negociações de Camp David em 2000.

[13] Os três componentes históricos que comprovam a evolução da mentalidade palestina beligerante podem ser organizados em torno de três datas: 1929, 1947 e 1967. O primeiro grande protesto violento contra o sionismo como alegado movimento colonial irrompeu em 1929, que é — para citar o título do livro de Hillel Cohen — o "Ano zero" do conflito judeu-palestino. A Nakba começou em 1947, e a ocupação, em 1967. Hillel Cohen, *Year Zero of the Arab-Israeli Conflict: 1929*. Waltham, Mass., Brandeis University Press, 2015.

da Nakba sem pôr em risco sua própria identidade e existência. O conflito árabe-israelense não foi criado pela conquista dos territórios empreendida pelas IDF na Guerra dos Seis Dias. Em termos históricos, o contrário é verdadeiro: em primeiro lugar, foi o conflito que provocou a conquista feita pelas IDF.

Portanto, a ocupação é apenas uma das muitas raízes desse conflito insolúvel. O crucial, no entanto, é que a ocupação é a única raiz sobre a qual Israel tem algum poder de ação. Acredito que isso explica, em termos psicológicos, por que muitos israelenses acham tão tentador imaginar que a ocupação é o cerne do problema. A crença de que a ocupação é o âmago histórico do conflito dá aos israelenses uma sensação de controle sobre a história. Por outro lado, é doloroso para eles reconhecer e aceitar que as raízes do conflito estão fora de sua alçada. Em geral, os ocidentais têm muita dificuldade para internalizar a noção de que a história é maior do que eles e que nem tudo está sob seu controle.

Se a situação for tal como eu a descrevi, nenhum acordo diplomático é capaz de encerrar o conflito entre Israel e os palestinos — da mesma forma que nenhum acordo diplomático poderia compensar Israel pelo perigo que seria inerentemente imposto à sua segurança no caso de uma retirada das montanhas da Judeia e da Samaria.

CAPÍTULO 6
Problema demográfico?
—

A **CONCLUSÃO DO CAPÍTULO** anterior foi simples e direta: Israel não pode se retirar dos territórios conquistados na Guerra dos Seis Dias. O problema, no entanto, é que Israel tampouco pode bancar sua permanência ali. A presença contínua nos territórios ameaça isolar o país em termos diplomáticos e colocá-lo em risco por questões demográficas. O isolamento diplomático de Israel só aumenta — pelo menos em relação à Europa —, ao mesmo tempo em que a situação demográfica continua se deteriorando. A cada ano que Israel permanece nos territórios, a maioria judaica se torna ainda mais frágil, e o isolamento internacional, mais penoso.

Essas duas tendências estão correlacionadas: quando chegar o dia do juízo final demográfico, a paciência internacional finalmente se esgotará. Quando a minoria judaica passar a governar uma maioria árabe pela força das armas, Israel não só deixará de ser uma democracia, como deixará de ser membro da família das nações.

Na direita israelense, alguns reconhecem tanto a ameaça diplomática quanto o problema de manter o controle sobre uma população não cidadã. A solução política que eles dão é a anexação da Cisjordânia ao Estado de Israel. Nesse cenário, os habitantes dos territórios não seriam subjugados ao governo israelense — eles se tornariam cidadãos. A direita acredita que essa simples medida salvaria Israel de dois perigos: o isolamento diplomático e a erosão democrática.

Porém, um processo desse tipo não prejudicaria a autodefinição de Israel como Estado-nação do povo judeu? Se por um lado a solução política da esquerda, de dois Estados, põe em risco a capacidade do país de se defender, por outro, a solução política da direita, de criação de um único Estado entre o Rio Jordão e o Mar Mediterrâneo, põe em risco sua capacidade de se definir. Os que defendem a anexação rejeitam completamente essa equação. Eles sustentam que Israel pode anexar a Judeia e a Samaria junto com seus habitantes, continuando a ser, ao mesmo tempo, um Estado judeu e democrático, porque contestam a existência do perigo demográfico. Argumentam que o chamado problema demográfico não existe — seria uma ficção inventada por demógrafos israelenses de esquerda, com base não em fatos concretos, mas em estatísticas fictícias e infladas, tomadas de empréstimo da Autoridade Palestina.[1]

Nas estimativas desses demógrafos dissidentes, os territórios contabilizam centenas de milhares de árabes a menos do que o estimado pelos demógrafos convencionais. E não só há menos árabes do que em geral se pensa: a população deles está crescendo a um ritmo muito menor do que no passado. Esses demógrafos de direita sustentam que houve uma mudança radical nas taxas de natalidade tanto de palestinos quanto de israelenses nas duas últimas décadas: do lado palestino, essa taxa vem caindo, enquanto do lado israelense ela continua crescendo. Assim, os árabes deixarão de se reproduzir a uma taxa maior que a dos judeus — o que significa, para esses demógrafos de direita, que o problema demográfico não existe.

Daí, é apenas um pequeno salto para a seguinte conclusão: como a maioria judaica a oeste do Rio Jordão não está sob ameaça de se tornar uma minoria, Israel pode, com segurança, anexar todos os habitantes da Judeia e da Samaria sem pôr em risco o caráter judaico do país.[2]

Há dois equívocos lógicos inerentes à negação do problema demográfico. O primeiro diz respeito à contradição interna nos posicionamentos da direita quanto às estimativas populacionais; o segundo deriva da abordagem irracional da direita no que tange o cálculo de risco. Examinemos agora os dois equívocos.

---

[1] Ver Roberta Seid, Michael L. Wise e Bennett Zimmerman, "Voodoo Demographics". *Azure* 25 (verão de 2006), p. 61-78.

[2] Ver Caroline B. Glick, *The Israeli Solution: A One-State Plan for Peace in the Middle East*. Nova York, Crown Forum, 2014.

A FALÁCIA DOS POSICIONAMENTOS DA DIREITA QUANTO ÀS ESTIMATIVAS POPULACIONAIS DOS PALESTINOS

A objeção da direita às afirmações sobre a existência do problema demográfico baseia-se nas conclusões de um estudo demográfico americano, cujo maior entusiasta em Israel é Yoram Ettinger, ex-diplomata e membro do Grupo de Pesquisa Demográfica Americano-Israelense (AIDRG, na sigla em inglês). Eis um resumo da contenda: segundo Arnon Soffer, o especialista que fala em nome do *establishment* acadêmico israelense, havia 2,54 milhões de árabes na Judeia e na Samaria em 2016.[3] Ettinger contesta esse cálculo e alega que na região havia apenas 1,75 milhão de árabes nesse ano.[4] A discrepância entre as duas estimativas chega a quase um milhão de pessoas. A direita argumenta que a esquerda, por questões claras de interesse próprio, inflaciona os números; e a esquerda argumenta que a direita, também por interesse próprio, os subestima. Não tenho condições de me colocar no meio dessa disputa entre demógrafos, mas apenas em prol dos argumentos, acompanhemos por ora o raciocínio de Ettinger. Levando em conta esse número menor, ainda assim Israel conseguiria anexar uma população árabe desse tamanho sem se desestabilizar?

A anexação de tantos palestinos prejudicaria a autodefinição de Israel como Estado-nação do povo judeu porque essa definição depende não apenas de que exista uma maioria judaica, mas que essa maioria seja clara e decisiva. A anexação de 1,75 milhão de palestinos ao Estado de Israel — que já conta com algo em torno de 1,7 milhão de cidadãos árabes — dobraria a população não judaica do país. A população árabe se tornaria, portanto, uma minoria muito expressiva e demandaria um papel proporcional a seu tamanho na administração do país. Esse aumento radical no tamanho da população árabe faria com que em apenas alguns anos ela chegasse a 40% do total da população. Esse número se baseia apenas no tamanho atual de ambas as populações,

---

[3] Ver Arnon Soffer, *A Decade Since the Establishment of the Team for Denying Palestinian Demographics* [Uma *década do estabelecimento da equipe para negar os dados demográficos palestinos*]. Haifa, Haifa University, 2016 (hebraico).

[4] Ver Yoram Ettinger, "The Myth of the Arab Demographic Time-Bomb" ["O mito da bomba-relógio demográfica dos árabes"]. NRG.com, 16 de dezembro de 2016 (hebraico).

sem considerar as enormes disparidades entre os diferentes prognósticos de crescimento natural.[5]

Um número dessa proporção já constituiria uma massa crítica com enorme peso cultural e político. É difícil imaginar, por exemplo, uma aliança entre uma minoria muçulmana expressiva, antissionista, e uma pequena minoria judaica pós-sionista, para abolir a Lei do Retorno de Israel ou substituir o hino nacional? Se algo desse tipo parece possível, então mesmo que os demógrafos da direita estejam corretos ao dizer que os judeus continuariam sendo maioria depois da anexação dos palestinos, o fato é que eles não seriam mais uma maioria decisiva — e o Estado de Israel teria dificuldades para se definir como o Estado-nação do povo judeu. Seria o Estado de duas nações convivendo no mesmo espaço. Ainda que aceitemos os cálculos de Ettinger, não é possível aceitar suas conclusões hipotéticas que derivam dos números.

Os partidários de direita que defendem um único Estado soberano a oeste do Rio Jordão acreditam que o Estado de Israel é forte o suficiente para fazer frente a uma minoria muito expressiva de palestinos em seu interior. Trata-se da imagem espelhada do argumento da esquerda de que o Estado de Israel é forte o suficiente para se defender de um Estado palestino localizado bem a seu lado. Mas o preço a se pagar pela expansão das fronteiras seria a diminuição da maioria judaica dentro do país — uma diminuição tão significativa que prejudicaria a autodefinição de Israel como Estado-nação do povo judeu.[6]

---

[5] Esse assunto também é controverso. Ettinger argumenta que a taxa de fertilidade judaica vai ultrapassar a taxa de fertilidade árabe. Por outro lado, Soffer argumenta que a estatística principal não é a taxa de fertilidade, e sim o crescimento natural — número que também leva em conta a taxa de mortalidade, que é mais baixa entre os palestinos, porque sua população é comparativamente mais jovem. Assim, conclui Soffer, o crescimento natural na população árabe permanece mais elevado. Israel Rosner, "The Demographic Demon: How Close Are We to a Binational Reality?" ["O demônio demográfico: estamos perto de uma realidade binacional?"]. Israel's Channel 10, 27 de outubro de 2015.

[6] Defensores da anexação justificam sua proposta apontando para os resultados da anexação de Jerusalém Oriental. Os árabes dali recebem identidade israelense e alguns direitos, mas precisam se candidatar para obter a plena cidadania, que lhes daria o direito de voto para o Knesset. Até hoje, a maioria dos árabes de Jerusalém Oriental se absteve de ir atrás da plena cidadania israelense. Defensores da anexação sugerem que esse resultado se replicaria na Judeia e na Samaria. Assim como Jerusalém Oriental foi anexada ao Estado

Percebam a contradição intelectual intrínseca ao posicionamento que rejeita a ideia de um Estado palestino, mas ao mesmo tempo apoia a anexação dos palestinos. De forma geral, as objeções dos israelenses ao estabelecimento de um Estado palestino ao lado de Israel derivam da desconfiança nas intenções pacíficas do povo palestino. Isso nos faz pensar na seguinte questão: como alguém que não acredita nos palestinos como cidadãos de um futuro Estado palestino acredita nesse mesmo povo como cidadãos do Estado israelense? Se eles não são parceiros confiáveis numa mesa de negociação, por que seriam parceiros confiáveis numa reunião de gabinete? Esse problema deveria atormentar a ala da direita que defende a anexação: se os palestinos não merecem a confiança do Estado de Israel, por que deveriam receber cidadania em massa nesse mesmo Estado?[7]

---

de Israel sem fazer com que seus residentes se tornassem cidadãos israelenses plenos, a Cisjordânia também poderia ser anexada sem que seus residentes fossem atrás da plena cidadania israelense.

Porém, é despropositado fazer uma inferência dessas, comparando a atual situação em Jerusalém a uma futura situação na Judeia e na Samaria. Os árabes de Jerusalém Oriental deixam de se candidatar à plena cidadania israelense porque essa atitude seria encarada como reconhecimento de Israel e, portanto, uma forma de traição. Se os árabes da Cisjordânia se candidatassem em massa à cidadania israelense, milhões de palestinos poderiam votar nas eleições, ameaçando a própria existência de Israel como Estado judeu. É improvável que uma ação capaz de pôr em risco o caráter judeu do Estado de Israel fosse encarada como apoio a esse Estado.

[7] A formulação mais clara, sistemática e abrangente do conceito de anexação pode ser encontrada no livro *The Israeli Solution*, de Caroline Glick. Glick se dedica ao desafio intelectual apresentado aqui. Ela argumenta que a absorção dos árabes da Cisjordânia por Israel não traria ao país uma violência brutal; pelo contrário, a situação ficaria mais calma. Como é possível? O argumento de Glick baseia-se na premissa de que o ódio que induz muitos palestinos à violência é, em larga medida, resultado de anos e anos de incitamento por parte de figuras palestinas, sobretudo pelo *establishment* político palestino. Essa possível correlação entre o *establishment* político palestino e a hostilidade dos palestinos em relação a Israel leva Glick a concluir que o desmantelamento dessas instituições políticas faria com que a hostilidade se dissipasse. Se os árabes da Cisjordânia fossem absorvidos por Israel, também seriam absorvidos por seu sistema educacional e não ficariam mais expostos a sistemas culturais e educacionais que nutrem e incitam a violência.

Um dos problemas na argumentação de Glick, no entanto, é que em pleno século XXI fica difícil atribuir a qualquer instituição política tamanho poder sobre a consciência dos indivíduos. Num mundo em que a incitação ao ódio viraliza nas redes sociais, e em que a maior parte das informações não vem do sistema educacional e sim dessas redes, é complicado

A FALÁCIA DO IRRACIONAL CÁLCULO DE RISCO DA DIREITA

Há muita discordância sobre o número de palestinos que vivem hoje nos territórios e sobre como será esse número no futuro. Agora, não há discordância sobre o fato de haver discordância. E ninguém discorda que a demografia está longe de ser uma ciência exata, e que as projeções futuras estão sujeitas a fatores que não podem ser previstos, como mudanças nos padrões imigratórios, nas taxas de fertilidade ou na expectativa de vida. O pesquisador Robi Nathanson explica que os demógrafos precisam ser cautelosos quanto a sua própria capacidade de prever o futuro, porque até mesmo mínimas alterações políticas, econômicas, culturais ou em questões de saúde podem provocar significativas mudanças demográficas ao longo do tempo. E como ninguém consegue prever o agregado dessas alterações mínimas, ninguém é capaz de prever com segurança mudanças demográficas significativas para o futuro.[8]

A direita israelense pede que se tenha cautela ao fazer previsões envolvendo o fim da maioria judaica em Israel, e não deixa de ter razão — mas seguindo a mesma lógica, a própria direita deveria ter cautela ao prever que a questão demográfica não apresenta nenhum risco. Mesmo quem acredita que a opinião minoritária de Ettinger é a estimativa demográfica mais razoável, precisa reconhecer que ele pode estar errado. Mesmo que seja mais provável que o problema demográfico não exista, ainda assim é possível que ele exista. Qualquer partidário de direita com um mínimo de honestidade intelectual precisa levar em conta o risco de que o pesadelo demográfico da esquerda possa, sim, se concretizar.

Fazendo um cálculo racional desse risco, com base nas premissas demográficas da direita, a perda da maioria judaica em Israel é uma perspectiva improvável, mas devastadora — um evento de alto impacto, porém baixa probabilidade. Apostar na solução de um Estado único é como investir numa ação que os analistas afirmam ter pouca chance de queda, mas que seria completamente arrasada se caísse. Nenhum investidor racional e responsável botaria todo seu dinheiro numa ação como essa. Eis o ponto

---

acreditar que ao desconectar os palestinos da Autoridade Palestina eles estariam livres das fontes de incitamento à violência.

[8] Padraig O'Malley, *The Two-State Delusion: Israel and Palestine — A Tale of Two Narratives*. Nova York, Penguin, 2006, p. 270.

crucial da irracionalidade dos partidários de direita que defendem a anexação: eles estão dispostos a apostar 100% da sobrevivência de Israel nessa única ação demográfica. Só porque a chance é baixa, ninguém embarcaria num avião com 10% de chance de cair.

Vou recapitular minhas críticas de forma resumida. É possível prever que a maioria judaica não será destruída no futuro próximo; minha crítica não é em relação às previsões demográficas da direita, e sim à ideia de transformar essas previsões em ações políticas. Não é razoável nem racional tentar forjar uma política de expansão de assentamentos ou anexação a partir das previsões de Ettinger, pelas duas razões que já expliquei. Em primeiro lugar, mesmo que a maioria judaica não seja neutralizada, uma anexação dos territórios reduziria essa maioria e, portanto, prejudicaria a autodefinição de Israel como Estado-nação do povo judeu. Em segundo lugar, a confiança total no cenário demográfico otimista representa um cálculo de risco tão irracional que constitui uma aposta insensata, capaz de ameaçar a continuidade e sobrevivência do projeto sionista.

──────────────── EXISTE APARTHEID NOS TERRITÓRIOS?

A Judeia e a Samaria estão sob jugo militar, mas os palestinos que vivem na região não são cidadãos israelenses, o que provoca sérias dúvidas quanto ao caráter democrático do Estado de Israel. O jornalista Peter Beinart, judeu americano, formulou assim: o Estado de Israel divide-se em dois, um lado democrático, que chega até a Linha Verde (a fronteira pré-1967), e um lado não democrático, que existe para além da Linha Verde.[9]

A iniciativa dos assentamentos exacerba esse problema, porque cria uma situação em que cidadãos de Israel e indivíduos subjugados por Israel habitam a mesma terra.[10] As distinções entre essas duas classes de habitantes

---

[9] Peter Beinart, "To Save Israel, Boycott the Settlements". *New York Times*, 18 de março de 2012.
[10] Hoje, na prática, as duas populações respondem a dois sistemas legais diferentes. Os palestinos estão sob a lei militar, enquanto os colonos estão contemplados pela lei civil. Para uma discussão mais ampla, ver o relatório detalhado da Associação pelos Direitos Civis em Israel, "One Rule, Two Legal Systems: Israel's Regime of Laws in the West Bank". Outubro de 2014. Disponível em: http://www.acri.org.il/en/wp-content/uploads/2015/02/Two-Systems-of-Law-English-FINAL.pdf.

fazem com que seja difícil para Israel rejeitar a comparação dessa situação nos territórios com o antigo sistema de apartheid que vigorou na África do Sul. Trata-se de uma comparação legítima? Afinal de contas, Israel não é uma democracia? O país instituiu o apartheid nos territórios?

A situação é extremamente complicada e precisa ser examinada com sensibilidade. Sob a lei israelense, o atual status legal dos territórios é considerado temporário. O posicionamento de Israel é que a principal razão para ainda não ter surgido nenhum Estado palestino é que a liderança palestina vem, por anos e anos, rejeitando as negociações nesse sentido. A situação é confusa, por ser paradoxal: o status quo é perpetuado não por insistência dos ocupantes, mas pelo rejeicionismo dos ocupados.

Aparentemente, poderia haver um problema nessa argumentação — em termos específicos, é que existe outra maneira de encerrar o jugo de Israel sobre indivíduos que não são cidadãos do país: dando-lhes a cidadania. Mas aí está a principal razão de a comparação entre Israel e o regime de apartheid da África do Sul não servir. A luta do movimento nacional palestino é completamente diferente da luta do Congresso Nacional Africano. Enquanto os negros da África do Sul lutavam para se tornar cidadãos iguais em seu país, o movimento nacional palestino não luta para ser *parte* do Estado de Israel; ele luta pela criação de um Estado independente, à parte de Israel.

Por que os palestinos não seguem o exemplo dos negros da África do Sul e demandam a cidadania israelense? Se eles revissem o objetivo de sua luta, deixando de exigir a independência em relação a Israel e passando a exigir a cidadania israelense, lançariam pressão sobre o Estado judeu. Por que não fazem isso? Não fazem porque uma demanda dessas seria interpretada como reconhecimento tácito do Estado de Israel em seu formato atual. Manifestar o desejo de ser cidadão do Estado judeu seria equivalente a manifestar o desejo de colaborar com o projeto sionista, ou pelo menos aceitar a legitimidade das aspirações nacionais do povo judeu. Nesse sentido, a maioria dos palestinos encararia a demanda por cidadania israelense como um ato de traição nacional. É possível argumentar que a incapacidade dos palestinos em demandar a cidadania israelense é uma das principais razões que explicam por que Israel não é um Estado de apartheid.

Porém, no dia em que os palestinos se tornassem a população majoritária, uma demanda coletiva por cidadania israelense não seria mais encarada como apoio ao Estado judeu — certamente seria vista como demanda pela eliminação do Estado judeu como tal. Assim, se chegar o dia do juízo final demográfico, é provável que os palestinos transformem a natureza de sua luta. Em vez de demandar o estabelecimento de um Estado em parte da terra, exigirão o direito de votar para eleger os membros do Knesset — e de se tornar, dessa forma, a maioria que governa sobre toda a terra. A transformação das estatísticas populacionais levaria à transformação da luta nacional, que por sua vez levaria à transformação do Estado de Israel. Se as condições demográficas permitissem aos palestinos batalhar pelo mesmo objetivo que os negros sul-africanos, Israel poderia se tornar a própria África do Sul.

A conclusão incontestável é que apenas enquanto os judeus continuarem sendo maioria em sua terra é que ainda serão capazes de dividir essa mesma terra. Por isso o problema demográfico é tão premente para aqueles à direita que não apoiam a anexação. A perpetuação do status quo só é possível enquanto a luta palestina for pela independência, mas essa situação é temporária. Não está claro quanto tempo Israel tem até que a janela demográfica de oportunidade acabe se fechando — mas foi um sábio quem disse: "O Estado palestino é a tábua de salvação do Estado judeu".[11]

A FALÁCIA DA ESQUERDA E O DILEMA IDEOLÓGICO

A mesma crítica que se faz à direita pró-anexação, quanto ao irracional cálculo de risco, também deve ser aplicada à esquerda pró-retirada. O principal argumento da esquerda é que os acordos de segurança que sustentariam um tratado de paz garantiriam segurança a Israel, mesmo sem a ocupação da Judeia e da Samaria. Forças internacionais, por exemplo, poderiam ficar posicionadas no Vale do Jordão, assegurando assim tanto a desmilitarização da Palestina quanto a tranquilidade de Israel.

E se esse argumento estiver equivocado? A esquerda precisa aceitar o risco que há nisso e a possibilidade de estar errada. Mesmo sendo considerado

---

[11] Dr. Yossi Beilin, político e acadêmico israelense, citado em Uriel Abulof, *Living on the Edge: The Existential Uncertainty of Zionism* [Vivendo no limite: a incerteza existencial do sionismo]. Haifa, Yediot Books e Haifa University Press, 2015, p. 261 (hebraico).

baixo, o cenário de risco não deixa de ser catastrófico. Assim como a direita está jogando com a maioria nacional, a esquerda está jogando com a segurança nacional.

Vejamos como poderia se desenrolar um diálogo racional sobre o conflito. Todos concordariam que o risco à segurança identificado pela direita tem um certo peso e que o risco demográfico identificado pela esquerda também tem seu peso — o debate seria em torno de *quanto peso* atribuir a cada um dos riscos. Mas da forma como se dá hoje, a direita argumenta que o risco demográfico envolvido na permanência na Judeia e na Samaria pode ser contido e administrado, enquanto o risco envolvido na retirada é insuperável. A esquerda, por sua vez, sustenta que o risco envolvido na retirada pode ser contido, enquanto o risco envolvido na não retirada é dez vezes maior.

Se esse diálogo fosse racional, em vez de ideológico, os dois lados reconheceriam ambos os perigos, mas discordariam sobre o nível de importância atribuído a cada um deles. Contudo, o debate político israelense não funciona dessa forma; cada um dos lados se refere a apenas *um* dos perigos, ao mesmo tempo em que nega completamente o outro.

A direita nega com veemência o risco demográfico, da mesma forma que a esquerda nega o risco de segurança sobre o território. A principal identificação da esquerda costuma ser com o Ocidente. Israelenses de esquerda se identificam, em sua maioria, com a cultura ocidental, preferindo uma mentalidade cosmopolita e universalista. Por outro lado, a principal identificação da direita tende a ser mais judaica e nacionalista, com uma mentalidade predominantemente tradicional e religiosa.

Uma das lições da história ocidental, como ficou claro no final do século XX e início do século XXI, foi que todas as tentativas, por parte de uma potência ocidental, de conquistar território e subjugar outro povo acabaram fracassando. Essa é uma lição que os israelenses têm a aprender: é preciso que parem de subjugar outro povo.

Contudo, a história judaica também nos traz uma profunda lição, aprendida ao longo de séculos e séculos: quando o destino e a segurança dos judeus ficam em mãos estrangeiras, o resultado é desastroso. A lição aprendida com a história judaica é que a segurança dos judeus nunca deve ser confiada a não judeus. Como disse David Ben-Gurion: "Mesmo em lugares onde os judeus pareciam estar seguros, sempre lhes faltava a sensação de segurança. Por quê? Porque mesmo quando estavam seguros, não eram eles os responsáveis por sua própria segurança".[12] A conclusão a ser tirada da história judaica é que os israelenses não podem depositar a segurança dos moradores da planície costeira nas mãos dos moradores das montanhas, retirando-se da Judeia e da Samaria — e certamente não com base em garantias internacionais.

Estamos diante de um confronto entre as lições da história ocidental e as lições da história judaica. A esquerda universalista se apropria das conclusões ocidentais e permanece alerta aos perigos de subjugar outro povo. A direita tradicionalista se apropria das conclusões judaicas e permanece alerta aos perigos de deixar a vida dos judeus nas mãos de terceiros.

Se o Estado de Israel quer se defender da maioria muçulmana que o cerca, não pode se retirar da Judeia e da Samaria; mas se quer se defender da perspectiva de uma maioria muçulmana em seu interior, precisa levar adiante a retirada. O paradoxo existe porque ambos os lados estão certos. A direita está certa quando afirma que uma retirada da Judeia e da Samaria deixaria Israel em perigo; a esquerda também está certa ao afirmar que a presença contínua nos territórios ameaça Israel. O problema é que como os dois lados estão certos, os dois também estão errados — e o Estado de Israel se encontra aprisionado em um dilema incontornável.

---

[12] Citado em Abulof, *Living on the Edge* [Vivendo no limite], p. 96 (hebraico).

CAPÍTULO 7
O dilema moral
—

O DEBATE SOBRE O futuro de Israel não envolve apenas uma questão de sobrevivência. Trata-se de um debate sobre valores. Para a direita, uma retirada dos territórios configuraria ao mesmo tempo uma ameaça à segurança e um ato de traição judaica. Para a esquerda, a permanência nos territórios implicaria ao mesmo tempo uma ameaça demográfica e um ato de traição moral.

Nos capítulos anteriores, lidei com os dilemas da sobrevivência; neste capítulo, vou discorrer sobre os dilemas morais. Não pretendo abordar o status legal dos territórios, nem o posicionamento da legislação internacional: a discussão terá como foco exclusivo as questões humanitárias e éticas. Num primeiro estágio da análise desse dilema, consideremos as mordazes críticas da esquerda quanto à imoralidade da presença israelense nos territórios.

——— A OCUPAÇÃO PERVERTE

Democracia é mais do que o governo da maioria: é o autogoverno. Uma nação que controla seu próprio Estado-nação democrático é uma nação que governa a si mesma. Nas ditaduras, os indivíduos não concretizam suas aspirações pessoais — eles ficam subordinados às aspirações de terceiros. Um povo sob ocupação é um povo sem liberdade nacional, pois se encontra subordinado às vontades de outro povo. Portanto, a ocupação pode ser definida como uma espécie de ditadura. A única diferença entre ocupação e ditadura é que numa ditadura clássica o povo fica subjugado por uma única pessoa, enquanto numa ocupação o povo fica subjugado por toda uma outra nação.

Na era moderna, as nações democráticas da Europa embarcaram numa campanha mundial de conquista. Invadiram a Ásia e a África, subjugando inúmeras nações. Em casa, governavam a si mesmas; no exterior, governavam os outros. Ironicamente, foram essas livres nações europeias que saquearam a liberdade de terceiros. Conforme o século XX avançou, o paradoxo acabou se resolvendo. As nações europeias começaram a reduzir o controle sobre a Ásia e a África, encerrando a incômoda anomalia entre democracia em casa e conquista no exterior. O mundo passou a ser governado por uma nova regra: nações que governam a si mesmas não governam outras nações.

Numa surpreendente e perturbadora coincidência, a Guerra dos Seis Dias teve início exatamente na época em que o processo europeu de descolonização atingia seu ápice. Desde o fim da guerra, Israel vem administrando um regime militar sobre uma população civil. O Estado de Israel é uma democracia e representa a concretização do sonho ancestral do povo judeu de liberdade nacional – mas desde 1967, Israel não vem apenas implementando suas próprias aspirações de liberdade; vem também sequestrando a liberdade de outro povo. Desde 1967, Israel marcha contra o rumo da história.

UMA BREVE HISTÓRIA DA OCUPAÇÃO

Até os Acordos de Oslo, o jugo militar de Israel sobre a população civil nos territórios era praticamente absoluto. O Exército israelense funcionava como uma força policial, patrulhando as cidades árabes. Uma de suas funções era impedir a população local de qualquer possibilidade de manifestação nacionalista. Os soldados que serviam nos territórios recebiam ordens para destruir bandeiras palestinas e prender crianças que fossem flagradas fazendo pichações nacionalistas. A Administração Civil era responsável pelas necessidades cotidianas da população civil e lidava com questões relacionadas a eletricidade, água, esgoto e transporte para a população palestina sob ocupação.

Muitos israelenses presumiam que os palestinos se conformariam com sua nova situação porque a economia, os serviços de saúde e a educação tinham melhorado desde a Guerra dos Seis Dias. Os israelenses haviam conectado os palestinos a redes elétricas e modernas redes de água, além de ter lhes dado acesso a sistemas de saúde bem desenvolvidos. Argumentava-se o seguinte: como a qualidade de vida dos palestinos tinha melhorado sob o jugo israelense, não havia razão para eles resistirem. Mas a Primeira Intifada provou que essa teoria estava equivocada. A ampla resistência popular foi uma expressão palestina de décadas de raiva acumulada contra o jugo israelense. Os palestinos cobiçavam muito mais a ideia de se verem livres da dominação israelense do que os benefícios econômicos advindos dessa dominação.

A revolta palestina sacudiu a sociedade israelense, lançando-a numa trajetória penosa que culminou nos Acordos de Oslo. Esses acordos estabeleceram uma autonomia palestina sobre algumas partes dos territórios, permitindo que os árabes exercessem um autogoverno parcial. O cenário da autonomia parcial deveria durar cinco anos, terminando com a assinatura de um acordo final, definitivo. Os palestinos esperavam migrar do autogoverno parcial para o autogoverno total passados esses cinco anos: da autonomia para a criação de um Estado. O plano foi colocado em ação, mas acabou fracassando ao longo do caminho. Os palestinos ganharam autonomia, mas não ganharam um Estado; continuaram com autonomia parcial sobre uma parte dos territórios. Como resultado do processo de Oslo, o controle militar israelense sobre os palestinos foi reduzido, mas nunca desapareceu.

O Estado de Israel controla todo o território em volta dos enclaves governados pela Autoridade Palestina. O autogoverno palestino se aplica dentro do território específico designado para a Autoridade, e o desenvolvimento e crescimento dependem de autorização israelense. As cidades, em si, ficam sob o autogoverno palestino, mas os palestinos precisam viajar por estradas controladas por Israel sempre que querem visitar cidades vizinhas. As IDF podem decidir por quais estradas os palestinos estão autorizados ou não a viajar. Em épocas de elevada tensão no quesito segurança, algumas estradas nos territórios só servem a judeus. Às vezes, por questões de segurança, as IDF impõem o cerco a algumas cidades palestinas, impedindo os palestinos de entrar e sair. É preciso ressaltar, no entanto, que na maior parte do tempo as cidades palestinas não estão bloqueadas, e a maioria das estradas permanecem abertas ao tráfego palestino — mas isso só acontece porque as IDF decidiram mantê-las abertas.

Eis o xis da questão: mesmo quando os palestinos desfrutam de liberdade de ir e vir nas estradas e nos territórios, essa liberdade não decorre de sua própria vontade, e sim da vontade de Israel, que exerce seu jugo sobre eles. O fato de que a liberdade de ir e vir precisa ser concedida pelo dominador só ressalta a dependência do dominado. Mesmo após o estabelecimento da autonomia palestina, aspectos decisivos da vida cotidiana dos palestinos ainda continuam fora de suas mãos.

Além disso, enquanto a maioria dos palestinos vive em território governado pela Autoridade Palestina, dezenas ou centenas de milhares deles vivem fora, sob o direto jugo militar de Israel. Portanto, os territórios mantêm entre si diferentes níveis de ocupação: embora a maioria dos palestinos viva sob o jugo militar indireto, há uma minoria considerável que ainda vive sob o jugo direto.

Israel também estabeleceu centenas de assentamentos judaicos ao longo dos territórios capturados na Guerra dos Seis Dias.[1] São assentamentos que têm suas próprias necessidades de segurança, o que às vezes implica limitar a liberdade de ir e vir dos palestinos. Esse é apenas um exemplo de torpeza moral que decorre dos assentamentos judaicos fincados nos territórios. Duas classes de indivíduos habitam a mesma terra: cidadãos da nação controladora e subjugados da nação que está sendo controlada.[2] Define-se "ocupação" como um jugo militar sobre uma população civil, mas as IDF não estão nos territórios apenas para subjugar outra população civil — estão ali também para proteger seus próprios civis.

OCUPANTE DEMOCRÁTICO?

O Estado de Israel é uma democracia. Trata-se de um regime em que o povo israelense governa a si próprio. Contudo, nos territórios não há democracia. Os habitantes dos territórios são controlados por outra nação, uma nação que, *ela sim*, governa a si mesma. Essa dissonância amplifica

---

[1] De acordo com o Artigo 49 (6) da Quarta Convenção de Genebra, é vetado aos países assentar seus cidadãos em território ocupado. Apesar disso, a Suprema Corte de Israel não considera os assentamentos uma violação à legislação internacional. Para uma análise crítica sobre a forma como as decisões da Suprema Corte vêm legitimando o empreendimento dos assentamentos, ver Talia Sasson, *On the Brink of the Abyss* [À beira do abismo]. Jerusalém, Keter, 2015, p. 96-137 (hebraico).

[2] Ver a Associação pelos Direitos Civis em Israel, "One Rule, Two Legal Systems: Israel's Regime of Laws in the West Bank". Outubro de 2014. Disponível em: http://www.acri.org.il/en/wp-content/uploads/2015/02/Two-Systems-of-Law-English-FINAL.pdf.

o problema moral. Porque se Israel é uma democracia, todo cidadão deve participar plenamente de seu poder político — e se esse poder político é utilizado para ocupar outra nação, conclui-se que todo cidadão israelense contribui em igual medida para o jugo militar sobre os palestinos.

Um dos tradicionais lemas da esquerda é que a ocupação perverte. O que eles querem dizer é que as atividades policiais de Israel nos territórios causam um efeito danoso para os cidadãos que são obrigados a conduzi-las. Um soldado da reserva, nos territórios, que se vê agindo de forma arrogante e até imoral em relação a civis não consegue mudar de comportamento ao voltar para casa. Os israelenses ouvem o tempo todo que a ocupação está fazendo Israel se transformar numa sociedade de indivíduos perniciosos.

Não sei até que ponto essa teoria psicológica é válida. Mas como descrição, ela deixa de lado e chega a encobrir o verdadeiro cerne da questão moral. O principal problema não é que a ocupação perverte, mas que a ocupação em si já é uma forma de perversão. A essência da ocupação é que uma nação priva outra nação de liberdade. Como a nação "no comando" é uma democracia, cada um de seus cidadãos, individualmente, compartilha de responsabilidade moral por essa política. Não é que a ocupação acarreta uma perda de valores morais — a ocupação em si já é imoral.

Em resposta ao argumento moral contra a presença militar de Israel nos territórios, é comum ouvir a seguinte contestação: "Mas eles querem nos matar". Muitos também falam que se Israel se retirasse dos territórios e encerrasse a ocupação, os israelenses estariam agindo segundo princípios morais — mas acabariam mortos. São argumentos sobre questões de segurança; são importantes, claro, e por sua vez também constituem argumentos morais. Já discorri sobre eles de forma minuciosa e exaustiva nos capítulos anteriores. Nessas discussões, demonstrei que alguns argumentos falam justamente o contrário sobre a questão da sobrevivência, defendendo que é a presença contínua nos territórios o que mais ameaça o Estado judeu. Mas será que existe uma resposta à poderosa e convincente bandeira ética levantada pela esquerda contra a ocupação que não passe pela questão da segurança?

É POSSÍVEL QUE NÃO HAJA OCUPAÇÃO?

A Judeia e a Samaria estão ocupadas? Em termos lógicos, para que um território seja definido como ocupado, duas condições precisam existir:

alguém precisa fazer o papel de ocupante, e alguma coisa precisa estar sendo ocupada.[3] Israel invadiu e conquistou a Judeia e a Samaria na Guerra dos Seis Dias e vem mantendo o território desde então. Trata-se de um caso típico em que se pode dizer que Israel é o ocupante. Mas o que está sendo ocupado? Diante disso, a resposta seria a Jordânia. A Judeia e a Samaria pertenciam à Jordânia quando eclodiu a guerra e foram tomadas à força por Israel durante a guerra.

Contudo, neste ponto é preciso fazer uma pergunta que talvez soe infantil, mas que na verdade é crucial: quem começou a guerra? Quem disparou o primeiro tiro?

Israel lutou em múltiplas frentes na Guerra dos Seis Dias. As IDF enfrentaram o exército egípcio no sul, e o exército sírio no norte. O país não estava interessado em assumir uma terceira frente, no leste. É por isso que o governo do primeiro-ministro Levi Eshkol alertou o rei Hussein, da Jordânia, para se manter fora da guerra.[4] Mas o monarca jordaniano não aguentou a pressão de seus aliados árabes e juntou-se ao ataque egípcio e sírio, confrontando Israel desde o primeiro dia do combate. Os primeiros tiros disparados através da fronteira Jordânia-Israel durante a guerra de 1967 foram os bombardeios jordanianos que tiveram como alvo centros populacionais civis em Jerusalém Ocidental. A Jordânia, no entanto, cometeu um erro: sua entrada na guerra não levou ao colapso e sim à expansão de Israel. Ao fim do confronto, Israel tinha conquistado Jerusalém Oriental, bem como o deserto da Judeia e as montanhas da Samaria. Trata-se de um fato histórico incontestável: a Judeia e a Samaria não foram conquistadas por meio de um ato de agressão israelense, mas por meio de um ato defensivo.

Faria sentido que Israel devolvesse os territórios tomados da Jordânia quando estava se defendendo justamente das agressões jordanianas? Invertendo um pouco a pergunta: um Estado agressor tem o direito de exigir de volta o território perdido como consequência de sua agressão? Para mim, a resposta é muito clara. Um mundo onde as agressões não implicam custos é de fato um mundo perigoso, porque se torna um lugar onde os agressores não enfrentam riscos. Uma potência hostil derrotada numa

---

[3] Essa discussão, como já referida, lida mais com questões morais do que legislativas — essa distinção, inclusive, parece não ser válida da perspectiva da legislação internacional.
[4] Yossi Goldstein, *Eshkol: A Biography* [Eshkol: uma biografia]. Jerusalém, Keter, 2003, p. 569-571 (hebraico).

guerra iniciada por ela mesma claramente não está autorizada a reverter os resultados dessa guerra.[5]

Podemos citar outro forte motivo para refutar a premissa histórica de que a Judeia e a Samaria faziam parte, legitimamente, do território jordaniano. A primeira vez em que o território caiu nas mãos da Jordânia foi durante a Guerra de Independência de Israel, por meio de um ato anterior de ofensiva jordaniana. O território deveria compor um futuro Estado palestino; por isso que grande parte do mundo – com exceção do Paquistão e do Reino Unido – não reconhecia sua anexação pela Jordânia. Assim, a Judeia e a Samaria constituem um território que os jordanianos conquistaram num ato de agressão injustificada e acabaram perdendo por meio de um ato de agressão igualmente injustificado.

Não havia qualquer fundamento moral ou justificativa ética concebível para que Israel devolvesse os territórios à Jordânia. Ainda assim, alguns dias depois do fim da guerra, em 19 de junho de 1967, o governo israelense decidiu que estava disposto a devolver aos Estados árabes vizinhos grande parte do território conquistado na guerra, em troca de um acordo de paz. Como disse o ministro da Defesa Moshe Dayan, o Estado de Israel estava "esperando uma ligação" do rei Hussein.[6] Porém, o telefone nunca tocou. Em vez disso, Israel obteve uma resposta direta e sem qualquer ambiguidade da Cúpula da Liga Árabe em Cartum. Foi a famosa resposta de três nãos à oferta israelense: não à paz com Israel, não às negociações com Israel e não ao reconhecimento de Israel. Em suma, Israel ainda detém a Judeia e a Samaria por conta de um ato injustificado de agressão jordaniana, somado a um ato unilateral de rejeicionismo árabe.

Voltando à questão original, para definir que um território está sob ocupação, é preciso começar pela premissa de que houve um momento histórico em que ele começou a ser ocupado. Porém, a Judeia e a Samaria nunca foram ocupadas a partir de um ato de agressão da parte de Israel. Foram capturadas dos jordanianos por conta da agressão jordaniana, e só continuaram nas mãos de Israel por conta do rejeicionismo árabe. Seguindo essa linha de raciocínio, se não há um território que possa ser considerado ocupado, também não existe ocupação.

---

[5] Aqui, de novo, minha distinção baseia-se em intuição moral, não em legislação internacional.
[6] Citado em Uzi Benziman, "Stop Waiting for the Phone to Ring". *Haaretz*, 22 de março de 2018. Disponível em: https://www.haaretz.com/1.4898615.

Mas e se a parte prejudicada não for o povo jordaniano?[7] Talvez as montanhas da Judeia e da Samaria devessem ser definidas como território ocupado porque foram tomadas do povo palestino.

Nunca houve na história um Estado palestino, mas ele *poderia* ter se tornado realidade.[8] Foi oferecido pela primeira vez pelo governo britânico aos árabes da Palestina Mandatária, em 1937. No auge de uma violenta onda de protestos árabes, os ingleses enviaram uma Comissão Real, liderada por Lord e Peel, para analisar o conflito; a comissão concluiu que a solução era a partilha da terra em dois Estados. Segundo o Plano de Partilha da Comissão Peel, os árabes palestinos poderiam ter recebido aproximadamente 75% da área da Palestina Mandatária, e os judeus teriam recebido os outros 25%.

Apesar das dimensões reduzidas do território oferecido aos judeus, a liderança sionista, comandada por David Ben-Gurion e Chaim Weizmann, aceitou o princípio da partilha. Os árabes, no entanto, liderados pelo Mufti Haj Amin al-Husseini, rejeitaram a proposta logo de cara.[9] O plano de partilha saiu da agenda internacional, só voltando a ter relevância dez anos depois, com pequenas revisões. Quando os ingleses passaram adiante a missão de definir o futuro da Terra Santa para as Nações Unidas, a organização enviou ao local seu próprio comitê de investigação — o Comitê Especial sobre a Palestina (UNSCOP, na sigla em inglês) —, com o intuito de explorar a terra e decidir seu destino.

De forma similar à Comissão Peel, o UNSCOP chegou à conclusão de que a terra deveria ser dividida em dois Estados. Os representantes do Comitê apresentaram suas conclusões na Assembleia Geral da ONU,

---

[7] Em termos políticos, os jordanianos abdicaram das reivindicações quanto à Cisjordânia em 1988.

[8] Preciso enfatizar que esse é um argumento israelense e ocidental. Da perspectiva árabe-muçulmana, a terra de fato já esteve sob o jugo muçulmano independente — na época do Império Otomano —, mas esse jugo foi derrubado por meio da agressão e ocupação britânica, substituída depois (no que diz respeito aos árabes) pela agressão e ocupação judaicas. Porém, mesmo na narrativa árabe-muçulmana, o jugo do Império Otomano está muito longe de ser o mesmo que um jugo nacional palestino.

[9] Ver Yitzhak Gal-Nor, "The Territorial Partition of the Land of Israel: The Decision in 1937" [A partilha territorial da Terra de Israel: a decisão em 1937]. *Studies in Israeli and Modern Jewish Society* [Estudos sobre a sociedade israelense e a sociedade judaica moderna], 1 (1991), p. 211-240 (hebraico).

recomendando que 55% da terra ficassem sob soberania judaica, e os restantes 45% ficassem sob soberania árabe.[10] As Nações Unidas levaram a proposta a votação, em 29 de novembro de 1947, apoiando a partilha. Numa repetição da história, os judeus responderam de forma afirmativa, saudando a proposta, enquanto os árabes — mais uma vez — responderam "não".

Hoje, muitas pessoas ao redor do mundo acreditam que os palestinos não têm um Estado porque sua terra foi ocupada por Israel num ato de guerra. Mas nenhum Estado palestino foi ocupado, porque nunca chegou a existir um Estado palestino. E a explicação para nunca ter chegado a existir um Estado palestino é que os próprios palestinos rejeitaram repetidas ofertas que poderiam ter permitido o estabelecimento desse Estado. A objeção palestina ao estabelecimento de um Estado para os judeus os levou a refutar o estabelecimento de um Estado soberano para eles mesmos. É um fato histórico incontestável que os palestinos são um povo sem país. Mas também é um fato histórico incontestável que a razão para isso não está na agressão por parte de Israel e sim no rejeicionismo palestino.

O rejeicionismo que surgiu em 1937 e ressurgiu em 1947 nunca desapareceu. Em 2001, o primeiro-ministro israelense Ehud Barak ofereceu a Yasser Arafat, então presidente da OLP, um Estado palestino. Arafat recusou a oferta, e dois meses depois teve início a Segunda Intifada. No decorrer da intifada, o presidente Bill Clinton fez uma proposta ainda mais abrangente, que ficou conhecida como os Parâmetros Clinton. O governo de Barak concordou; os palestinos, não. Clinton comentou que o rejeicionismo de Arafat levaria o processo de paz a um beco sem saída.[11] De fato, como disse o grande político israelense Abba Eban, os palestinos nunca perdem a oportunidade de perder uma oportunidade.[12]

---

[10] Uma das justificativas palestinas para a rejeição dos árabes a esse plano era que ele dividia a terra de forma injusta: os judeus representavam 36% da população, mas receberam 56% do território. Ver Benny Morris, *1948: A History of the First Arab-Israeli War*. New Haven, Yale University Press, 2008.

[11] Na verdade, ambos os lados aceitaram o plano com reservas, mas Clinton argumenta, em suas memórias, que as reservas israelenses caíam dentro de seus parâmetros, enquanto as reservas palestinas caíam fora. Ver Bill Clinton, *My Life*. Nova York, Knopf, 2004, p. 946-947, 939.

[12] Essa afirmação — ao pé da letra, "os árabes nunca perdem a oportunidade de perder uma oportunidade" — foi feita nos bastidores da Conferência de Genebra com os Estados árabes vizinhos, em 21 de dezembro de 1973.

Os palestinos ainda foram apresentados a uma nova oferta: sete anos depois, o primeiro-ministro Ehud Olmert fez uma oferta ao presidente da Autoridade Palestina, Mahmoud Abbas, ainda mais generosa e abrangente do que a oferta anterior, feita por Ehud Barak em Camp David. Mas Abbas deixou Olmert sem resposta, e o conflito, sem solução.[13] A trágica realidade é que o povo palestino, desprovido de um Estado, é vítima de seu próprio rejeicionismo. Em outro aforismo memorável, Eban comparou os palestinos a uma criança que, após matar os pais, implora por misericórdia, como órfã.

A complexa história da Judeia e da Samaria só complica ainda mais a situação dos territórios. A ideia era que essa terra, com o consentimento dos sionistas, se tornasse parte de um Estado palestino em 1947 — mas o rejeicionismo palestino fez com que ela fosse engolida pela Jordânia em uma guerra e permanecesse nas mãos de Israel depois de ser conquistada em outra guerra. Não se trata de território ocupado. O mais correto seria dizer que são territórios em disputa.

AFINAL, EXISTE OU NÃO EXISTE OCUPAÇÃO?

Cabe aqui aplicar essa lógica por completo. Por um lado, os territórios não são uma terra roubada que acabou sob controle israelense por meios imorais, então eles em si não estão ocupados. Por outro lado, como já vimos, Israel impõe um jugo militar sobre uma população palestina que não tem voz sobre as decisões do Estado, então os palestinos são uma nação que vive *sob* ocupação. A conclusão é que os territórios não podem ser considerados ocupados, mas que o povo palestino vive, *sim*, sob ocupação.

Essa situação atrapalha os debates israelenses sobre a questão da Judeia e da Samaria. Tanto a esquerda quanto a direita estão corretas. A esquerda está correta sobre o povo, e a direita está correta sobre a terra. Com

---

O acadêmico Elie Podeh discorda dessa narrativa. Os palestinos, ele argumenta, não detêm o monopólio quando o assunto é perder oportunidades, e o Estado de Israel tem sua própria história no sentido de desperdiçá-las. Ver Podeh, "Israel and the Arab Peace Initiative, 2002-2014: A Plausible Missed Opportunity". *Middle East Journal* 68, n. 4 (2014), p. 584-603.

[13] Ver Avi Issacharoff, "Peace, Hope, and Recriminations: The Peace Plan That Remained on the Napkin" ["Paz, esperança e recriminações: o plano de paz que não saiu do papel"]. *Walla News*, 24 de maio de 2013 (hebraico).

ouvidos atentos e sensíveis, é possível compreender que os partidários da esquerda falam quase exclusivamente que os palestinos vivem sob ocupação israelense. Com a mesma atenção e sensibilidade para ouvir a direita, percebe-se que ela fala quase exclusivamente sobre um território que nunca foi ocupado de forma injusta. A esquerda tira conclusões, de maneira inconsciente, do povo para a terra; e a direta faz o mesmo, só que da terra para o povo. Como os dois lados estão corretos, os dois também estão equivocados; nenhum deles consegue expressar a total complexidade da situação: os palestinos nos territórios vivem sob ocupação, embora a terra onde eles vivem não seja em si uma terra ocupada.

CAPÍTULO 8
O dilema judaico
—

———————————— O ARGUMENTO RELIGIOSO

A **DIREITA RELIGIOSA ACREDITA** que assentar a Terra de Israel é um mandamento divino e que se retirar da Terra de Israel configura um pecado. O argumento religioso se alia ao argumento da segurança da seguinte forma: uma retirada da Judeia e da Samaria não só poria em risco o povo judeu, como também violaria a lei judaica. O argumento religioso acrescenta um aspecto solene ao argumento da segurança, transformando a questão da retirada de um mero equívoco em um pecado capital.

Onde está escrito que assentar a terra é um mandamento? A primeira fonte dessa proposição é o pronunciamento claro de Nachmânides, grande erudito judeu dos tempos medievais. Ele afirmou que esse mandamento deveria ser incluído na lista dos 613 mandamentos bíblicos:

> *Uma vez que recebemos o mandamento de herdar a terra que Deus Todo-Poderoso concedeu a nossos antepassados — Abraão, Isaque e Jacó —, não podemos deixá-la nas mãos de outra nação nem deixá-la deserta. Pois Deus lhes disse: "Vocês tomarão posse da terra e deverão nela se assentar, porque eu lhes dei a posse da terra, e vocês a herdarão"... e a isso os sábios chamam "guerra por mandamento".*[1]

Nachmânides ensina que há um mandamento bíblico para assentar a Terra de Israel, bem como a proibição de cedê-la a nações estrangeiras: "Nós [não] podemos deixá-la nas mãos de outra nação".

---
[1] Nachmânides, *Hasagot HaRamban al Sefer HaMitzvot*. Mandamento 4 (hebraico).

Contudo, na lei judaica é expressamente proibido cumprir um mandamento se o custo for pôr em perigo a vida humana. Vejamos o posicionamento claro e decisivo de Maimônides quanto a violar o shabat para salvar uma vida:

> É proibido adiar a profanação do shabat por alguém que esteja muito doente, conforme está escrito [Levítico 18:5]: "Portanto, os meus estatutos e os meus juízos guardareis; os quais, observando-os o homem, viverá por eles", i.e. e não morrerá por eles [meus estatutos e juízos]. Saibam que as leis da Torá só existem num mundo de compaixão, bondade amorosa e paz.²

E se um indivíduo quiser sacrificar a si mesmo para cumprir um mandamento bíblico, de livre arbítrio e por profunda devoção religiosa? A resposta de Maimônides é dura: "Ele peca e se rebela por meio de seus feitos, o sangue está em sua própria cabeça e ele compromete a própria vida. Como disse Deus Todo-Poderoso: 'Se o homem guardar meus estatutos e juízos, deve viver por eles, e não morrer.'" Maimônides não deixa dúvidas: aquele que se sacrifica em nome da Torá está na verdade se rebelando contra ela.

Conclui-se, então, que se o mandamento de assentar a terra fosse, em teoria, um perigo à vida humana, a adesão a esse mandamento não configuraria o cumprimento da lei religiosa, e sim a violação dela. Nesse sentido, vale a pena ver como pensava o Rabi Ovadia Yosef, ex-rabino-chefe sefaradita de Israel, fundador e líder espiritual do partido ultraortodoxo Shas. Ele decretou que se ficasse claro que uma retirada de partes da Terra de Israel fosse trazer segurança e salvar vidas, a retirada não apenas seria permitida pela lei religiosa, como seria obrigatória.

> Ao que parece, todos concordam que é permitido devolver territórios da Terra de Israel para que se atinja esse objetivo [a paz], posto que nenhum mandamento pode se sobrepor à ideia de salvar uma vida. É como aquela questão: será que uma pessoa doente pode ser alimentada no Yom Kippur, quando o médico especialista, mesmo sendo gentio, é quem determina a situação do paciente? Caberia ao médico dizer que o jejum põe em risco a vida do paciente, que sua saúde pode se deteriorar, pondo-o em risco, então que o doente deveria comer... O mesmo se aplica à nossa situação: se altos comandantes do Exército, junto a

---

² Maimônides, *Laws of the Sabbath* [Leis do shabat], 2:3 (hebraico).

> *políticos com poder de decisão, determinassem que violar o mandamento contra a devolução de territórios implicaria salvar vidas, seria preciso confiar neles e permitir que devolvessem território. Havendo discordância entre os médicos no sentido de decidir se a vida do paciente ficaria em risco caso ele jejuasse no Yom Kippur — mesmo que só dois digam que ele precisa comer, enquanto cem dizem que não precisa —, o paciente precisaria ser alimentado, porque mais vale pecar do que arriscar uma vida.*
> *Essa é a lei em questão aqui. Quando há discordância sobre o assunto, e alguns especialistas dizem que não é uma questão de salvar vidas, mas outros dizem que há o perigo de guerra iminente e de perda de vidas caso os territórios não sejam devolvidos, pecamos para salvar essas vidas, e os territórios devem ser devolvidos para evitar a possibilidade de guerra.*[3]

Contudo, o posicionamento do Rabi Ovadia Yosef não é a única perspectiva relevante sobre a lei religiosa. Os rabinos YESHA — uma coalisão de rabinos inflexíveis quanto à questão do assentamento — defendem que há uma proibição absoluta de devolver partes da Terra de Israel e transferi-las para os árabes, e que se envolver nessa retirada significa também violar a Torá:

> *O acordo assinado pelo governo com os terroristas [os Acordos de Oslo] contradiz completamente a lei judaica, em dois sentidos: a) É proibido renunciar a parte da Terra de Israel, transferindo-a para as mãos de gentios, sobretudo para aqueles que nos odeiam e querem nos aniquilar; b) "Não te porás contra o sangue do teu próximo" [Levítico 19:16]. A retirada das IDF das cidades e dos acampamentos militares na Judeia e na Samaria põe em risco os judeus que vivem ali, além dos que vivem em cidades próximas, ao longo da Linha Verde, e é proibido pela Torá ficar de braços cruzados quando alguém está em perigo, sendo mais proibido ainda colocar ativamente alguém em perigo.*
> *Essa premissa, de que uma retirada das IDF das cidades e dos acampamentos militares da Judeia e da Samaria constitui um perigo, é aceita por especialistas militares e foi inclusive expressa por oficiais que serviram em campo... Declaramos que uma retirada das IDF da Judeia e da Samaria, liberando acampamentos militares, postos e outros lugares, é, sim, contra a lei judaica pelas seguintes razões já referidas: a proibição de abrir mão de territórios na*

---

[3] Rabi Ovadia Yosef, *Masa Ovadia*. Jerusalém, Instituto Rav Kook, 2007, p. 331 (hebraico).

Terra de Israel em prol de estrangeiros e a proibição "não te porás contra o sangue do teu próximo".[4]

A ideia de que a evacuação dos assentamentos é uma violação à Torá se baseia em dois argumentos religiosos. O primeiro é a proibição de transferir partes da Terra de Israel aos gentios, o que está enraizado nos escritos de Nachmânides; o segundo é a proibição de botar em risco vidas humanas. Esses argumentos complementam um ao outro nos termos dos decretos rabínicos, mas daí não se pode inferir que é permitido pôr em risco vidas humanas em nome do mandamento de assentar a Terra de Israel.

Na realidade, não existe uma disputa legal entre o Rabi Ovadia Yosef e os rabinos YESHA. O Rabi Ovadia defendia que *se* uma retirada fosse capaz de evitar riscos à vida humana, *então* ela deveria ser obrigatória segundo a lei judaica; os rabinos YESHA defendiam que *como* uma retirada poria em risco vidas humanas, *então* ela deveria ser proibida. O debate teórico não tem substância: não se trata da importância da vida humana de acordo com a lei religiosa, e sim da questão prática de como proteger a vida da melhor forma.

Essa intricada disputa religiosa foi muito bem elucidada pelo Rabi Hayim David HaLevi:

Em suma, não há uma lei específica a partir da qual podemos provar que uma retirada dos territórios liberados da Terra de Israel, no contexto das negociações de paz com nossos vizinhos, seja proibida por lei... Nesse caso, a consideração mais importante diz respeito à existência e segurança da nação. Portanto, se o governo de Israel chegasse à conclusão de que abrir mão dos territórios evitaria a guerra e o derramamento de sangue, dando início a uma paz verdadeira, ele teria não só o direito como a obrigação de fazê-lo. Por outro lado, uma retirada capaz de trazer ameaças à segurança seria totalmente proibida.[5]

Nos capítulos anteriores, falamos sobre o convincente argumento de que uma eventual retirada da Judeia e da Samaria levaria ao desastre, bem como sobre outro convincente argumento, de que a permanência na Judeia

---

[4] Ibid.
[5] Rabi Hayim David HaLevy, "Peace and Its Consequences" ["A paz e suas consequências"]. *Oral Torah* [Torá oral], 21 (1979), p. 39-51 (hebraico).

e na Samaria é que levaria ao desastre. De fato, uma retirada pode pôr em risco vidas humanas, mas evitar a retirada também pode ter esse efeito. Como a proteção à vida humana tem importância máxima na lei judaica, superando quaisquer outras considerações possíveis, podemos concluir que se a decisão de se retirar dos territórios for a decisão correta pela perspectiva da segurança, então deveria ser também a decisão correta segundo a perspectiva da lei judaica. Mas se a decisão de *permanecer* nos territórios for a decisão correta pela perspectiva da segurança, então *essa* também deveria ser a decisão correta segundo a perspectiva da lei judaica. O argumento envolvendo a lei judaica não corre em paralelo ao argumento da segurança – é produto dele.

Nenhuma decisão pautada apenas na lei judaica pode determinar o destino da Judeia e da Samaria. Em questões de vida e morte, a lei judaica determina que as considerações da lei religiosa não podem se sobrepor às considerações de segurança. Por sua vez, as considerações de segurança são o necessário embasamento factual para qualquer determinação religiosa. Assim, o argumento de que uma retirada dos territórios não só poria em risco o povo judeu como violaria a lei judaica é, em essência, inconsistente sob a própria lógica da lei religiosa judaica. Uma formulação mais precisa seria: *se* a retirada ameaçar o povo judeu, *então* violará a lei judaica; mas se a *permanência* na Judeia e na Samaria é que ameaça o povo judeu, então *isso*, sim, estará violando a lei judaica. A conclusão é que o argumento religioso não complementa o argumento da segurança – e sim deriva dele.

O ARGUMENTO NACIONALISTA

O escritor A. B. Yehoshua usou uma metáfora perspicaz e surpreendente para descrever o judaísmo: trata-se de um hermafrodita. Hermafrodita é uma pessoa que apresenta os órgãos reprodutivos masculinos e femininos – que é ao mesmo tempo homem e mulher. A metáfora faz alusão a quê? O judaísmo é tanto uma religião quanto uma nação. Tem todas as características de uma religião – escrituras sagradas, crença no divino e rituais sagrados –, mas também tem todas as características de uma nação: memórias coletivas, uma pátria histórica, uma língua em comum e um forte e profundo senso de solidariedade comunitária. Uma religião e uma nação.

Da perspectiva da lei religiosa, como vimos, o argumento da direita para a permanência nos territórios é fraco. A lei religiosa não consegue acrescentar peso adicional a argumentos de cunho prático. Apesar disso, a direita ainda possui em suas reservas um poderoso argumento, de peso, derivado do outro pilar da ideologia bifurcada do judaísmo – o pilar nacional.

O organismo nacional, como qualquer organismo vivo, tem corpo e alma. É assim que as pessoas pensavam a questão da nacionalidade na Europa do século XIX. A alma de uma nação expressa-se por meio de sua cultura; o corpo, por sua vez, é a terra. A alma da nação italiana manifesta-se nas criações de Dante e da Vinci, mas seu corpo é o solo da Itália. A alma da nação francesa pode ser vista nas criações de Pascal e Descartes, mas seu corpo é o solo da França.

A alma do povo judeu pode ser encontrada na Bíblia hebraica e no Talmud, no *Zohar* e nos séculos e mais séculos de filosofia judaica. Mas seu corpo é a Terra de Israel. Hebron, Belém e Siló não "pertencem" ao povo judeu – são parte inseparável do povo. A localização de alguém não diz respeito apenas a *onde* a pessoa está, mas a *quem* ela é. O grande poeta hebreu Shaul Tchernichovsky escreveu que o homem "se resume à imagem de sua paisagem natal".[6] A pátria de um indivíduo não é apenas o lugar onde ele nasceu; é parte dele.

A terra de uma nação é parte de sua identidade. Nações que possuem uma saudável consciência nacional não sentem necessidade de justificar a propriedade sobre sua pátria, assim como os indivíduos nunca sentem necessidade de justificar a propriedade sobre o próprio corpo. Como disse Jabotinsky: "Faça essa pergunta a um fazendeiro francês, se a França é sua terra!... Estamos falando de axiomas, não de 'enigmas'. Só essas figuras patéticas, com suas psiques da Diáspora, transformaram esse axioma num 'enigma' que precisa ser investigado e 'solucionado'". Se a pátria de uma nação é parte de sua identidade, então ceder uma parte da pátria judaica é ceder uma parte da identidade judaica.[7]

---

[6] Shaul Tchernichovsky, "Man is nothing but..." ["O homem se resume a..."] (hebraico).

[7] Ze'ev Jabotinsky, "Soldiers' Alliance" ["Aliança de soldados"]. *Der Moment*, 20 de julho de 1933 (ídiche).
Yitzhak Shamir expressou essa visão com mais contundência ao dizer que se retirar da Terra de Israel seria como "assassinar" a história judaica. Yitzhak Shamir, entrevista para o *Haaretz*, 1 de abril de 1994. Ver também: Yaacov Bar-Siman-Tov (org.), *Barriers to Peace*

A identidade judaica contém uma tensão inerente: é, ao mesmo tempo, expressão de uma religião e de uma nacionalidade. Durante o Exílio, o judaísmo foi essencialmente uma religião; a grande conquista do sionismo foi despertar de um longo sono o espírito nacional da bifurcada identidade judaica. Uma retirada da Judeia e da Samaria representaria um golpe à identidade sionista, porque seria o mesmo que admitir que o judaísmo não é uma nacionalidade robusta; que, em vez disso, é uma cultura religiosa peso-leve. Para o judaísmo, o principal problema de renunciar à Judeia e à Samaria não deriva da lei religiosa, mas da identidade nacional.

O ARGUMENTO PROFÉTICO

O espírito profético é parte orgânica da religião judaica. Os antigos profetas de Israel pregavam sua própria visão, demandando que o povo judeu construísse um novo mundo, completamente diferente de seu passado pagão. O mundo pagão venerava o poder, acreditando que o poder em si era algo divino e que aquele que detivesse o poder era, por analogia, igualmente divino. Os profetas de Israel sonhavam em transformar o mundo. Queriam transformar um mundo que atribuía significado religioso ao poder em um mundo que atribuísse significado religioso às restrições ao poder. Ao rejeitar um mundo onde os mais fortes controlavam os mais fracos, desejavam criar um lugar onde os mais fortes fossem levados a descobrir empatia e compaixão pelos mais fracos.

O movimento sionista enfrentou justamente esse teste judaico envolvendo a relação de uma maioria com as minorias. Foi David Ben-Gurion quem detectou o teste:

Um verdadeiro Estado judeu só despontará, grande ou pequeno, sobre parte da terra ou sobre toda ela, se a pátria dos profetas concretizar as grandes e eternas aspirações morais que carregamos em nosso coração e nossa alma por gerações e gerações: uma mesma lei para o cidadão e para o estrangeiro... O Estado judeu será um exemplo para o mundo no que tange a seu comportamento em relação às minorias e aos estrangeiros.[8]

---

in the Israeli-Palestinian Conflict [Barreiras à paz no conflito entre israelenses e palestinos]. Jerusalém, Jerusalem Institute for Israel Studies, 2010, p. 197 (hebraico).

[8] David Ben-Gurion, discurso no Vigésimo Congresso Sionista, em agosto de 1937.

O retorno do povo judeu à terra dos profetas também precisa marcar o retorno à visão dos profetas; uma sociedade israelense que deseja realizar as profecias bíblicas precisa ser julgada na relação que tem com as minorias, com os estrangeiros e com o outro.[9] A relação entre o Estado de Israel e os árabes que vivem sob seu controle oferece aos israelenses a oportunidade de concretizar a visão bíblica, mas também os confronta com um desafio que pode fazê-los fracassar. O jugo militar israelense de algumas décadas sobre uma população civil, desde a Guerra dos Seis Dias, representa um fracasso religioso. A visão dos profetas, de uma sociedade forte que continua sensível em relação aos mais fracos, é contrariada de novo, todos os dias, pelas atividades policiais das IDF nos postos de controle espalhados pelos territórios.

Por um lado, retirar-se dos territórios subverte a identidade nacional de Israel; mas, por outro, a permanência ali viola a visão dos profetas. No capítulo anterior, concluí que os territórios não estão ocupados, mas que o povo que habita esses territórios vive, sim, sob ocupação. Acabamos de

---

[9] Pode parecer que há uma contradição na atitude bíblica em relação aos habitantes da Terra de Israel. Embora a Bíblia demande muita sensibilidade em relação às minorias que vivem em Israel, ela também impõe atitudes violentas sobre os residentes da terra. Eu diria, no entanto, que a aparente contradição é falsa. A Bíblia não demonstra qualquer tolerância em relação à população pagã da Terra de Israel, capaz de tentar os hebreus que chegam, nos caminhos da idolatria. As outras minorias étnicas, aquelas que não pertencem às sete nações pagãs, é que são chamadas de "estrangeiras" (*gerim*) — e o grande teste religioso que os hebreus precisam enfrentar é no sentido de demonstrar sensibilidade em relação a *essas* minorias.
O que isso significa para os palestinos? A lei judaica demanda que eles sejam tratados como as sete nações pagãs canaanitas, ou eles seriam *gerim*, caso em que a sensibilidade em relação a eles constitui o teste religioso máximo que os judeus precisam enfrentar? Maimônides afirmou que os ismaelitas não eram pagãos, e sim fiéis servos de Deus: "Esses ismaelitas não têm nada de adoradores de ídolos, uma vez que esse tipo de adoração já foi cortada da boca e do coração de cada um deles, e eles atribuem a singularidade apropriada ao Deus Supremo, uma singularidade sem imperfeição"; Responsa, 159. Diante disso, o Rabi Abraham Isaac Kook determinou não só que os árabes *não* eram pagãos, mas também que deveriam ser vistos como *gerim* residentes: "E o princípio fundamental é a razão de 'Lo Techonem' — não lhes dar residência em sua terra. Assim, os ismaelitas não são considerados adoradores de ídolos; em vez disso, são tidos como *gerim* residentes (estranhos) e é possível lhes conceder residência na terra". Abraham Isaac Kook, *Mishpat Cohen*. Jerusalém, Association for the Publication of Rabbi Kook's Books, 1937 (hebraico).

ver que a Terra de Israel é parte da identidade judaica, mas a ocupação exercida sobre os palestinos que moram lá compromete o propósito dessa mesma identidade.

UMA TENSÃO INTRABÍBLICA

O livro do Gênesis conta a história do patriarca Abraão, que ouve uma voz, deixa a Mesopotâmia e parte rumo à Terra de Israel. O livro do Êxodos narra a história de seus descendentes, que escutam uma voz, saem do Egito e partem rumo à Terra de Israel. A Bíblia hebraica sonha que o povo judeu chegará à Terra de Israel para assentá-la; ela ameaça o povo judeu com o exílio. A Bíblia alerta, diversas vezes, que se o povo judeu pecar, acabará exilado de sua terra. Trata-se do princípio organizador central da narrativa bíblica. A Terra de Israel está no cerne da história bíblica. Por isso que é impossível diminuir a importância da Terra de Israel sem diminuir a importância da Bíblia hebraica.

A Bíblia não conta apenas uma história; ela também enumera leis – sendo que algumas delas possuem argumentos e fundamentos muito claros. O argumento que se repete com mais frequência, atrelado a inúmeras leis, é o da sensibilidade em relação aos estrangeiros. Por que é tão importante se preocupar com os mais fracos numa sociedade, incluindo os estrangeiros? "Porque vocês foram estrangeiros no Egito." Os israelenses precisam exercitar a sensibilidade social perante os estrangeiros porque eles também já foram estrangeiros no passado. "Estrangeiros" (*gerim*, em hebraico), no sentido bíblico, não necessariamente se refere a cidadãos de países estrangeiros. Estrangeiro quer dizer apenas membro de uma minoria – alguém desprovido de proteção política, que está à parte da sociedade convencional. Estrangeiro é alguém que pode ser facilmente explorado e maltratado.

A Bíblia hebraica é uma combinação entre narrativa e lei. O tema predominante na história bíblica é a conexão com a Terra de Israel; o tema predominante nos mandamentos bíblicos é a sensibilidade perante os estrangeiros. É interessante e irônico notar que na realidade atual de Israel esses dois temas estão em conflito constante. A Judeia e a Samaria representam o cerne indiscutível da bíblica Terra de Israel. A região abriga as lembranças históricas mais remotas do povo judeu. É a terra por onde os patriarcas perambulavam. É onde se desenrolou grande parte dos episódios bíblicos. Mas essas mesmas montanhas são também o lar de uma população civil que se encontra sob jugo militar israelense. A sensibilidade perante os estrangeiros exige que Israel saia dos territórios, mas a devoção à Terra de Israel exige que Israel assente esses territórios. Quis a história que esses dois temas bíblicos tivessem de ficar cara a cara, o que implica um grande desafio para quem deseja concretizar a visão bíblica na terra da Bíblia.

Esse impasse para o judaísmo é também um impasse para o sionismo. Em *Altneuland*, obra-prima do sionista visionário Theodor Herzl, um dos personagens, Steineck, diz que o direito a um Estado independente é direito de toda e qualquer nação: "Todo mundo merece ter uma pátria".[10] Foi em nome desse direito universal que os primeiros sionistas exigiam a libertação política do povo judeu. Mas se o sionismo é um movimento de libertação nacional, ele não estaria contradizendo a si mesmo ao subjugar outra nação?

O problema, claro, é que usando a mesma moeda poderíamos fazer a pergunta contrária: se o sionismo é o movimento para restaurar o povo judeu a sua pátria histórica, ele não estaria contradizendo a si mesmo se abrisse mão de partes da terra de seus ancestrais? O sionismo é o movimento judaico de libertação nacional, mas também é o movimento de restauração do povo judeu a sua pátria ancestral. A situação criada pela Guerra dos Seis Dias coloca dois pilares fundamentais do judaísmo um contra o outro — e faz o mesmo com dois pilares fundamentais do sionismo.

OS ISRAELENSES ESTÃO ENREDADOS EM UM IMPASSE

No que diz respeito à Judeia e à Samaria, o povo judeu está enredado em um impasse. O impasse sionista exacerba o impasse judaico, que se alinha ao dilema moral, e ambos contribuem para o impasse da pura sobrevivência. A presença de Israel nos territórios ao mesmo tempo concretiza e contradiz o sionismo. Uma retirada territorial concretizaria a visão dos profetas judeus, mas também comprometeria a expressão nacional do judaísmo. O controle dos territórios protege Israel em termos geográficos, mas ameaça o país no aspecto demográfico. A conclusão é que todos têm razão, e quando todos têm razão, o que existe é um impasse.

---

[10] Theodor Herzl, *Altneuland* [Nova Velha Pátria], 1902, livro 3.

CAPÍTULO 9
Do caos ao entendimento
—

NEM TODOS OS israelenses se sentem confusos com essa situação. Alguns partidários da direita acreditam que Israel não estaria se arriscando ao manter para si os territórios. Para eles, as ameaças demográficas e morais envolvidas na permanência nos territórios não são capazes de comprometer o futuro do país – tudo vai se ajeitar. Em muitos casos, essa confiança tem raízes religiosas. Eles acreditam que o Deus de Israel, que entregou a terra ao povo judeu por meio de uma guerra milagrosa, continuará defendendo-os, desde que eles também continuem defendendo a terra.

Alguns partidários da esquerda, por sua vez, acreditam que Israel não estaria se arriscando ao abrir mão dos territórios. Para eles, o caos e a barbárie que assolam o Oriente Médio não seriam capazes de afundar os territórios liberados pelas IDF nem de se alastrar desses territórios para Israel. Em muitos casos, essa confiança tem raízes na fé depositada na comunidade internacional. Afinal de contas, como parte de um acordo de paz, Israel exigiria da comunidade internacional garantias de segurança, o que protegeria o país de quaisquer perigos que se seguissem a uma retirada.

Porém, a maioria dos israelenses tem dificuldade para entregar as chaves de sua própria segurança seja nas mãos do Deus de Israel, seja nas mãos de outras nações. Na Diáspora, judeus de várias comunidades diferentes nunca desenvolveram os meios e mecanismos de defender a si mesmos. Confiaram a própria segurança às mãos dos gentios que os governavam, acreditando assim que estariam manifestando sua fé e confiança em Deus. O resultado, como sabemos, foi catastrófico. O sionismo extraiu duras lições da história judaica. A conclusão dos sionistas foi que nem a fé cega nos gentios nem em Deus garantiriam a segurança. O sionismo é a crença de que os judeus só podem confiar em si mesmos, sem depender de mais ninguém.

Ninguém que aceita essa lição da história — como fizeram os primeiros sionistas — acredita que Israel deveria arriscar devolver os territórios contando apenas com garantias internacionais, nem que deveria mantê-los sob seu domínio contando apenas com a confiança em Deus. Essa é a base do grande caos político que aflige Israel atualmente.

TRÊS RESPOSTAS AO CAOS

A descrença dos israelenses quanto às perspectivas de paz levou a uma descrença mais generalizada dentro de setores do campo pacifista. Uma Israel que não acredita mais na paz é uma Israel em que as correntes mais radicais do campo pacifista também não conseguem acreditar. O abandono do processo de paz fez com que a ala radical da esquerda israelense se desencantasse com o sionismo de forma geral.

Aconteceu um processo similar na direita israelense. A direita religiosa fez campanha contra a retirada de Gaza, mas se viu isolada. Partidários da direita ficaram horrorizados ao descobrir que a maioria dos israelenses apoiava o Plano de Retirada. Alguns setores dessa direita também se desencantaram com o povo israelense de forma geral. Um sentimento parecido se infiltrou na ala radical da direita israelense: israelenses que não acreditam mais na Terra de Israel são israelenses nos quais a direita radical não consegue mais acreditar.

As extremidades de ambos os campos perderam a fé no sionismo, desacreditando de Israel como um todo.

Porém, houve também uma terceira reação à crise israelense de ideias políticas. Foi a reação de muitos israelenses que não têm interesse em subjugar os palestinos, mas também não arriscariam a própria vida com a retirada dos territórios. Esses israelenses se viram num impasse. Se ficarem nos territórios, poderão ser destruídos pela ocupação, mas se saírem, poderão ser invadidos por uma onda de terror igualmente violenta.

Então, o que fazer? A resposta veio no verão de 2011, quando dezenas de milhares de israelenses foram às ruas, armaram barracas e declararam: "O povo exige justiça social!".

Por décadas, o conflito árabe-israelense deteve o monopólio sobre as paixões políticas em Israel. Campanhas a favor de acordos diplomáticos ou em oposição a retiradas territoriais levavam dezenas de milhares de cidadãos para as ruas, ao passo que campanhas de cunho social deixavam a maioria apática dentro de casa. Mas no verão de 2011, a situação mudou. A estrondosa energia social que irrompeu durante os protestos provou que o conflito tinha perdido o monopólio. Enquanto os sonhos de uma terra unificada ou de uma terra em paz preenchiam a consciência política dos israelenses, sua consciência social cochilava. Porém, com a desintegração das grandes ideias, abriu-se espaço para o surgimento de uma nova consciência social. Ao contrário da reação dos dois extremos políticos, a maioria dos israelenses não desistiu do próprio país. O colapso das grandes ideias não provocou um colapso do idealismo, mas a transferência de energia política para novos horizontes.

O colapso do sonho da direita, da Grande Israel, e do sonho da esquerda, da paz, deveriam ter produzido um amplo consenso nacional no país, mas não foi o que aconteceu. Em vez disso, o debate político dentro de Israel ficou cada vez mais feio e virulento. Hoje, envolve mais personalidades do que ideias, com mais insulto do que ideologia. A natureza agressiva, pessoalizada e insultuosa do debate político não é produto da polarização ideológica, mas da implosão dos polos ideológicos. Na ausência de diferenças significativas em termos de valores, o que resta é a acentuação das diferenças entre personalidades. O debate político dentro de Israel vem se degenerando não porque os israelenses se afastaram uns dos outros, mas justamente porque foram atraídos para mais perto.

A política não é mais o campo onde os israelenses manifestam suas posições; ela virou o campo onde eles afirmam suas identidades. O debate político não confronta mais ideia *versus* ideia, e sim tribo *versus* tribo. Quando a política deixa de se pautar em argumentos e oferecer ideias, ela acaba encarnando identidades. Assim, a desintegração das ideias da esquerda e da direita, com o colapso de suas ideologias tradicionais, não aboliu a divergência entre os dois campos; na verdade, só fez agravá-la.

──────────── DA POLÍTICA IDEOLÓGICA À POLÍTICA TRIBAL

Uma das maiores ameaças à capacidade de escuta de qualquer indivíduo é o pensamento de grupo. John Stuart Mill, um dos maiores pensadores do liberalismo ocidental, afirmou que as pessoas tendem a perder a noção de dúvida quando se afiliam a grupos que ecoam suas opiniões:

> *As pessoas... só depositam a mesma confiança sem limites em suas opiniões que são também compartilhadas por todos que as cercam, ou nas daqueles a quem por hábito prestam deferência: pois em relação ao desejo que tem de confiar em seu próprio julgamento solitário, o homem em geral se apoia, com confiança implícita, na infalibilidade 'do mundo' em geral. E o mundo, para cada indivíduo, significa a parte do mundo com a qual ele entra em contato.*[1]

Essa perspicaz reflexão por parte de um filósofo inglês do século XIX ajuda a explicar, de certa forma, o problema do debate nacional em Israel no século XXI. A convicção que temos em nossas crenças não depende da razoabilidade dos nossos argumentos, mas da força da identificação que temos em relação a um grupo que professa essas crenças. Mesmo quem tem noção, individualmente, de que às vezes pode estar errado, nega, de forma subconsciente, que seu *grupo* também possa estar errado. Em outras palavras, quando a esfera do debate público deixa de ser um lugar de troca de ideias e passa a ser uma arena onde diferentes tribos entram em choque, o pensamento crítico fica ameaçado.

Posso dar um testemunho pessoal sobre a necessidade quase obsessiva de alinhar opiniões a identidades de grupo. Sempre que falo em público sobre liberalismo e humanismo, logo suspeitam que sou de esquerda. Quando discorro sobre patriotismo e sionismo, na mesma hora afirmam que sou de direita. Um amigo próximo, que não usa quipá, me contou o seguinte: sempre que fala com entusiasmo sobre as sabedorias do Talmud, as pessoas desconfiam que ele está prestes a virar religioso. O monopólio da direita sobre a imagem do sionismo, o monopólio da esquerda sobre a imagem do humanismo e o monopólio dos religiosos sobre a imagem do judaísmo comprometem a capacidade dos israelenses de pensar de forma objetiva sobre sionismo, humanismo e judaísmo. Quando as pessoas não conseguem julgar as crenças por sua própria razoabilidade, mas, em vez disso, as enxergam de acordo com a identidade sectária de seus partidários, é possível concluir que a psicologia das massas substituiu o pensamento independente.

Esta é a grande oportunidade perdida no que se refere ao debate político israelense: em vez de provocar modéstia e escuta recíproca, o colapso das ideologias fez com que cada um dos lados se fechasse ainda mais e recriminasse a outra parte.

---

[1] John Stuart Mill, *On Liberty* [Sobre a liberdade], 1859, capítulo 2. Disponível no site do Projeto Gutenberg: http://gutenberg.org/files/34901/34901-h/34901-h.htm.

Neste livro, meu foco é o debate esfacelado entre judeus e judeus. Ainda que esteja longe do ideal, ele é muito melhor do que o debate entre judeus e palestinos.

O DEBATE ESFACELADO ENTRE JUDEUS E PALESTINOS

Desde o nascimento do sionismo, muitos palestinos o enxergam como um movimento colonialista. Para eles, a civilização ocidental constitui um único império destrutivo, que estende seus tentáculos para o Oriente Médio — sendo o sionismo um de seus tentáculos mais devastadores. Vejamos o que diz a Carta Nacional Palestina:

> *O sionismo é um movimento político organicamente associado ao imperialismo internacional e antagônico a qualquer iniciativa de libertação e a movimentos progressistas ao redor do mundo... Israel é o instrumento do movimento sionista e funciona como base geográfica para o imperialismo mundial, incrustado estrategicamente em meio à nossa pátria para combater os anseios da nação árabe por libertação, unidade e progresso.*[2]

Essa percepção encontra certa justificativa nas declarações de alguns dos primeiros sionistas, que de início conceberam um Estado judeu como uma força para ampliar as fronteiras da Europa rumo à Ásia.[3] Segundo essa narrativa, os sionistas eram os emissários do Império Britânico, e quando a hegemonia imperial começou a fraquejar, eles fizeram, em seu lugar, uma aliança com o império norte-americano. Para muitos palestinos, o confronto com Israel é um confronto com uma força mundial muito maior do que Israel.[4]

---

[2] Carta Nacional Palestina. Ver Yehoshafat Harkabi e Matti Steinberg, *The Palestinian Charter in the Test of Time and Practice* [A Carta palestina no teste do tempo e da prática]. Jerusalém, Hasbara Center, 1998 (hebraico).

[3] "Faremos parte da muralha da Europa contra a Ásia, um posto avançado de civilização, em oposição à barbárie." Theodor Herzl, *The Jewish State* [O Estado judeu], 1896. Disponível no site do Projeto Gutenberg: http://www.gutenberg.org/files/25282/25282-h/25282-h.htm.

[4] Aqui, eu gostaria de acrescentar uma nota pessoal, de ressalva: considero um erro enxergar o sionismo como um movimento colonialista. Faltam ao sionismo algumas das características mais básicas de um movimento colonialista típico. Em primeiro lugar

Ao mesmo tempo, muitos israelenses sentem que o confronto com os palestinos é um confronto com uma força histórica muito maior do que os palestinos. Sentem que a violência perpetrada por eles faz parte de um contexto histórico mais amplo, sendo uma manifestação de antissemitismo. A energia pesada que no passado transbordava entre os europeus, agora transborda entre os palestinos. Entre outras coisas, esse sentimento é alimentado pela adoção, por parte dos palestinos, de clássicos mitos antissemitas. A Carta do Hamas, por exemplo, que evidencia a disposição predominante entre eles, fala o seguinte sobre os judeus:

Com o dinheiro que têm, eles se apoderaram da mídia internacional, das agências de notícias, da imprensa, das editoras, das estações de rádio e muito mais. Com o dinheiro que têm, incitaram revoluções em várias partes do mundo, com o propósito de alcançar seus interesses e colher os frutos disso. Estiveram por trás da Revolução Francesa, da revolução comunista e da maioria das revoluções de que tivemos ou temos notícias, aqui e acolá... Com o dinheiro que têm, conseguiram controlar países imperialistas e instigá-los a colonizar muitos países, para permitir que explorassem os recursos locais e espalhassem a corrupção.
Conseguiram a Declaração Balfour e formaram a Liga das Nações, para controlar o mundo todo. Estiveram por trás da Segunda Guerra Mundial, quando obtiveram muitos ganhos financeiros ao negociar armamentos, abrindo caminho para o estabelecimento de seu Estado. Foram eles que induziram a substituição da Liga das Nações pelas Nações Unidas e pelo Conselho de Segurança, para assim controlar o mundo através deles.[5]

---

e acima de tudo, os sionistas não tinham uma pátria própria, mandando que fossem para uma terra estrangeira, de modo a explorar seus recursos. De fato, o Império Britânico apoiou o sionismo no encerramento da Primeira Guerra Mundial, mas o Reino Unido acabou cedendo à pressão árabe e virou as costas para o sionismo às vésperas da Segunda Guerra Mundial, praticamente proibindo por completo a imigração judaica para Israel. Por fim, o Estado judeu foi criado, não por benevolência do Império Britânico, mas por uma violenta batalha justamente contra ele. Muitos israelenses se consideram refugiados da Europa, ou até órfãos da Europa, mas de modo algum emissários *do* continente europeu.

[5] "Hamas Covenant 1988: The Covenant of the Islamic Resistance Movement" [Pacto do Hamas 1988: O Pacto do Movimento de Resistência Islâmica], 18 de agosto de 1988, artigo 22, disponível em: http://avalon.law.yale.edu/20th_century/hamas.asp.

As teorias conspiratórias antissemitas nascidas na Europa encontraram um novo lar no coração da resistência palestina. Os mitos são os mesmos. Os israelenses temem que seja o mesmo antissemitismo.

Os palestinos enxergam nos israelenses o colonialismo europeu; os israelenses enxergam nos palestinos o antissemitismo europeu. Cada um dos lados vê o outro como representante da Europa em sua versão mais feia e ameaçadora. Cada um dos lados vê o outro como produto de um fenômeno mais amplo, do qual enxerga a si mesmo como vítima. Na narrativa palestina, eles são vítimas de Israel. Na narrativa israelense, eles são vítimas dos palestinos. Nesse conflito, ambos os lados são vítimas de suas próprias vítimas.

Esse é um dos motivos que explica por que o debate é tão desgastado e cheio de ressentimento.[6] Em termos psicológicos, vítimas não conseguem sentir empatia por seus agressores; assim, quando ambos os lados se veem como vítimas, a empatia necessariamente some, e a compreensão se afasta ainda mais.

O debate entre judeus e palestinos tem salvação? Se é possível encontrar algum caminho para a escuta e o entendimento, talvez seja pela via da religião. Quando foi eleito primeiro-ministro do Reino Unido, Tony Blair arregaçou as mangas para ajudar as partes beligerantes da Irlanda do Norte a chegarem a um acordo. Quando perguntaram a ele por que achava que teria sucesso se muitos no passado já haviam fracassado, Blair respondeu que sabia de algo que seus antecessores não sabiam: que a religião não era apenas parte do problema; que poderia ser também parte da solução.[7] Como é que logo a religião, que cultiva o fanatismo, semeia a violência e amplia o abismo entre israelenses e palestinos poderia servir também de ponte entre eles?

Uma resposta fértil pode ser encontrada *in loco*. Num evento inter-religioso que aconteceu em Jerusalém, no verão de 2016, aos pés do Monte Sião, representantes religiosos judeus e muçulmanos se reuniram para

---

[6] Para uma detalhada análise psicológica sobre esse sentimento de vitimização mútua, ver Padraig O'Malley, *The Two-State Delusion: Israel and Palestine — A Tale of Two Narratives*. Nova York, Penguin, 2006, p. 47.

[7] O primeiro-ministro Tony Blair disse isso ao rabino-chefe da Inglaterra, Sir Jonathan Sacks, que compartilhou a história com membros do Fórum Global da Biblioteca Nacional de Israel, numa conferência em dezembro de 2016.

entoar cânticos de louvor, em uníssono, para o Deus único de Abraão.[8] Um evento desses não deveria ser tão inusitado: o judaísmo e o islamismo possuem muitas características em comum. Ambos acreditam em um único Deus, ambos têm um corpus de leis religiosas e, ainda, um herói em comum: Abraão ou Ibrahim. Um dos participantes do evento, o filósofo Meir Buzaglo, compartilhou comigo uma reflexão reveladora. Nas últimas décadas, propagou-se a noção de que o judaísmo pertenceria a uma herança comum judaico-cristã. Buzaglo propõe que se substitua a narrativa judaico-cristã por uma narrativa judaico-muçulmana. O judaísmo teria mais em comum com o islamismo do que com o cristianismo. Fiquei surpreso com essa ponderação, e descobri que ela tem consequências muito vastas.

A tentação subentendida na adesão à narrativa judaico-cristã é que ela permite aos judeus se sentirem em casa em meio à cultura ocidental. Porém, essa narrativa cobra um alto preço, porque embora conecte os judeus ao Ocidente, por outro lado os isola do Oriente Médio. Cultivar uma narrativa judaico-muçulmana traz muitas vantagens. Se os judeus sentirem que fazem parte de uma narrativa que inclui o Islã, e se os muçulmanos sentirem que fazem parte de uma narrativa que inclui o judaísmo, talvez seja possível forjar uma nova consciência. Até hoje, as histórias que os judeus e os muçulmanos contam uns sobre os outros acabam colocando um lado contra o outro. Numa eventual história judaico-muçulmana, eles estariam juntos, um *com* o outro.

Os judeus não podem ser convencidos a aceitar a narrativa palestina, assim como os palestinos não podem ser convencidos a aceitar a narrativa israelense, mas os dois talvez sejam capazes de transcender ambas as narrativas e criar uma nova narrativa, maior que a soma das partes. A religião tem como ajudar os dois lados a cultivar um clima propício a reabilitar a capacidade de judeus e palestinos de ouvirem um ao outro.[9]

---

[8] O evento fez parte do Festival de Música Sacra de Jerusalém.

[9] Existem alicerces teológicos profundos sobre os quais uma narrativa conjunta judaico-muçulmana poderia ser construída. Ideias religiosas encontradas na esfera do discurso muçulmano poderiam ser sintetizadas com aquelas encontradas na esfera do discurso judaico, formando uma nova esfera de discurso comum a ambos os mundos. Essa síntese já ocorreu uma vez no passado. Os maiores filósofos judeus, sendo Maimônides o principal deles, se enxergavam como parte de um debate teológico mais amplo, conduzido em árabe e desenvolvido por pensadores muçulmanos. A síntese também tem alicerces culturais bem firmes. Muitos israelenses são filhos e netos de judeus falantes de árabe que cresceram num

Infelizmente, muito a contragosto, preciso pontuar aqui os limites desse tipo de pensamento radical. Na prática, líderes religiosos de Israel não usam hoje em dia textos sagrados para promover o entendimento, cultivar empatia ou gerar unidade de propósito entre todos os filhos de Abraão. Na prática, as vozes mais proeminentes entre os líderes religiosos muçulmanos não identificam os judeus como aliados religiosos ou culturais. Talvez, num mundo ideal, a religião possa aproximar as pessoas, mas na realidade atual o que vemos é que a religião tem promovido o afastamento.

Uma condição básica para migrarmos da realidade de hoje para um mundo ideal é que a interpretação dominante da religião se transforme. O já falecido rabino Menachem Froman, pioneiro da coexistência, dizia que tanto o judaísmo quanto o islamismo precisavam se redescobrir.[10] Para ele, os dois lados teriam que passar por uma completa transformação, para conseguir entender um ao outro.

Aí reside a fragilidade dessa ideia. Para que a religião transforme o modo como as pessoas enxergam a realidade, antes de tudo as pessoas precisam transformar o modo como encaram a religião. Não se pode esperar uma mudança de atitude a partir da evolução de interpretações, porque a mudança de atitude é pré-condição para as intepretações evoluírem. Trata-se de uma espécie de ciclo vicioso: as pessoas já precisam ser tolerantes para que a religião as faça tolerantes.

O debate entre judeus e palestinos está esfacelado, e o debate entre judeus e judeus também está — mas não dá para comparar a profundidade dessas feridas. Como vimos, há grandes obstáculos que impedem o uso da religião e da cultura em prol de um entendimento mútuo entre israelenses e palestinos. Porém, o debate entre judeus poderia ser restaurado pela inspiração em uma cultura comum — o Talmud.

---

ambiente cultural muçulmano. Buzaglo disse a mim, por exemplo, que os judeus *mizrahi* poderiam muito bem abrir caminho para uma nova narrativa judaico-muçulmana. Se o século XX produziu filósofos como o rabino Abraham Joshua Heschel, que enfatizavam a herança e o destino comuns do cristianismo e do judaísmo, o século XXI não poderia, de forma similar, produzir filósofos capazes de expressar a herança e o destino comuns do judaísmo e do islamismo?

[10] As palavras do rabino Froman foram relatadas a mim por intermédio de um de seus alunos, o poeta Eliaz Cohen.

UM CORAÇÃO COMPREENSIVO

O Talmud é a principal fonte de autoridade na lei religiosa judaica. Todas as leis religiosas que os judeus cumpriram ao longo das gerações, e que continuam a cumprir, derivam dos textos talmúdicos. Mas o leitor comum talvez fique surpreso ao descobrir que o Talmud não enumera as leis que os judeus devem seguir; na verdade, registra os debates acerca dessas leis. O Talmud é um exemplo único em meio aos diversos tomos de lei religiosa, porque ele não canoniza a lei em si, mas as divergências sobre ela. Posicionamentos legais invalidados não fazem parte do mundo prático do judaísmo, mas continuam parte de seu mundo intelectual. Logo, mesmo que não ajam de acordo com esses posicionamentos invalidados, os judeus ainda assim precisam estudá-los e compreendê-los. Posicionamentos invalidados continuam sendo parte do mundo da Torá, mesmo não fazendo parte da lei religiosa.

O debate talmúdico do passado é o oposto do debate político do presente. Hoje, quando as pessoas adotam um dos posicionamentos disponíveis no "mercado de ideias", param de ouvir os posicionamentos deixados para trás. Muitas vezes, chegam a atacar esses posicionamentos, inclusive menosprezando aqueles que os defendem. Esse cenário deprimente não descreve apenas o debate político dentro de Israel; nos últimos anos, o Ocidente em geral vem perdendo sua capacidade de escuta. Nos Estados Unidos, os liberais enxergam os conservadores exatamente da mesma forma que os conservadores enxergam os liberais. Um lado vê o outro como uma multidão de gente perigosa que professa crenças imorais, capazes de ameaçar a sociedade como um todo.

As redes sociais só agravam o problema. Comentários complexos e com muitas nuances não viralizam. Nas redes sociais, amplifica-se o que é grosseiro e antagônico, incentivando um estilo de escrita que demoniza o outro lado e silencia qualquer curiosidade que possa surgir sobre ele. No clima atual, qualquer opinião que não escolhemos ouvir é removida de nossa esfera de interesse.

O modelo de debate do Talmud levanta questões importantes para o modelo de debate do Ocidente e oferece uma interessante alternativa cultural. De acordo com o Talmud, o homem tem a obrigação de estudar a Torá. Ele cumpre esse mandamento quando faz um esforço de estudar e interpretar não apenas suas próprias crenças, mas também as crenças que escolhe *não* seguir. Os autores do Talmud compreendiam a magnitude do desafio. É assim que descrevem a perplexidade de um homem que estuda a Torá e de repente se depara com a multiplicidade de opiniões que há nela: "Alguns desses sábios apresentam um objeto ou uma pessoa como ritualmente impuros, enquanto outros os apresentam como puros; uns proíbem determinada ação, enquanto outros permitem; uns consideram tal item inválido, ao passo que outros o consideram válido. Alguém perguntará: Então, como posso estudar a Torá se ela contém tantas opiniões diferentes?".[11]

A resposta dos autores é que o estudioso precisa desenvolver uma capacidade especial de escuta, um "coração compreensivo", como explicam, para que seja possível ouvir com empatia qualquer posicionamento e também seu contrário:

Então você também, estudioso, faça de seus ouvidos um funil e adquira para si mesmo um coração compreensivo para ouvir tanto as declarações daqueles que apresentam os objetos como ritualmente impuros quanto as declarações dos que os apresentam como puros; as declarações daqueles que proíbem ações e as declarações daqueles que as permitem; as declarações dos que consideram itens inválidos e as declarações dos que os consideram válidos.[12]

O conflito árabe-israelense não é a única coisa que afeta os israelenses — o debate sobre o conflito também os afeta. O conflito pode até aprofundar as divergências entre os israelenses e seus vizinhos, mas a forma como eles falam sobre a questão acaba aprofundando as divergências entre israelenses e outros israelenses. Nesta seção, abordei o conflito, mas tratei principalmente dos debates dos israelenses *sobre* o conflito. Tentei, ao longo do caminho, adquirir um coração compreensivo; ouvir com empatia diferentes pontos de vista; e, guiado pelo espírito do Talmud, tentei restaurar o debate esfacelado que predomina hoje em Israel.

---

[11] Talmud babilônico, Chagigah 3b, traduzido por Adin Steinsaltz. In: *The William Davidson Talmud*. Sefaria Library. Sefaria.org.
[12] Ibid.

PARTE III
A ESFERA DO DISCURSO PRAGMÁTICO
—

Sempre que uma teoria se apresentar a você como a única possível, tome isso como um sinal de que você não entendeu nem a teoria nem o problema que ela pretendia resolver.
Karl Popper

INTRODUÇÃO

UM ESTADO E ALGUNS SONHOS

Ao longo de gerações, os judeus acalentaram um sonho duplo: se libertar do jugo de não judeus e viver na Terra de Israel. O movimento sionista transformou ambos os sonhos em realidade. Os israelenses que vivem hoje num país livre e soberano nem sempre reconhecem que representam a concretização desses sonhos. Porém, o Estado de Israel não proporcionou apenas a realização de sonhos — ele também os destruiu. Por ocasião do nascimento do país, seu pai fundador, David Ben-Gurion, fez três concessões ideológicas nefastas: sacrificou o caráter secular de Israel, apoiou a partilha da terra e comprometeu a visão do socialismo.

SECULARISMO EM XEQUE

Para muitos judeus que chegaram com a Segunda e a Terceira Aliá — nas ondas de imigração de 1904 a 1914 e de 1919 a 1923 —, a transição não era apenas do Exílio para a Terra de Israel, mas também das restrições da religião para a liberdade religiosa. Eles sonhavam com uma vida livre da irracionalidade da tradição e do peso sufocante da lei religiosa. Alçaram David Ben-Gurion à liderança de seu movimento político e lhe deram a tarefa de fundar um Estado esclarecido, racional e secular. Mas Ben-Gurion não conseguiu atingir esses objetivos. Em vez disso, estabeleceu uma aliança com a comunidade ultraortodoxa, definindo a relação entre religião e Estado em Israel e concedendo aos rabinos ortodoxos o controle sobre as questões religiosas do país. Isso resultou numa incrível ironia: o Estado criado por rebeldes seculares agora consagrava uma legislação religiosa; o Estado concebido como uma revolta contra a religião continha elementos de coerção religiosa.

Por que Ben-Gurion agiu dessa forma? A resposta pode ser encontrada nas deliberações que conduziram à resolução da ONU de 29 de novembro de 1947, cuja proposta era a partilha da terra em dois Estados, um judeu e um árabe.[1] As Nações Unidas chegaram a essa decisão com base nas recomendações de um comitê especial enviado à Palestina para examinar se os judeus e os árabes tinham condições de estabelecer seus próprios Estados-nação. O comitê, conhecido como UNSCOP, entrevistou representantes da população judaica da Palestina para determinar se essa sociedade poderia funcionar como um Estado soberano.

No decorrer de sua missão investigativa, o UNSCOP também convocou representantes do "Antigo Yishuv", a comunidade judaica mais antiga na Terra de Israel. Ben-Gurion ficou muito preocupado com essa convocação. Ele temia que os ultraortodoxos e, especialmente, os membros antissionistas do Antigo Yishuv se opusessem ao estabelecimento de um Estado judeu, o que levaria o comitê a concluir que os judeus não eram capazes de estabelecer um Estado estável, ancorado em amplo consenso dentro da sociedade judaica. Para neutralizar essa ameaça, Ben-Gurion deu início a um diálogo crucial com os líderes do Antigo Yishuv e negociou uma aliança desastrosa: os ultraortodoxos não boicotariam os esforços diplomáticos para criar um Estado judeu e, em troca, ganhariam influência sobre o caráter judaico do Estado. As impressões digitais desse assim chamado acordo de status quo continuam evidentes dentro de Israel, na relação entre religião e Estado. Para possibilitar a criação do Estado, Ben-Gurion estava disposto a abrir mão de seu caráter secular.

──────────── SOCIALISMO EM XEQUE

Para muitos dos fundadores de Israel, o propósito do sionismo era promover o socialismo. Eles acreditavam que o futuro Estado não só libertaria os judeus do jugo de não judeus como também libertaria os trabalhadores do jugo de capitalistas. O Estado de Israel seria ao mesmo tempo um porto seguro para os judeus e uma sociedade construída a partir da solidariedade entre a classe trabalhadora. O próprio Ben-Gurion promovia essa dupla

---

[1] Ver Israel Kolatt, "Religion, Society, and State During the Period of the National Home". In: Shmuel Almog, Jehuda Reinharz e Anita Shapira (orgs.), *Zionism and Religion*. Hanover, N.H., Brandeis University Press, em associação com o Zalman Shazar Center for Jewish History, University Press of New England, 1998, p. 366.

visão. Como líder do Partido dos Trabalhadores da Terra de Israel (Mapai), ele sonhava, nas décadas de 1920 e 1930, com uma sociedade sem classes e igualitária. Porém, quando percebeu que esses dois objetivos não poderiam ser completamente conciliados, Ben-Gurion optou pelo sionismo em vez do socialismo e pela defesa dos interesses do Estado do povo judeu, e não do status da classe trabalhadora.

Em nome dos interesses do *mamlachtiyut* — o abrangente princípio de Ben-Gurion de priorizar os interesses nacionais em detrimento dos sectários —, ele desmantelou o Palmach, as unidades de combate de elite, associadas à esquerda. Na mesma linha, acabou com a "Corrente dos Trabalhadores" — o sistema especial de educação para a classe trabalhadora —, incorporando-a ao sistema nacional de educação.[2]

Contudo, o maior golpe ao socialismo foi dado quando Ben-Gurion optou por estabelecer relações estratégicas com os Estados Unidos, e não com a União Soviética. A comunista União Soviética teria sido uma parceira natural para um Estado fundado por imigrantes revolucionários da Rússia que queriam construir uma sociedade socialista exemplar no Oriente Médio. Mas Ben-Gurion acreditava que o Estado de Israel ficaria mais forte se marchasse ao lado dos capitalistas norte-americanos. Apesar das vigorosas objeções de seus companheiros da esquerda, ele decidiu criar uma aliança estratégica com os Estados Unidos. Ben-Gurion julgava que a força e o poder de Israel eram, no fim das contas, mais importantes do que a visão socialista que ele fora incumbido de implementar.

O PLANO DE PARTILHA

No fim da década de 1930, quando apareceu pela primeira vez na agenda do movimento sionista, a ideia de dividir a terra entre judeus e árabes encontrou muita resistência. Um de seus opositores mais contundentes foi Menachem Ussishkin, que fez a seguinte pergunta: "Uma nação tem o direito de renunciar à sua herança?". E ele mesmo respondeu, simples e

---

[2] Para mais detalhes sobre o princípio de Ben-Gurion de *mamlachtiyut*, ver Natan Yanai, "Ben-Gurion's Concept of *Mamlachtiyut*" [O conceito de *mamlachtiyut* de Ben-Gurion"]. *Cathedra 45* (setembro de 1987), p. 169-189 (hebraico).

direto: "Não faremos isso".[3] Ussishkin falava em nome de muitos membros do movimento sionista: eles temiam que as demandas dos diversos planos de partilha que resultariam em um Estado reduzido acabassem reduzindo também sua consciência histórica.

Em princípio, Ben-Gurion concordava com essa hipótese, mas ainda assim apoiava a partilha. Acreditava piamente que era melhor abrir mão do sonho de soberania sobre toda a Terra de Israel de modo a garantir a criação de um Estado em parte dela. Quando os líderes da Agência Judaica se reuniram para debater o Plano de Partilha da ONU, ele foi aceito com muita dificuldade — cinco votos contra, e sete a favor. Para Ben-Gurion, era fundamental salientar que o voto não era a proposta da Agência Judaica e sim uma resposta à proposta das Nações Unidas. Foi muito custoso a ele esclarecer que a fundação de um Estado judeu em apenas *parte* da terra não era uma aspiração do sionismo, mas uma concessão por parte dos sionistas.

A liderança visionária de Ben-Gurion transformou ideias em fatos, e sonhos em realidade, mas para criar esses fatos ele teve que abandonar alguns de seus sonhos. Sacrificou o sonho do secularismo quando estabeleceu uma aliança com os ultraortodoxos; cedeu na questão do socialismo ao desmantelar o Palmach, pôr fim ao sistema educacional dos trabalhadores e também ao optar por uma aliança com os Estados Unidos; quanto à unidade territorial, fez uma concessão no momento em que concordou com o Plano de Partilha da ONU. Se não tivesse negociado com os ultraortodoxos, talvez o comitê da ONU não recomendasse a criação de um Estado judeu. Se não tivesse dissolvido as instituições do socialismo, as instituições de um Estado-nação não poderiam ter sido criadas. Por fim, se não tivesse feito uma concessão no âmbito da unidade territorial, não teria sido possível estabelecer um Estado nem em parte da terra.

A crença dominante é que se não fossem as grandes ideias e ideologias de seus fundadores, o Estado de Israel não teria nascido. Mas na verdade é justamente o contrário: se os pais-fundadores de Israel tivessem se agarrado tenazmente a suas ideologias, o Estado nunca teria sido criado.

---

[3] Menachem Ussishkin, discurso no Vigésimo Congresso Sionista (1937): *Protocols of the Third Meeting of the Twentieth Zionist Congress and the Fifth Session of the Jewish Agency Council* [Protocolos da Terceira Reunião do Vigésimo Congresso Sionista e da Quinta Sessão do Conselho da Agência Judaica]. Zurique, 3-21 de agosto de 1937, registro estenográfico. Jerusalém, Organização Sionista Mundial e Agência Judaica, 1937, p. 38 (hebraico).

O Estado destinado a concretizar tantos sonhos deve sua existência aos visionários que se dispuseram a abrir mão desses sonhos.[4]

O PROBLEMA REFRASEADO

Em *Ardil-22*, famoso romance de Joseph Heller publicado em 1961, a narrativa se desenvolve durante a Segunda Guerra Mundial. Um dos heróis do livro é Orr, piloto que acaba enlouquecendo por conta dos constantes combates aéreos. A princípio, soldados que perdem a lucidez devem ser dispensados do serviço militar, mas Orr não consegue se liberar. Por quê? Ora, de acordo com o protocolo, ele precisa requisitar uma dispensa formal. Mas se ele é capaz de fazer essa solicitação, o ato em si já é tomado como prova de sua lucidez, comprometendo a argumentação para sua dispensa.

Eis o impasse: para ser declarado incapaz para o combate, o soldado primeiro precisa alegar insanidade, mas fazer isso inevitavelmente prova sua sanidade e, portanto, sua aptidão para o combate. A única medida que o soldado pode tomar para se liberar do serviço militar é a mesma que vai comprovar que ele não pode ser dispensado. Essa é a situação que Heller chama de "Ardil-22". Com o passar dos anos, o termo acabou sendo aplicado a qualquer situação em que um indivíduo se encontra preso num impasse absurdo.

O pensamento dos israelenses sobre o conflito com os palestinos está atolado num impasse similar. Eles estão presos numa situação que mais

---

[4] Berl Katznelson, parceiro ideológico de Ben-Gurion, morreu antes da fundação do Estado, mas foi ele o responsável por conduzir o movimento trabalhista de uma posição ideológica inflexível para uma forma de pensar mais leve e dinâmica. Katznelson acreditava que as ideias deviam moldar a realidade, mas que também deveriam poder *ser moldadas* por ela. Considero essa uma perspectiva "pragmática".
Porém, há quem discorde. O escritor israelense Assaf Inbari, por exemplo, argumenta que Berl Katznelson não deveria ser considerado um pragmático. Num ensaio elucidativo, Inbari demonstra que o caminho de Katznelson deveria ser encarado como um movimento, e não como exemplo de pragmatismo. O pragmatismo, segundo ele, implica negociar seus próprios valores — enquanto um movimento *concretiza* valores. A diferença é que movimentos se propõem a concretizar valores que já são dinâmicos, e não rígidos, condizendo a uma realidade dinâmica. Ver Assaf Inbari, "Berl's Option". *Panim*, agosto de 2001 (hebraico). Disponível no site de Assaf Inbari.

parece um beco sem saída. A ação que pode salvá-los do conflito é justamente a ação capaz de aprofundar o conflito e piorá-lo. A retirada dos territórios transformaria o problema demográfico num problema de segurança, ao passo que a permanência nos territórios resolveria a ameaça à segurança ao custo de se perpetuar a ameaça demográfica. A ação que elimina um risco catastrófico apenas o converte em outro risco, não menos catastrófico. Esse é o impasse do qual Israel precisa se livrar.

Seria muito mais produtivo se os israelenses parassem de definir a situação como um "problema" e passassem, em vez disso, a tratá-la como um "impasse". Por quê? Porque espera-se que os problemas sejam resolvidos, mas esse problema não tem solução. Um "impasse", no entanto, não se espera que seja resolvido, e sim que se escape dele. E é muito provável que Israel consiga escapar desse impasse de 1967.

Procurar uma saída para um "impasse" em vez de uma solução para um problema cria expectativas mais baixas e realistas do que aquelas por trás de grandes iniciativas diplomáticas. Ainda assim, os israelenses precisam lembrar que mesmo que consigam encontrar uma rota de fuga, o problema não vai desaparecer; vai apenas mudar de forma. De um problema que ameaça a existência de Israel, ele se transformaria em parte essencial de sua existência.

A medicina lida o tempo todo com questões desse tipo: quando uma doença incurável ataca o corpo humano, pode resultar em morte. Algumas doenças devastadoras podem ser curadas, enquanto para outras a cura total é impossível. Porém, mesmo quando uma doença fatal não apresenta possibilidades de cura, os doentes ainda assim podem encontrar formas de lidar com ela. Por vezes, uma intervenção médica não consegue eliminar completamente uma doença maligna, mas pode limitar seus danos. A intervenção talvez transforme uma doença possivelmente fatal em uma doença apenas crônica. Logo, a medicina nos ensina que mesmo quando um problema ameaçador não pode ser removido, há esperanças de que a ameaça possa ser removida do problema.

Para escapar do "impasse", os israelenses precisam abrir mão da devastadora escolha entre um Estado com uma maioria judaica defensável, mas fronteiras indefensáveis, e um Estado com fronteiras defensáveis, mas uma maioria judaica ameaçada. Precisam criar uma nova realidade, em que o Estado de Israel tenha fronteiras que permitam a ele se defender da maioria muçulmana à sua volta, sem ficar vulnerável a uma potencial maioria muçulmana dentro de seu território. Já foram levantadas diversas ideias para traçar uma rota de fuga para esse impasse, mas todas elas implicam um alto preço: a fim de garantir essas rotas de fuga e, portanto, a sobrevivência de Israel, os israelenses terão que renunciar a alguns de seus sonhos.

Terão que abandonar os sonhos de um amplo acordo de paz que finalmente encerraria o conflito, abolindo as hostilidades e garantindo a Israel fronteiras reconhecidas internacionalmente. Terão que ficar em paz com a ideia de que a iniciativa de assentar a Judeia e a Samaria precisa acabar e que não haverá mais assentamentos no centro histórico e bíblico do povo judeu. Chegar a essa dupla percepção — abrir mão da visão sagrada de paz e da ideia sagrada de assentamento — pode abrir espaço para uma ampla paisagem intelectual cheia de planos e ideias com potencial de resgatar Israel de seu atual impasse.

Os fundadores de Israel tiveram que sacrificar alguns de seus sonhos para que o Estado fosse criado. Agora, os israelenses também precisam sacrificar alguns de seus sonhos para que ele continue existindo. Ao pensar no impasse de 1967 e em como podem salvar o país, precisam retomar o pragmatismo original de Ben-Gurion — a própria força que criou o país.

O LIVRO NÃO ACABA AQUI

Este livro poderia ter terminado na Parte II. Depois de explorar as principais ideologias e examinar seus argumentos centrais, concluí com uma abordagem filosófica sobre o debate político dentro de Israel. De fato, minha ideia inicial ao escrever este livro não era oferecer uma solução para os problemas políticos de Israel, mas ajudar a recuperar o debate político do país. Porém, se o livro terminasse ali, ficaria incompleto. Depois de propor uma abordagem prática, não ideológica, como chave para salvar o debate israelense de sua atual enfermidade, preciso também esclarecer o que essa abordagem significaria em termos práticos. Não é suficiente apenas defender um modo pragmático de pensar — é essencial ir além, ilustrando esse modo de pensar. Ora, como a própria tradição judaica nos ensina, uma filosofia sem prática é, por natureza, incompleta.

O trabalho desta seção final, de cunho prático, exigiu que eu saísse de minha zona de conforto. Em vez de refletir sobre ideias, fui me encontrar com diversas pessoas. Conduzi uma série de debates com representantes das áreas de segurança e inteligência de Israel, bem como do setor intelectual e cultural do mundo palestino. As pessoas com quem me encontrei pediram para não ser identificadas, mas eu lhes agradeço do fundo do coração pelas dezenas de horas de conversas instigantes. Sem elas, jamais teria conseguido arregaçar as mangas e saltar do exame de argumentos para a exploração de iniciativas práticas.

Apresentarei dois planos: O Plano de Paz Parcial e o Plano de Divergência. Alguns leitores talvez se sintam inclinados a categorizar o primeiro como "esquerda moderada" e o segundo como "direita moderada", mas espero que abram mão de atribuir rótulos. Meu objetivo não é fazer uma distinção entre esquerda e direita, mas entre pragmatismo e idealismo. Acredito que esses dois planos ilustram como fazer uma transição rumo a um modo pragmático de pensar.

As ideias que vou apresentar não são minhas, tampouco são novas ou originais. Seus elementos foram extraídos de planos e ideias de especialistas, generais e políticos; eu apenas as reuni, dei algum polimento e as utilizei para construir dois planos práticos, com estilos diferentes. O mais importante é que essas ideias foram organizadas dentro da esfera do discurso pragmático: um amplo sistema intelectual, vasto o bastante para abarcar uma extensa e diversa gama de ideias práticas.

Ao expor essas propostas, não entrarei em algumas questões profundas e complexas, como a conturbada situação dos árabes israelenses, a imagem e a reputação internacional de Israel, nem a relação entre a Cisjordânia e a Faixa de Gaza, ou outros problemas importantíssimos que merecem dedicação minuciosa e extensa. Só vou apresentar ideias que afetam diretamente o impasse no centro deste debate: a retirada dos territórios poderia salvar Israel de uma ameaça existencial, mas inevitavelmente criaria outra.

Os planos descritos a seguir são para fazer pensar. O intuito não é persuadir, mas ilustrar e, acima de tudo, incentivar os israelenses a baixarem as expectativas. Agindo assim, as esperanças não devem ser no sentido de encerrar o conflito e acabar com o ódio de uma vez por todas — mas de transformar um problema catastrófico em um problema apenas crônico, com o qual é possível aprender a conviver.

CAPÍTULO 10
O Plano de Paz Parcial

ESDE A GUERRA dos Seis Dias, a concepção difundida no sistema de defesa israelense é de que a Judeia e a Samaria estão divididas, quase por coincidência, em duas zonas: nas áreas mais vitais à defesa de Israel, a população palestina é muito esparsa, enquanto as áreas com maior população palestina são as menos críticas para a defesa do país. Essa concepção sugere uma solução simples e elegante: Israel deveria abrir mão das áreas habitadas e manter o controle sobre as áreas necessárias à sua própria defesa. Assim, como num passe de mágica, a ocupação do povo palestino terminaria sem ameaçar o povo judeu.

Essa ideia básica, já apresentada em diferentes versões, identifica-se mais com o plano proposto em julho de 1967 pelo ministro da Defesa Yigal Allon.[1] O Plano Allon pautava-se na premissa de que a presença militar no Vale do Jordão faria com que a retirada do restante dos territórios não proporcionasse riscos à segurança de Israel e a sua sobrevivência.[2] A lógica militar subjacente é que a presença militar de Israel no Vale do Jordão garantiria a desmilitarização do Estado a ser estabelecido

---

[1] O plano foi apresentado pela primeira vez em 29 de julho de 1967. Ver o website do Centro Yigal Allon (bet-alon.co.il), bem como o livro de Anita Shapira, *Yigal Allon, Native Son: A Biography*, traduzido por Evelyn Abel. Filadélfia, University of Pennsylvania Press, 2008.

[2] Essa área é delimitada a leste pela fronteira com a Jordânia, a oeste, pela Estrada Allon, ao norte, por Nahal Bezek, e, ao sul, pela porção norte do Mar Morto. Ver Lee Cahaner, Arnon Sofer e Yuval Kna'na, *The Future of the Jordan Valley: Keeping It Under Israeli Sovereignty, Pros and Cons* [O futuro do Vale do Jordão: mantê-lo sob soberania israelense, prós e contras]. Haifa, Haifa University Press, 2006, p. 9 (hebraico).

a oeste.³ A área que Israel desocuparia, entre o Vale do Jordão a leste e a Linha Verde a oeste, seria uma zona não israelense, mas sua desmilitarização continuaria sendo imposta por tropas israelenses.⁴ Sob o Plano Allon, Israel deixaria de se estender do Mar Mediterrâneo ao Rio Jordão, mas sua fronteira de segurança continuaria sendo o Rio Jordão.⁵

Esse plano foi apresentado pela primeira vez ao público israelense logo após a Guerra dos Seis Dias. As décadas que se passaram de lá para cá não o fizeram perder nada de sua relevância. Pelo contrário: a importância do

---

³ Muita gente conhece o Plano Allon por conta do mapa das novas fronteiras propostas por Israel; ver, por exemplo, o livro de Martin Gilbert, *The Routledge Atlas of the Israeli-Arab Conflict*, 10ª edição. Londres, Routledge, 2012, p. 137. Porém, Yigal Allon evitava desenhar mapas. Ele entendia o plano mais como uma concepção geral do que um mapa específico, algo que deveria continuar dinâmico e adaptável à luz das transformações. Ver Udi Manor, *Yigal Allon: Political Biography, 1949-1980* [Yigal Allon: biografia política, 1949-1980]. Or Yehuda, Dvir, 2016, p. 276 (hebraico).

⁴ A fragilidade desse argumento é que, na realidade atual, em que o conhecimento e o know-how tecnológico são facilmente transmitidos pela internet, os moradores da Judeia e da Samaria conseguiriam descobrir por conta própria como fabricar armas. Logo, a presença israelense no Vale do Jordão e em seus pontos de passagem seria insuficiente: para garantir a completa desmilitarização dos territórios, o Exército israelense teria que manter sua presença em toda a área. Essa questão me foi apresentada por diferentes militares experientes. No entanto, também ouvi o argumento contrário: que a relativa calma desde 2004 (e até pelo menos o final de 2016) não é tanto resultado da presença militar de Israel na Judeia e na Samaria, e sim, acima de tudo, dos esforços da Autoridade Palestina e de sua coordenação com Israel. Os mesmos militares enfatizaram que a perpetuação do status quo na verdade põe em risco essa vital coordenação de segurança.
Como já foi mencionado, faço uma distinção entre dois tipos de ameaças: ameaças à segurança e ameaças existenciais. Aqui, elaboro um pouco mais. A ameaça envolvida na retirada do Vale do Jordão é diferente daquela envolvida na retirada do restante dos territórios. Se a retirada de outras partes dos territórios representaria uma ameaça à segurança, uma retirada do Vale do Jordão, em específico, constituiria uma ameaça existencial. A intenção do Plano de Paz Parcial é proteger Israel da ameaça demográfica existencial, sem convertê-la em mais uma ameaça existencial. Assim, embora o plano não esteja livre de ameaças à segurança, pelo menos faria Israel se libertar do impasse existencial.

⁵ Provavelmente seria necessário criar corredores territoriais conectando o Estado Palestino desmilitarizado e o Reino da Jordânia. Esses corredores atravessariam a zona de segurança formada pelo Vale do Jordão entre a Jordânia e a Palestina e constituiriam a principal porta de entrada e de saída para a Palestina. Esses cruzamentos poderiam ser supervisionados, mas mesmo assim teriam que permitir que o tráfego fluísse e respirasse.

Vale do Jordão para a segurança de Israel só fez aumentar desde os episódios da Primavera Árabe. O caos absoluto que assolou o Oriente Médio e acabou derrubando regimes e obliterando ordens predominantes reforça o argumento de que uma contínua presença militar israelense no Vale do Jordão ainda é imprescindível para qualquer acordo futuro.

O colapso da ordem vigente no Oriente Médio transformou milhões de indivíduos em refugiados; muitos estão fugindo da região, mas a maioria está fugindo *dentro* da região. Vários deles são palestinos.[6] Se fosse criado um Estado palestino, centenas de milhares desses refugiados provavelmente cruzariam o Vale do Jordão, inundando a Palestina e desestabilizando um país que teria sido recém-criado. A migração não planejada de milhões de refugiados para a Palestina traria consigo o caos do Oriente Médio para dentro das fronteiras da Palestina. Estados mais antigos e estabelecidos já sucumbiram às forças da brutalidade desencadeada pela Primavera Árabe. A transferência dessas forças poderosas para o interior de uma nova e vulnerável Palestina provavelmente levaria o novo país ao colapso.

A lógica de uma presença militar israelense no Vale do Jordão vem se apoiando até hoje na ideia de que assim se evita a entrada de forças militares ou o contrabando de milhares de armas para a Palestina.[7] A isso

---

[6] Ver Khaled Abu Toameh, "The Secret Ethnic Cleansing of Palestinians". Gatestone Institute, 10 de agosto de 2015. A esse respeito, a análise de Amnon Lord também é interessante: Amnon Lord, "Abu Mazen Sacrifices 18.000 Refugees in the Name of the Palestinian Right of Return" ["Abu Mazen sacrifica 18.000 refugiados em nome do direito de retorno palestino"]. *Mida*, 26 de maio de 2015 (hebraico).

[7] Uma das maiores falhas estratégicas em propostas de acordo permanente é que o Vale do Jordão não permaneceria sob o controle de Israel no longo prazo. Nos parâmetros de Bill Clinton para um acordo final, por exemplo, as IDF manteriam alguns postos militares no Vale do Jordão durante seis anos, mas depois disso teriam que se retirar. Outros planos mencionam apenas uma presença de longo prazo de tropas internacionais. A experiência de diversas rodadas de negociação ensina que não há possibilidade de um abrangente acordo de paz se o Vale do Jordão permanecer nas mãos de Israel. Mas qualquer acordo que *não* mantenha o Vale do Jordão nas mãos de Israel seria um acordo que tampouco manteria a segurança de Israel em suas próprias mãos.

Se comparamos o sonho da esquerda, de um acordo final, com o plano de anexação imaginado por setores da direita, vemos que são reflexos um do outro. Assim como a anexação da Judeia e da Samaria levaria Israel a um colapso demográfico, uma completa retirada da Judeia e da Samaria levaria a Palestina ao colapso demográfico também, por conta do influxo de refugiados. Contudo, uma retirada parcial evitaria essa dupla ameaça demográfica.

precisamos acrescentar, infelizmente, que a presença militar israelense também evitaria a possível migração de massas de indivíduos para a Palestina. Portanto, seriam dois os objetivos dessa presença militar no Vale do Jordão: evitar a militarização do Estado palestino, mas também impedir seu colapso.[8] Em outras palavras, essa presença militar permite que Israel se defenda da ameaça da Palestina, bem como da ameaça do colapso da Palestina. Se essas distinções fazem sentido, a conclusão decorrente delas também faz: a presença militar de Israel no Vale do Jordão é de fato uma barreira defensiva, capaz de proteger Israel do furor do Oriente Médio e lhe possibilitar a retirada do restante dos territórios sem pôr em xeque sua própria sobrevivência.[9]

INTERNALIZAÇÃO DA GUINADA PRAGMÁTICA

Se o Plano Allon é tão simples e elegante, por que nunca foi posto em prática? A explicação é que nenhum representante político do mundo árabe jamais concordaria com ele. Mesmo que um líder palestino ousasse bastante, encorajando seu povo a aceitar uma negociação histórica, a abrir mão do direito de retorno, ele só agiria assim em troca de um Estado que

---

[8] Vale notar que as necessidades de segurança de Israel abrangem mais do que o Vale do Jordão. O país tem outras necessidades, que se traduzem em acordos de defesa vitais para garantir sua segurança. Elas incluem o controle contínuo do espectro eletromagnético, do espaço aéreo e de certas áreas adjacentes à Linha Verde e nos arredores do Aeroporto Ben-Gurion. Todos esses acordos violariam a soberania palestina, portanto, só poderiam ser alcançados se Israel abrisse mão de sua demanda de pôr fim às reivindicações dos palestinos. Ver os artigos de Uzi Dayan, Giora Eiland e Aharon Zeevi Farkash. In: Dan Diker (org.), *Israel's Critical Security Requirements for Defensible Borders*. Jerusalém, Jerusalem Center for Public Affairs, 2010.

[9] Por outro lado, existe um detalhado paradigma de segurança que diz o seguinte: é possível alcançar a segurança existencial mesmo através de uma retirada completa, dentro do contexto de um acordo permanente. A segurança seria alcançada por meio de acordos especiais nesse sentido. Essa posição foi desenvolvida muito bem por Shaul Arieli. Ver Shaul Arieli, *A Border Between Us and You: The Israeli-Palestinian Conflict and Ways to Its Resolution* [Uma fronteira entre nós e vocês: o conflito entre israelenses e palestinos e caminhos para chegar a uma solução]. Tel Aviv, Aliyat Hagag Books, Yediot Aharonot, 2013 (hebraico). Embora eu discorde de Arieli pelos diversos motivos apresentados ao longo deste livro, sua posição é importante e questionadora.

abrangesse toda a Cisjordânia e não apenas parte dela. O cenário hipotético de que um líder palestino estaria disposto a ceder quanto à questão do retorno e do território é completamente irreal. Em suas diferentes versões, o Plano Allon sempre foi um plano com o qual os israelenses concordavam entre si, mas com o qual os palestinos nunca seriam capazes de concordar. Com o passar dos anos, quando ficou claro que não poderia servir de base para um acordo de paz, o Plano Allon sumiu do debate público e acabou desaparecendo.

A principal falha do plano é que ele pretendia resolver o conflito.[10] E se os israelenses abandonassem essa pretensão? Em vez de perguntar se o plano poderia *resolver* o conflito, o melhor seria perguntar se ele poderia tirar Israel desse impasse – o impasse de 1967. Se os israelenses internalizassem a necessidade de um pensamento pragmático e vislumbrassem uma tábua de salvação *a partir* do conflito, em vez de uma solução *para* ele, então esse plano, com alguns ajustes, mereceria ser examinado outra vez.

Os Acordos de Camp David entre Israel e o Egito lançaram o precedente de que o lado árabe só aceitaria assinar um acordo de paz total depois de uma retirada completa e irrestrita dos territórios por parte de Israel. Essa fórmula serviu de base para as discussões posteriores sobre soluções diplomáticas: a abrangência da paz seria proporcional à abrangência da retirada. A interpretação tradicional dessa fórmula é: em troca de um acordo de paz completo, Israel teria que empreender uma retirada total. Porém, talvez fosse mais inteligente interpretar a equação de outra forma: Israel poderia empreender uma retirada parcial, em troca de um acordo de paz também parcial.

Um acordo desse tipo não exigiria que os palestinos abrissem mão da demanda de reassentar os refugiados nem que reconhecessem como permanente a soberania israelense sobre o solo sagrado muçulmano – por outro lado, não exigiria que Israel se retirasse de todos os territórios conquistados. O país continuaria controlando os blocos de assentamento e certas zonas de segurança. Não seria um acordo para forjar a paz, e sim para encerrar um estado de guerra.

---

[10] Minha argumentação neste livro talvez não esteja tão distante das intenções originais de Allon. De acordo com um de seus biógrafos, Yigal Allon não encarava seu próprio plano como uma solução definitiva, e sim como um plano temporário e parcial, que poderia abrir caminho para um acordo político permanente. Ver Manor, *Yigal Allon*, p. 280 (hebraico).

É fácil esquecer, mas os precedentes existem não só para um acordo de paz baseado numa retirada completa, como também para um acordo parcial, baseado numa retirada parcial. Foi esse o acordo que Israel assinou — pelas mãos do primeiro-ministro Yitzhak Rabin — com o Egito, em 1975, com a mediação de Henry Kissinger. Israel concordou em recuar suas forças dezenas de quilômetros para trás das linhas de cessar-fogo, além de abrir mão de lucrativos campos de petróleo, mas manteve suas forças estacionadas em outras partes da Península do Sinai. O Acordo Interino do Sinai não tinha a pretensão de forjar a paz, e sim encerrar um estado de guerra. Esse acordo não chegou a ser incorporado à consciência da população porque três anos depois foi seguido pelos sensacionais e dramáticos Acordos de Camp David, que deixaram à sombra as negociações interinas de Rabin e Kissinger.

A aspiração de repetir com os palestinos um acordo de paz total, similar ao acordo que acabou sendo assinado com o Egito, vem obstruindo o progresso político por décadas. Tudo indica que o precedente com maiores chances de se repetir não é o acordo final com o Egito e sim seu antecessor, o acordo interino. Isso significa seguir o legado de Rabin e não o de Begin, na tentativa de repetir o acordo mais moderado, negociado por Kissinger, em vez do acordo de paz mais abrangente, negociado em Camp David. Retirada parcial em troca de paz parcial.

Para concluir: se o Vale do Jordão e os blocos de assentamento permanecessem nas mãos de Israel, o Estado palestino que surgiria no restante da Cisjordânia teria contiguidade territorial sem reduzir Israel a proporções indefensáveis.[11] Logo, uma retirada parcial livraria o Estado judeu do

---

[11] O Vale do Jordão abrange cerca de um quarto da área da Judeia e da Samaria, mas esse fato não necessariamente determina as necessidades de segurança de Israel. É perfeitamente possível que o mesmo nível de segurança fosse atingido com uma retirada ainda mais extensa do Vale do Jordão, porque a importância do vale para a segurança de Israel foi mudando ao longo dos anos. Na época de Yigal Allon, o Vale do Jordão servia de barreira física contra uma possível invasão de um exército hostil, enquanto hoje seu principal feito é impedir o trânsito de armas e pessoas.

A mudança na função de segurança do Vale do Jordão afeta o tamanho da área que Israel precisaria reter. Se o vale não tem mais o propósito de servir como base de mobilização de blindados e infantaria, e sim de funcionar como uma proteção contra a movimentação de armas e pessoas, Israel não precisa continuar controlando toda a área. Segundo alguns especialistas em segurança, seria suficiente reter uma faixa de dois quilômetros de extensão

atual impasse. Por um lado, terminaria o jugo militar direto sobre civis palestinos e, por outro, a defesa militar israelense continuaria assegurada.

Um acordo parcial também salvaria os palestinos de um impasse não menos problemático.

O IMPASSE PALESTINO

O público israelense entende um acordo permanente, capaz de encerrar o conflito — objeto de esforços diplomáticos ao longo de décadas —, como uma troca direta de terra por paz. Mas essa é uma maneira equivocada de caracterizar a negociação. Uma descrição melhor seria: 1967 em troca de 1948. Esse acordo de paz exigiria que os palestinos abrissem mão do direito de retorno e que Israel abrisse mão de território. Israel recuaria dos territórios conquistados em 1967, e os palestinos deixariam de pleitear o direito dos refugiados de 1948 de voltar para Israel. Terra por refugiados.

O problema dessa troca é que na narrativa palestina, o trauma de 1948 é maior do que o trauma de 1967. As lembranças da tragédia de 1948 assombram muito mais os palestinos do que a ocupação de 1967. Se, em troca de Israel abrir mão dos territórios, os palestinos tiverem que abrir

---

entre a Rodovia 90 e o Rio Jordão. Ver Ilan Goldenberg, Gadi Shamni, Nimrod Novik e Kris Bauman, *Advancing the Dialogue: A Security System for the Two-State Solution*. Washington, D.C., Center for a New American Security, 2016.

Os blocos de assentamento abrangem cerca de 5% da Judeia e da Samaria. Eles incluem o bloco Maale Adumim, Gush Etzion, a maior parte dos bairros judeus de Jerusalém Oriental, o bloco Ariel, o bloco Hashmonaim, o bloco Shaked, Alfei Menashe e outros. Acrescentando Kiryat Arba e o assentamento judaico em Hebron, a proporção sobe para cerca de 6 a 7%. Ver Shaul Arieli. *People and Borders*, 2ª ed. Israel, 2011, p. 275. Disponível em: http://www.shaula-rieli.com/image/users/77951/ftp/my_files/articles_in_english/people_and_bordersNEW.pdf?id=7934192. Os blocos de assentamento são definidos de acordo com o uso que Netanyahu faz do termo, conforme analisado por Shaul Arieli. "West Bank Settlement Blocs Blocking Israel's Progress Towards Stability". *Haaretz*, 14 de março de 2016. Disponível em: http://www.haaretz.com/israel-news/.premium-settlement-block-blocking-progress-toward-stability-1.5416599. Entende-se a importância das fronteiras defensáveis à luz da interpretação americana da Resolução 242 do Conselho de Segurança da ONU. Ver Dore Gold. "Regional Overview: How Defensible Borders Remain Vital for Israel". In: *Israel's Critical Security Requirements for Defensible Borders*, p. 19-33.

mão do direito de retorno, isso significa que em troca de um Estado eles terão que virar as costas para cinco milhões de refugiados. O acordo em pauta exige que os palestinos traiam sua própria nação para fazer paz com outra nação.[12]

Não se trata apenas de traição nacional: para muitos palestinos, seria também uma ofensa religiosa. Há um consenso de que não é legítimo, em termos religiosos, existir uma soberania não islâmica sobre um território que antes pertencia ao Islã. A Terra de Israel esteve sob jugo islâmico por muitos séculos; por isso, os palestinos consideram a soberania judaica ilegítima em termos religiosos, e os muçulmanos são ordenados a declarar guerra para acabar com essa soberania.[13] Quando Israel demanda que os palestinos encerrem o conflito e renunciem a todas suas reivindicações, está pedindo que eles reconheçam como permanente e eterna a soberania estrangeira sobre terras islâmicas. Qualquer Estado palestino baseado num acordo de paz total com Israel seria um Estado fundado em detrimento da lei islâmica.[14]

---

[12] Fouad Ajami, especialista em Oriente Médio, explicou da seguinte forma: "A memória se interpôs no caminho de um acordo. Uma aparição, a Antiga Palestina censurou essa paz pragmática. A memória santificou tudo o que estava lá antes da perda e da derrota". Fouad Ajami, *The Dream Palace of the Arabs*. Nova York, Vintage, 1999, p. 270.

[13] Tradicionalmente, os muçulmanos dividem o mundo em duas áreas: a "Casa do Islã" (*Dar al-Islam*), que são as terras sob soberania muçulmana, onde os muçulmanos podem viver em segurança, e a "Casa da Guerra" (*Dar al-Harab*), que são as terras sob o domínio de hereges, onde os muçulmanos não podem viver em paz. Segundo a lei islâmica, os fiéis muçulmanos precisam converter os territórios Dar al-Harab em áreas de Dar al-Islam, e essa obrigação se aplica com mais vigor às terras que um dia já estiveram sob o Dar al-Islam. Para mais detalhes, ver Bernard Lewis, *The Crisis of Islam*. Londres, Weidenfeld and Nicolson, 2003. Além disso, o Hamas e outros movimentos islâmicos similares definiram toda a Terra de Israel como *waqf*. *Waqf* é uma categoria legal que originalmente se referia a terras doadas para as necessidades sociais e religiosas da população — terras destinadas à construção de mesquitas, cemitérios, escolas e por aí vai. Essa classificação impõe certas restrições quanto à venda, aquisição, taxação e herança dessas terras, que não se aplicam a outros tipos de terra. A atribuição dessa categoria a toda a Terra de Israel carrega em si conotações simbólicas de santificação, que por sua vez envolvem conotações práticas segundo a lei islâmica, impedindo qualquer negociação que envolva essa terra.

[14] Intelectuais palestinos me contaram, em particular, que não se preocupam individualmente com a questão da lei islâmica, mas eles têm plena noção de que esse tipo de preocupação faz parte da consciência de muitos de seus colegas palestinos.

Portanto, se os palestinos concordassem em encerrar o conflito e renunciar a suas reivindicações, estariam traindo os refugiados e ofendendo a lei religiosa. Para fazer a paz, eles teriam que cometer um pecado contra sua própria fé e seu povo.[15]

Ora, os israelenses não são o único povo que se encontra em um impasse — os palestinos estão na mesma situação. Eis o impasse palestino: o único caminho que eles têm para um Estado soberano e independente passa por uma transformação de sua identidade religiosa e nacional. A preservação da lealdade nacional e religiosa continuará privando-os da independência. Qualquer cenário na linha da oferta de Ehud Barak, dos Parâmetros Clinton ou da proposta de Olmert lançaria os palestinos em um impasse próprio. Não é de surpreender que quando eles se veem encurralados e forçados a escolher entre sua identidade e sua independência, a maioria acabe optando pela identidade.

Porém, existe alternativa. A jurisprudência islâmica permite a assinatura de um acordo de cessar-fogo com o inimigo sob a condição de que não seja permanente. Na tradição islâmica, esse acordo temporário de cessar-fogo, sem a exigência de que os muçulmanos reconheçam a legitimidade do outro lado, chama-se *hudna*. Em contraponto a um acordo em que os palestinos fossem obrigados a trair a própria religião, a *hudna* estaria dentro dos preceitos religiosos.[16] É preciso ressaltar que um acordo de paz parcial não é a mesma coisa que um acordo interino. Não se trata de um estágio preliminar que lançaria as bases para um acordo permanente: para os palestinos, qualquer acordo permanente exigiria que eles abandonassem para

---

[15] Essa foi também a análise de Henry Kissinger sobre o fracasso da tentativa de se alcançar um acordo de paz entre Israel e os palestinos. A insistência dos norte-americanos e dos israelenses para que os palestinos renunciem a suas reivindicações é exatamente o que desmotiva o lado árabe. Ver Itamar Rabinovich, *The Lingering Conflict: Israel, the Arabs, and The Middle East, 1948-2012*. Washington, D.C., Brookings Institution Press, 2012.

[16] Ver Yitzhak Reiter, "Religion as a Barrier to Compromise in the Israeli-Palestinian Conflict". In: Yaacov Bar-Siman-Tov (org.), *Barriers to Peace in the Israeli-Palestinian Conflict*. Jerusalém, Jerusalem Institute for Israel Studies, 2010, p. 228-265. Efraim Halevy, ex-chefe do Mossad, contou que o Hamas em certa ocasião ofereceu a Israel uma hudna. Ver "Efraim Halevy: In 1997, Yassin Offered a 30-Year Hudna" ["Efraim Halevy: em 1997, Yassin ofereceu uma hudna de 30 anos"]. *Ynet*, 23 de março de 2004 (hebraico). Também não podemos descartar a possibilidade de que os palestinos acabem passando por uma transformação identitária que os possibilite assinar um acordo de paz total com Israel.

sempre o sonho do retorno dos refugiados e reconhecessem a permanência de uma soberania estrangeira em terras islâmicas. Logo, a *hudna* não poderia conter qualquer retórica que sugerisse sua aplicação para a eternidade; não poderia estar associada a nenhuma indicação de permanência. Por mais paradoxal que seja, quanto mais um possível acordo fosse entendido como parcial e temporário, mais estável e seguro ele seria.

Aqui reside uma das principais vantagens do Plano de Paz Parcial: ele libertaria os israelenses e os palestinos de seus respectivos impasses. Em troca de um acordo de cessar-fogo de longo prazo com Israel, os palestinos receberiam um Estado soberano, com contiguidade territorial, sem ter que reconhecer Israel nem renunciar ao direito de retorno.[17]

Em suma, a retirada parcial de Israel dos territórios, sem o compromisso dos palestinos de encerrar todas as suas reivindicações, livraria Israel e os palestinos de seus respectivos impasses. Os israelenses se veriam livres da ocupação, sem ter sua segurança ameaçada, e os palestinos receberiam um Estado, sem precisar alterar sua identidade fundamental.

UM NOVO ORIENTE MÉDIO

Por muitos anos, a maior aspiração diplomática da comunidade internacional foi estabelecer um acordo entre Israel e os palestinos que encerrasse o conflito e pusesse fim às reivindicações de parte a parte. Mas todas as tentativas de resolver o conflito acabaram em impasse. Alguns argumentam que a saída viria de ofertas ainda mais generosas por parte dos israelenses, para instigar os palestinos a assinar um acordo de paz.

A lógica política do Plano de Paz Parcial é o oposto desse pensamento. Em vez de Israel oferecer ainda mais aos palestinos, deveria esperar menos. Num acordo parcial, não se esperaria que os palestinos abrissem mão do retorno dos refugiados nem se reconciliassem com a ideia de uma soberania

---

[17] Às vésperas das negociações de Camp David, Yasser Arafat esclareceu para os negociadores israelenses e americanos que não poderia, sob qualquer hipótese, assinar um documento que encerrasse as reivindicações dos palestinos em relação a Israel. Ver Hirsh Goodman, *The Anatomy of Israel's Survival*. Nova York, Public Affairs Books, 2011, p. 76-77. Os comentários de Arafat apresentam e elucidam com muita propriedade o impasse palestino. Declarar o fim definitivo do conflito significaria transformar o *ethos* da luta palestina.

estrangeira em solo islâmico, nem mesmo que concordassem em encerrar o conflito de forma permanente ou em renunciar a todas suas reivindicações. A fórmula é bastante simples: os palestinos não botariam em questão sua identidade básica, e os israelenses não botariam em questão sua segurança. Henry Kissinger, um dos maiores diplomatas do século XX, entendeu muito tempo atrás que quando não é possível chegar a uma solução diplomática completa, a solução parcial é o melhor caminho.[18]

O argumento parece racional, simples e desejável, mas a realidade é mais complexa. Os intelectuais palestinos que entrevistei para este livro disseram que as chances de os palestinos concordarem com um acordo parcial são baixas. Os desdobramentos dos Acordos de Oslo levaram os palestinos a suspeitar fortemente de acordos interinos, e eles talvez interpretassem um acordo parcial dessa forma. Eles temem que não passem de tentativas astuciosas da parte mais forte para perpetuar a ocupação e a humilhação. Dito isso, pode ser que as mudanças em curso em todo o Oriente Médio gerem um clima político mais amistoso na direção da ideia de um acordo parcial.

O Oriente Médio está passando por uma grande transformação. O terremoto político dos últimos anos desviou a atenção internacional para duas crises que relativizam as proporções do conflito árabe-israelense: o confronto entre países árabes e o Estado Islâmico, e o confronto histórico entre xiitas e sunitas. Essas turbulências estão sacudindo a ordem regional e abalando antigas certezas, mas também apresentam a Israel uma oportunidade política. Hoje, vários Estados árabes têm interesse em estabelecer uma aliança sunita-israelense como contraponto à aliança xiita. Os países sunitas não encaram mais a questão palestina como a principal de sua agenda, e tudo indica que querem encontrar uma forma de jogar essa questão para escanteio, mesmo que não possa ser resolvida.

Os países árabes também se encontram em um impasse: a ideia de que a condição para resolver o problema dos refugiados fosse que Israel encerrasse o controle sobre os territórios acabou perpetuando esse controle, obstruindo dessa forma as tentativas de se estabelecer relações normais e saudáveis entre o mundo árabe e Israel. O fim do jugo militar sobre a população nos territórios é do interesse de Israel — mas é também do interesse da Arábia Saudita, do Egito e de outros países do Golfo.

---

[18] Ver o último capítulo ("The New World Order Reconsidered") do livro de Henry Kissinger, *Diplomacy*. Londres, Simon and Schuster, 1994.

Os países árabes sunitas podem ajudar a criar um clima propício para os palestinos se sentirem confortáveis com uma solução parcial — um acordo que encerre o controle de Israel sobre a maior parte dos territórios a leste da Linha Verde, sem reconhecer a legitimidade da soberania judaica nos territórios a oeste da Linha Verde.[19]

O CONFLITO PERSISTE

Mesmo depois da assinatura de um acordo de paz e da declaração de um cessar-fogo, é possível presumir que o conflito persistiria. Podemos prever que em algum momento o acordo seria violado e a violência retornaria. As forças históricas que perpetuam esse conflito são muito obstinadas, e as identidades sectárias que o alimentam são extremamente poderosas. Um pacto de não beligerância dificilmente encerraria a briga a longo prazo.

Contudo, se as partes desviarem suas energias para o pensamento pragmático, serão capazes de pensar de forma diferente sobre o propósito das iniciativas políticas. A força de um acordo parcial não está na capacidade de encerrar o conflito, e sim de reestruturá-lo. As novas fronteiras delineadas por esse tipo de acordo não teriam o poder de abolir o conflito, mas de transformar suas feições. De um conflito entre um Estado e seus subjugados, ele se transformaria num conflito entre um Estado e seus vizinhos. Assim, a iniciativa não proporcionaria a Israel a segurança total, mas lhe traria segurança *existencial*. Esse processo não tiraria a ameaça à vida de israelenses, mas tiraria a ameaça à vida do próprio Estado de Israel.

---

[19] Em março de 2002, a Liga Árabe adotou a iniciativa saudita de encerrar o conflito entre israelenses e palestinos, que por sua vez encerraria o conflito entre Israel e o mundo árabe. O documento estipula que além de um recuo para as fronteiras de 4 de junho de 1967, deve haver também uma solução "justa e acordada" para o problema dos refugiados, de acordo com a Resolução 194 da Assembleia Geral da ONU. A frase "justa e acordada" é vaga e permite diversas interpretações, mas o comunicado final da cúpula de 2002 mencionava que a Liga Árabe rejeitava qualquer solução que envolvesse reassentar os refugiados longe de seus lares originais, no que hoje é Israel. Ao que parece, os sauditas ainda precisam atravessar o Rubicão, e ainda não renunciaram de forma explícita ao retorno dos refugiados, em troca de uma retirada territorial. O Plano de Paz Parcial permitiria a concretização do interesse saudita de encerrar a ocupação, sem que fosse preciso renunciar ao direito de retorno nem exigir que os sauditas reconhecessem Israel integralmente.

Não se trata de "gerenciar o conflito". Hoje em dia, esse eufemismo é sinônimo de perpetuação do status quo. A ideia de reestruturar o conflito, ao contrário, é de transformá-lo a partir dos menores detalhes. O Plano de Paz Parcial converte um conflito entre um ocupante e um ocupado dentro de casa em um conflito entre um Estado e seus inimigos externos. É fundamental reestruturar o conflito para continuar lidando com ele. Em oposição ao paradigma predominante, de que novas fronteiras precisam ser definidas para trazer a paz, nesse plano novas fronteiras precisam ser definidas para que se possa gerenciar melhor um estado de guerra, se e quando ele for retomado.

O desejo de um acordo permanente foi frustrado inúmeras vezes ao longo dos anos, tropeçando ao se confrontar com as questões mais explosivas do conflito: o destino dos refugiados e o estatuto definitivo de Jerusalém. Deixar de lado a demanda de pôr fim ao conflito e a todas as reivindicações é justamente o que livra o Plano de Paz Parcial de ter que lidar com essas questões espinhosas. Questões centrais como fronteiras definitivas, o futuro de Jerusalém, o problema dos refugiados, as relações entre Cisjordânia e Faixa de Gaza e inúmeras outras nem entrariam na mesa de negociações para um Plano de Paz Parcial.[20] Todos esses temas continuariam

---

[20] Há um problema complexo com o qual o Plano de Paz Parcial também teria que lidar: o futuro dos assentamentos na Judeia e na Samaria. A seguir, descrevo um caminho possível para lidar com os assentamentos dentro do contexto de um acordo parcial. Uma retirada parcial dos territórios deixaria a maioria dos assentamentos e dos assentados sob controle israelense. O problema é que inúmeros assentamentos, com milhares de pessoas, ficariam nas áreas das quais Israel se retiraria.
Não há uma razão substancial para que esses assentamentos sejam desocupados. Se o Estado de Israel contém uma minoria árabe, por que o Estado da Palestina não poderia conter uma minoria judaica? Dito isso, a questão é problemática, porque uma retirada prejudicaria seriamente a população deixada para trás. Os indivíduos não seriam retirados de seus lares, mas seriam retirados de seu país. Logo, como parte do Plano de Paz Parcial, seria preciso encontrar uma solução para as necessidades básicas de segurança da população judaica que permaneceria no solo soberano da Palestina.
Pesquisadores do Instituto de Estudos de Segurança Nacional de Israel idealizaram uma proposta criativa e complexa que talvez resolvesse a questão. A ideia deles é criar espaços mínimos para uma autonomia judaica parcial dentro do Estado da Palestina. Essas áreas especiais teriam seus próprios acordos de segurança. A ideia foi desenvolvida em 2013 pelo professor Gideon Biger e por Gilead Sher, ex-chefe de gabinete de Ehud Barak; para ter acesso a uma descrição do plano, ver Gilead Sher, *The Battle for Home* [A batalha por um

atormentando as relações entre israelenses e palestinos mesmo após a assinatura de um acordo desse tipo. Mas é exatamente a natureza parcial e imperfeita do plano que o torna mais aceitável para a sociedade israelense. O Plano de Paz Parcial minimizaria a ocupação e garantiria a segurança existencial de Israel, lidando, assim, com os principais temores tanto da nova esquerda quanto da nova direita. É por isso que ele tem o potencial de conseguir amplo consenso entre os israelenses.

---

lar]. Tel Aviv, Yediot Books, 2016, p. 150-154 (hebraico). Embora Sher manifeste ceticismo quanto a seu próprio plano, vale a pena tratá-lo com a devida seriedade e entender como poderia ser implementado.
Qualquer plano que traduza essa ideia interessante em realidade teria que incluir uma série de componentes vitais de segurança, como a capacidade de autodefesa dos assentados, a supervisão tecnológica por parte das IDF para alertar os assentados em situações de perigo, e o direito de Israel de intervir militarmente para defender os assentados em caso de ataque. Isso exigiria acordos especiais para as estradas que conectam esses assentamentos a Israel. A princípio, o plano certamente parece improvável, e de fato é complicado, mas se conseguisse encontrar uma forma de implementá-lo, Israel poderia se retirar dos territórios sem ter que desocupar os assentados e sem precisar abandoná-los.
Em outras palavras, o Plano de Paz Parcial requer o exame de dois tipos diferentes de acordos de segurança: aqueles que protegem o Estado de Israel em relação à Palestina e aqueles que protegem os assentamentos judaicos dentro da Palestina. Assim como os acordos de segurança envolvendo o Estado palestino exigem enorme criatividade, o mesmo acontece com os acordos de segurança para proteger os assentamentos remanescentes dentro do Estado palestino. Trata-se, sem dúvida, de um plano extremamente complicado, mas o problema também é complicado e precisa ser encarado com igual complexidade.
É muito improvável que os palestinos aceitassem esses acordos de segurança. Os acordos necessários para proteger os assentamentos remanescentes no interior do território soberano da Palestina seriam uma afronta à soberania palestina, e o Estado de Israel teria que oferecer uma indenização à altura. Gostaria de sugerir uma ideia a ser considerada: uma negociação do tipo um-para-um — para cada judeu que permanecesse na Palestina, o Estado de Israel absorveria um refugiado palestino dentro de suas fronteiras soberanas. Essa fórmula "assentados x refugiados" não prejudicaria a demografia israelense. O Estado de Israel tem capacidade de absorver algumas dezenas de milhares de refugiados sem comprometer sua maioria judaica. A lógica por trás dessa ideia é muito clara: a desocupação em massa de dezenas de milhares de assentados teria o potencial de dilacerar a sociedade israelense, ao passo que a absorção de dezenas de milhares de palestinos poderia até ser problemática, mas não destruiria a sociedade israelense nem romperia seu delicado tecido social.

CAPÍTULO 11
O Plano de Divergência
—

ISRAELENSES PRAGMÁTICOS SÃO aqueles cujas opiniões não formam parte de sua identidade. A política não é a esfera em que eles expressam seu pertencimento tribal, e sim a arena onde confrontam os desafios que ameaçam sua existência. O Plano de Paz Parcial ilustra o modo de pensar dos pragmáticos, mas representa um exemplo um tanto radical desse tipo de pensamento, porque almeja redesenhar as fronteiras do Estado. Portanto, convém examinar propostas mais modestas, que não deixariam os assentamentos judaicos fora da zona de controle israelense.

Uma direção interessante nesse sentido foi proposta por Henry Kissinger. No final de 2016, ele demonstrou dúvidas quanto à possibilidade de se estabelecer em nossa época um Estado palestino independente. Em entrevista à revista *Atlantic*, Kissinger comentou que forças poderosas estão destruindo diversos Estados-nação do Oriente Médio. A Líbia entrou em colapso, assim como o Iraque e a Síria. Nas atuais condições, um novo e minúsculo Estado palestino não sobreviveria. Porém, segundo Kissinger, a alternativa política para um Estado palestino independente e soberano não seria a perpetuação do status quo, mas a amplificação e o fortalecimento de determinados elementos já existentes. Para ele, Israel deveria ampliar os poderes da Autoridade Palestina, suas zonas de controle, símbolos nacionais e atributos de soberania, expandindo assim sua autonomia até que passasse a funcionar quase como um Estado — mas nada disso exigiria que os palestinos encarassem o resultado como o fim do conflito nem que renunciassem a todas as demais reivindicações.[1]

---

[1] Jeffrey Goldberg, "World Chaos and World Order: Conversations with Henry Kissinger". *Atlantic*, 10 de novembro de 2016.

Outra direção interessante foi proposta por A. B. Yehoshua. Também no final de 2016, o célebre escritor israelense anunciou que tinha chegado à conclusão de que, num futuro próximo, era impossível a criação de um Estado palestino completamente independente. Assim como Kissinger, Yehoshua acredita que embora um acordo abrangente seja inatingível, é possível adotar estratégias parciais para minimizar a ocupação. Yehoshua propôs uma iniciativa para melhorar a situação de todos os palestinos que não vivem sob a autonomia palestina. A seu ver, os mais de cinquenta mil palestinos (número que talvez chegue a trezentos mil) que vivem na Área C da Cisjordânia deveriam ter autorização para se tornar residentes do Estado de Israel.[2]

Kissinger propõe a ampliação da autonomia palestina; Yehoshua propõe a ampliação dos direitos dos palestinos que não vivem sob um governo autônomo. O eixo comum a essas duas ideias pode servir de inspiração para uma iniciativa pragmática no sentido de livrar Israel do impasse de 1967. Como instrumento de reflexão, esboço a seguir os contornos de uma possível iniciativa pragmática.

--- O QUASE ESTADO

O primeiro princípio do Plano de Divergência, o kissingeriano, poderia ser implementado a partir da combinação de dois esforços: diplomático e territorial. O objetivo do esforço diplomático seria ampliar a potência simbólica da entidade Palestina, e o objetivo do esforço territorial seria ampliar a liberdade prática e cotidiana dos palestinos. Combinados, esses esforços garantiriam aos palestinos uma maior separação em relação a Israel, com menos riscos à segurança israelense.[3]

---

[2] Ninguém sabe ao certo quantos palestinos vivem na Área C, e as estimativas variam muito. A estimativa mais baixa, reivindicada em 2012 por Naftali Bennett, líder do Partido Lar Judaico, é de cinquenta mil. O coordenador das IDF para Atividades Governamentais nos Territórios disse no mesmo ano que esse número chegava a noventa mil. A estimativa mais alta, proposta em 2017 pelo Escritório das Nações Unidas para a Coordenação de Assuntos Humanitários (OCHA, na sigla em inglês), é de que haja trezentos mil palestinos na área. Em parte, a divergência existe porque não há um consenso sobre quais localidades devem ser consideradas parte da Área C, uma vez que muitos lares palestinos ali são excedentes da Área B, e não vilarejos independentes.
[3] O Plano de Divergência pode ser entendido como uma variação pragmática do Mapa do Caminho [Roadmap for Peace], proposto pelo Quarteto para o Oriente Médio (Nações

O esforço diplomático

A Autoridade Palestina se vê como uma entidade política separada e independente de Israel. Essa postura representa um importante ativo para Israel. Alguns especialistas temem que ela não possa ser tomada como garantia e acreditam que Israel precisa alimentá-la e amplificá-la. De todas as ações que poderiam contribuir para o fortalecimento simbólico da independência palestina, duas talvez fossem especialmente eficazes. A primeira seria Israel reconhecer a Autoridade Palestina como Estado da Palestina.

Nos últimos anos, a Autoridade Palestina vem travando uma ofensiva diplomática para obter o reconhecimento internacional de sua independência. A maior de suas aspirações é persuadir a Assembleia Geral da ONU e seu Conselho de Segurança a reconhecer o Estado da Palestina como membro integral e independente da família das nações. Em paralelo a isso, Israel vem tentando combater esse esforço por reconhecimento internacional. Conseguiu mobilizar o poder diplomático dos Estados Unidos para impedir o reconhecimento do Estado da Palestina no Conselho de Segurança. O argumento de Israel e dos Estados Unidos baseia-se na lógica política convencional, de que o objetivo do processo de paz no Oriente Médio é alcançar a paz entre Israel e os palestinos, de modo que um Estado palestino só poderá ser criado no contexto de um acordo permanente com Israel.

Contudo, se os israelenses mudarem sua lógica de raciocínio, substituindo as esperanças de paz por esperanças de se livrar do impasse atual, a atitude de Israel em relação ao reconhecimento internacional da Palestina também precisa mudar. Se Israel mantiver as esperanças de resolver o conflito, de fato é problemática a ideia de reconhecer internacionalmente a Palestina antes de uma conclusão bem-sucedida das negociações. Mas se em vez disso Israel decidir se contentar em reestruturar o conflito, o reconhecimento internacional da Palestina pode representar uma vantagem.[4]

Unidas, Estados Unidos, União Europeia e Rússia) em 2002 e finalizado em 2003, carro-chefe do governo de George W. Bush. Uma das maiores diferenças entre os planos é que o Mapa do Caminho propunha o estabelecimento de um Estado palestino em fronteiras temporárias, com as quais Israel negociaria um acordo permanente; o Plano de Divergência, por sua vez, propõe o estabelecimento de um Estado palestino sem qualquer comprometimento dos palestinos no sentido de encerrar suas reivindicações, e sem qualquer comprometimento de Israel de se retirar do território remanescente. A guinada pragmática implica abandonar a ideia de um acordo permanente numa região que apresenta tudo menos permanência.

[4] Essa ideia aparece como Fase 2 do Mapa do Caminho [Roadmap for Peace] de 2003.

Em suma, Israel deveria parar de combater a ofensiva diplomática da Autoridade Palestina e, em vez disso, se juntar a ela.[5]

Israel também poderia explorar outra iniciativa capaz de aumentar drasticamente o capital simbólico da entidade palestina: defender uma capital física em Jerusalém Oriental. Certos bairros de Jerusalém Oriental seriam transferidos para o controle dos palestinos. Há bairros ali que não têm nem história judaica nem moradores judeus; sua transferência para as mãos dos palestinos não prejudicaria o capital simbólico de Israel, mas aumentaria enormemente o da Palestina. A Autoridade Palestina não só se tornaria um Estado reconhecido como também teria uma capital reconhecida, em Jerusalém.[6]

O esforço territorial

O principal obstáculo à independência palestina não é de ordem simbólica, mas de ordem prática. A movimentação na Cisjordânia é controlada por militares israelenses. Embora a maioria dos árabes da Cisjordânia viva sob o controle da Autoridade Palestina (AP), se eles querem viajar de uma área controlada pela AP para outra, quase sempre precisam cruzar um território controlado integralmente por Israel – Área C. Em outras palavras, ainda que o lugar onde moram esteja sob seu (relativo) controle, o mesmo não se pode dizer de sua movimentação. A sensação de ocupação vivenciada pelos

---

[5] Seria necessário mais um ajuste: o não reconhecimento das fronteiras da Palestina. Em outras palavras, Israel reconheceria a Palestina, mas não suas fronteiras. Comprometendo-se com isso, Israel poderia aumentar a independência dos palestinos, sem dificultar as coisas para colonos e soldados israelenses.
O modelo que poderia ser aplicado à Palestina é o próprio modelo do Estado de Israel. Israel é um país membro da comunidade internacional, mas os outros 192 países membros das Nações Unidas não reconhecem suas fronteiras exatas. Israel poderia defender um esforço diplomático no sentido de reconhecer a Palestina sem reconhecer suas fronteiras. A fórmula é: dois Estados sem fronteiras reconhecidas, para dois povos diferentes.
[6] Tanto a esquerda quanto a direita estão debatendo diversos planos para transferir bairros árabes de Jerusalém Oriental para as mãos da Autoridade Palestina, fora do contexto de um acordo político abrangente. De um lado está o plano da Associação pela Paz e Segurança, apresentado pelo ex-vice primeiro-ministro Haim Ramon, para uma retirada unilateral de alguns setores árabes de Jerusalém. Do outro lado está um plano mais moderado, promovido pelo historiador e jornalista Yoaz Hendel, para Israel se retirar dos bairros árabes atrás da Fronteira de Segurança, que cruza partes de Jerusalém Oriental.

palestinos vem principalmente desses deslocamentos que envolvem a Área C, onde eles precisam passar por postos de controle, são eventualmente parados por patrulhas e se veem em atrito diário com soldados israelenses.

Israel pode estabelecer para si o objetivo estratégico de abolir todos esses pontos de atrito e estimular a liberdade cotidiana dos palestinos. Para isso, o país precisaria ampliar os territórios sob controle palestino, entregando setores da Área C para a Autoridade Palestina e empregando uma série de recursos tecnológicos e de infraestrutura — incluindo pontes, túneis e desvios — para permitir que os palestinos que moram nas áreas de controle da AP possam se movimentar livremente de um ponto a outro, sem ter que passar por áreas de controle israelense.[7] Seria uma complexa e importante iniciativa arquitetônica, mas é um projeto estratégico que Israel tem plena condição de assumir. Mesmo se não fosse possível alcançar contiguidade territorial entre todas as áreas sob a autonomia palestina ampliada, seria possível ao menos estabelecer contiguidade de locomoção entre elas. Além disso, Israel evitaria a expansão de assentamentos fora dos blocos principais, para não criar novas restrições de segurança que possam impedir a contiguidade de locomoção dos palestinos.

Em termos simbólicos, a combinação desses dois esforços — diplomático e territorial — reforçaria a impressão de soberania palestina, e em termos práticos, minimizaria o controle sobre os palestinos.[8] Os dois esforços se mesclariam para criar um relevante processo de separação.[9]

---

[7] O professor Robert Aumann apresentou essa ideia numa entrevista publicada no jornal *Makor Rishon*, em 9 de junho de 2016, parte de uma série de artigos assinados por Sarah Haetzni-Cohen. Profissionais ligados ao setor de alta tecnologia que ouviram essa ideia descreveram para mim tecnologias inovadoras capazes de promover a contiguidade de locomoção sem que haja contiguidade territorial. "O país das start-ups pode muito bem inventar soluções tecnológicas para problemas políticos", disse um deles.

[8] Outras ideias que circulam entre especialistas poderiam ser implementadas como parte do esforço territorial. Por exemplo, o tráfego supervisionado nas passagens entre a Palestina e a Jordânia poderia ser facilitado, talvez até por meio do acréscimo de um terminal palestino criado exclusivamente para este fim no aeroporto de Amã, de tal forma que a Autoridade Palestina conseguisse não apenas contiguidade territorial como também uma porta de entrada para o mundo.

[9] Há outras alternativas que poderiam criar uma separação, sem custos muito altos. No livro *The Battle for Home* [A batalha por um lar], por exemplo, Gilead Sher propõe uma série de iniciativas com potencial para consolidar a separação entre as duas entidades políticas,

O Plano de Divergência não é uma solução para o conflito, mas um exemplo de como ele pode ser reestruturado: por um lado, Israel não teria que desocupar os assentamentos nem desmobilizar seu exército; por outro, a autonomia palestina se estenderia para um território cujas áreas estariam todas interligadas por contiguidade de locomoção — e teria sua capital em Jerusalém.[10]

QUASE CIDADÃOS

Embora a maioria dos palestinos da Cisjordânia esteja nas Áreas A e B, dezenas ou até centenas de milhares deles vivem fora das áreas de autonomia palestina. Os palestinos da Área C são uma população árabe negligenciada. Não desfrutam de cidadania israelense, como os árabes que vivem em Israel, nem de autonomia, como os árabes que vivem sob o domínio da Autoridade Palestina. São governados diretamente por militares israelenses, sua movimentação é restrita e seus direitos são continuamente violados.

Os palestinos da Área C ainda enfrentam um problema adicional. Trata-se de uma área onde também vivem colonos judeus, o que cria um ambiente onde judeus cidadãos de Israel vivem lado a lado com palestinos que são ocupados por Israel. A diferença entre essas duas populações cria uma situação discriminatória muito perturbadora e desagradável. As iniciativas descritas antes aumentariam a autonomia palestina, mas nada fariam pelos palestinos que moram fora do território da Autoridade Palestina. Portanto, além de aumentar a autonomia palestina e ampliar seu território, Israel

---

sem envolver maiores riscos à segurança, incluindo a redução da presença ostensiva das IDF nos territórios, a redução do envolvimento da Administração Civil, e a melhoria da situação econômica a partir da maior liberdade de movimentação, entre outras coisas. Sher, *The Battle for Home* [A batalha por um lar]. Tel Aviv, Yediot Books, 2016, p. 202-217 (hebraico).

[10] Gostaria de acrescentar uma ressalva a esse plano: o que aconteceria se ficasse claro que para criar contiguidade de locomoção entre as várias áreas sob controle da AP Israel tivesse que desocupar um certo número de postos e assentamentos? Esse dilema talvez não surja nunca, mas isso depende de uma avaliação profissional da parte de especialistas que planejariam o sistema rodoviário para interligar as áreas da AP. Levanto esse possível dilema para ilustrar que o plano descrito é apenas uma abordagem genérica, que deixa espaço para um contínuo debate pragmático dentro da sociedade israelense.

precisa conduzir um processo complementar para cuidar das necessidades dos que vivem em áreas para além do escopo de autonomia palestina.

Israel poderia permitir que dezenas de milhares de palestinos da Área C se tornassem residentes do Estado de Israel. Nesse caso, eles teriam os mesmos direitos dos árabes de Jerusalém Oriental. Conforme argumentou A. B. Yehoshua, "ao melhorar a situação deles, dando-lhes segurança social e subsídios de desemprego, seria possível reduzir o caráter tóxico da ocupação na Área C".[11] Não se trata de anexar o território, mas de garantir direitos aos indivíduos que vivem nele.[12] A iniciativa teria seu preço, mas a imensa maioria judaica de Israel não seria prejudicada pelo acréscimo de algumas dezenas de milhares de novos residentes. Essa ação criaria uma nova realidade, em que as lacunas entre os colonos e os palestinos que moram no meio deles diminuiriam de forma drástica, a discriminação atual seria abolida e os direitos violados dos palestinos seriam restaurados.

Em suma: o Plano de Divergência baseia-se em dois processos paralelos e complementares. O primeiro é a expansão da zona de autonomia palestina, o aumento de seus poderes e a conexão infraestrutural entre suas diversas áreas; o segundo é a extensão dos direitos de residência israelense aos palestinos que vivem fora da área de autonomia palestina. Por um lado, as Áreas A e B cresceriam, tornando-se praticamente um Estado; por outro, os residentes remanescentes da Área C seriam quase cidadãos do Estado de Israel. O resultado? A diminuição drástica do controle israelense sobre os palestinos, sem uma diminuição drástica na segurança de Israel.

---

[11] Yehoshua, entrevista com Razi Barkai, para a Rádio do Exército israelense, em 19 de janeiro de 2016.

[12] Há uma certa semelhança entre a ideia de Yehoshua e o Plano de Tranquilização de Bennett, mas há também uma diferença substancial entre eles. Bennett propõe a concessão de direitos aos palestinos que vivem na Área C como parte da ação de anexar o território, enquanto Yehoshua enfatiza que não propõe anexar os assentamentos judaicos, mas apenas conceder direitos aos palestinos que moram naquela área. Na lógica interna do Plano de Divergência apresentado, a Área C seria reduzida e algumas seções seriam atribuídas à Autoridade Palestina, para facilitar a contiguidade de locomoção e a expansão das cidades e vilarejos palestinos. A proposta de anexar a Área C ao Estado de Israel aparentemente ancora-se em razões ideológicas, e não serve para livrar Israel do impasse de 1967.

CAPÍTULO 12
O pragmatismo político como ponte entre a esquerda e a direita
—

──────────── DUAS RESPOSTAS AO IMPASSE DE 1967

O QUE OFEREÇO NESTE livro é um novo pacote israelense de compromissos, para abandonar dois grandes sonhos em troca de atender a duas necessidades básicas. Os israelenses abandonariam o sonho de um acordo diplomático para alcançar a paz e o sonho de um projeto de assentamento capaz de trazer a redenção, mas teriam a garantia de um Estado ao mesmo tempo judeu e bem defendido.[1] Os dois planos apresentados aqui representam uma tentativa de criar esse pacote de compromissos. Contudo, são ideias radicalmente diferentes, contendo muitas variações entre si. É tentador caracterizar o Plano de Paz Parcial como "esquerda moderada", e o Plano de Divergência como "direita moderada", mas essa tentação vem dos maus hábitos adquiridos com padrões de pensamento arraigados. Espero que os israelenses consigam se livrar deles.

Há uma diferença qualitativa entre os dois planos: O Plano de Paz Parcial baseia-se num ato externo de intervenção política para refazer a situação atual, enquanto o Plano de Divergência baseia-se na amplificação

---

[1] Às soluções ideológicas tradicionais — anexação versus acordo de paz — juntou-se, nos últimos anos, um novo e surpreendente plano ideológico: dois Estados, uma pátria. Enquanto o plano de anexação efetivamente abandona a concretização da visão de paz, e a solução de dois Estados efetivamente abandona a visão de assentamento, o lema "Dois Estados, uma pátria" pretende realizar ambos os sonhos ao mesmo tempo. Seria o oposto de um plano pragmático; a premissa é de que na luta de identidades que existe no Oriente Médio a solução mais realista não é renunciar a nenhum sonho, mas concretizar todos ao mesmo tempo.

e melhoria de condições inerentes à situação atual. Existe também uma diferença quantitativa: o Plano de Paz Parcial minimizaria mais a ocupação do que o Plano de Divergência, mas o Plano de Divergência envolveria menos riscos à segurança do que o Plano de Paz Parcial.[2] Apesar das diferenças, os dois apoiam-se nos mesmos princípios. Nenhuma das iniciativas almeja resolver o problema — apenas livrar Israel do impasse de 1967. Nenhuma delas espera solucionar a questão, mas transformar uma condição possivelmente fatal em uma situação crônica.

Enquanto escrevia este livro, apresentei as duas iniciativas a diferentes públicos, para testar as reações. As respostas variaram, claro, mas uma delas se repetiu em quase todos os grupos: "Mas isso não resolve o conflito". Céticos à direita protestaram que os planos não eliminariam as ameaças à segurança, e céticos à esquerda se irritaram ao entender que os planos manteriam as IDF em parte dos territórios.

As respostas me deixaram ao mesmo tempo surpreso e frustrado. "Será que eles não ouviram o que acabei de dizer?". Afinal de contas, enfatizei repetidas vezes que as iniciativas não tinham o propósito de alcançar a segurança total, mas trazer segurança existencial; ressaltei inúmeras vezes que elas não se propunham a resolver o conflito, mas apenas livrar Israel de um impasse. Essa resposta recorrente me mostrou que os hábitos de pensamento dos israelenses são mesmo muito poderosos. Em tudo o que se refere ao conflito árabe-israelense, esses hábitos estão impedindo que eles progridam, que deixem de pensar em dicotomias e passem a pensar em estágios.

No que diz respeito a esse assunto, o pensamento ideológico tende a ser dicotômico: ou Israel é uma potência ocupante ou é uma sociedade ética; ou Israel está em guerra ou está em paz; ou está assentando a terra ou traindo sua própria identidade e seus valores. Por sua vez, um modo pragmático de pensar enxergaria a situação em termos de estágios. Rudy Giuliani, ex-prefeito de Nova York, costuma ser visto como o responsável pela drástica redução nas taxas de criminalidade da cidade. Ninguém diz que Giuliani falhou porque as pessoas continuam sendo assassinadas nas ruas. Seguindo a mesma lógica, um governante que consegue reduzir de forma significativa o número de mortes por

---

[2] O Plano de Divergência mantém a presença militar das IDF *in loco*; assim, envolve menos riscos à segurança do que o Plano de Paz Parcial, mas faz pouco para reduzir a "ocupação".

acidentes de trânsito é considerado bem-sucedido mesmo se as pessoas continuam morrendo nas rodovias.

Quando se trata de criminalidade e acidentes de trânsito, as pessoas pensam em estágios — mas quando o assunto é o conflito entre israelenses e palestinos, os israelenses se acostumaram a pensar em termos dicotômicos. Nunca perguntam como reduzir a incidência de terrorismo; querem saber como eliminá-lo. Nunca perguntam como reduzir a intensidade do conflito, só como resolvê-lo. Não querem saber como minimizar a ocupação, só como acabar com ela.

OS DOIS PLANOS COMO INSTRUMENTO DE REFLEXÃO

Como escrevi antes, os territórios não estão ocupados, mas os palestinos estão sob ocupação. Quem aceita essa distinção também aceita a seguinte conclusão: quanto mais Israel reduzir a extensão de seu controle sobre os palestinos, maior será sua capacidade de minimizar a ocupação. A retirada de Israel de áreas habitadas por palestinos, a remoção de restrições quanto à identidade palestina e a livre movimentação de palestinos na Cisjordânia representariam uma redução significativa do controle israelense sobre os palestinos, mesmo se Israel permanecesse numa parte do território em disputa. Em outras palavras, essas iniciativas pragmáticas não só livrariam Israel de seu impasse existencial como minimizariam o problema moral.

A comunidade internacional não aceita e provavelmente não aceitaria a distinção entre ocupação da terra e ocupação do povo, então iniciativas assim não aliviariam a pressão internacional nem resolveriam as complicadas relações entre Israel e as capitais da Europa. Porém, como elas reduziriam muito os atritos entre civis israelenses e palestinos, também reduziriam muito os atritos entre Israel e a comunidade internacional. Mais importante ainda, possivelmente contribuiriam para melhorar as relações entre israelenses e muitos jovens judeus da Diáspora. Como esses planos amenizariam o problema moral inerente à imposição de um jugo militar sobre uma população civil, removeriam dessa forma algumas das barreiras emocionais que separam a juventude judaica da Diáspora e Israel.

Quem pensa o conflito em termos binários, dificilmente vai aceitar iniciativas dessa natureza. São planos que não garantem segurança total aos cidadãos israelenses; oferecem apenas segurança existencial para o Estado de Israel. Não encerram a ocupação da terra, e sim minimizam o controle sobre um povo. Quem espera que essas iniciativas políticas curem todas as mazelas envolvidas na situação e garantam paz duradoura, segurança total e ética impecável não se sentirá confortável com as propostas deste livro. Agora, quem aceita o desafio e começa a pensar em estágios provavelmente encontrará nessas iniciativas pragmáticas férteis instrumentos de reflexão.

A ESFERA PRAGMÁTICA E A REABILITAÇÃO DO DEBATE ISRAELENSE

Uma nova política que reduza as lacunas entre a esquerda e a direita poderia surgir a partir de uma esfera intelectual definida pelo pragmatismo. Essa esfera intelectual estaria pautada em três respostas novas para três perguntas antigas:

P: O que se espera com a mudança da fronteira leste do Estado de Israel?
R: O objetivo de modificar fronteiras não é encerrar o conflito, mas reestruturá-lo.

P: O que se espera de uma iniciativa política?
R: O objetivo de uma iniciativa política não é resolver um problema, mas transformar um problema existencial em um problema controlável.

P: Qual é o papel dos sonhos políticos?
R: Os israelenses deveriam adotar um grande pacote de compromissos: abandonar os sonhos sagrados em troca de suprir suas necessidades existenciais.

As crises ideológicas israelenses fizeram muitos à direita desistir do povo porque o povo tinha desacreditado da Terra de Israel; também fizeram muitos à esquerda renegar o povo porque o povo tinha desacreditado da paz. Mas esses processos aconteceram nas margens: a grande maioria dos israelenses não está descrente; eles se adaptaram. A direita trocou a redenção por segurança como sua principal preocupação, e a esquerda trocou a paz pela ocupação como principal preocupação. A antiga esquerda e a antiga direita estavam destinadas a entrar em choque, mas a nova direita e a nova esquerda têm plena capacidade de dialogar — porque embora a paz e a redenção sejam mutuamente excludentes, a segurança e o fim da ocupação podem caminhar *de mãos dadas*. Em outras palavras, a atual crise ideológica israelense abre uma enorme oportunidade de diálogo genuíno.

GUERRA E PAZ

O Plano de Paz Parcial, o Plano de Divergência e outras iniciativas pragmáticas ilustram uma concepção modesta de política, que não se preocupa em resolver os problemas, mas pretende reestruturá-los. Essa modéstia se refere tanto ao que se pode esperar da paz quanto ao que se pode esperar da guerra. Pouca gente percebe que deixar de acreditar na possibilidade de paz é a imagem espelhada de deixar de acreditar na possibilidade de vitória em uma guerra. Já faz muitas décadas que as guerras não terminam com vitórias. Num mundo de conflitos assimétricos, não existe mais vitória. As forças americanas não venceram no Vietnã; as forças soviéticas não venceram no Afeganistão; as forças israelenses não venceram no Líbano; e as IDF não foram capazes de alcançar uma vitória decisiva em Gaza, mesmo após inúmeras rodadas de combate. Em qualquer guerra, as pessoas querem a vitória — e ficam amarguradas quando se veem diante de resultados confusos e ambíguos.

Assim como não é possível haver vitória na guerra, também não é possível haver vitória na paz. Da mesma forma que as forças militares não conseguem vencer de forma definitiva, os políticos e diplomatas também não conseguem. Acordos de paz são alcançados entre Estados fortes e estáveis; vitórias militares são alcançadas entre exércitos organizados e regulares. A desintegração de vários países em pequenos grupos tribais e fragmentadas organizações terroristas produziu uma realidade de guerras que não podem ser vencidas e acordos de paz nos quais não se pode confiar.

O grito de guerra da direita, "Que as IDF vençam!", é tão absurdo quanto a demanda da esquerda de "Paz Agora". A esquerda faz os israelenses lembrarem o tempo todo que não podem vencer a guerra, e a direita os faz lembrar que não podem conquistar a paz — e ambas estão certas! Mas também estão erradas. O mundo moderno apela aos israelenses que baixem suas expectativas tanto de guerra quanto de paz, que busquem não uma política voltada a transformar a realidade, mas que, em vez disso, dediquem-se a encontrar um caminho para conviver com essa realidade.

POSFÁCIO

O FUNDADOR DO SIONISMO político, Theodor Herzl, era contra a tentativa de fazer renascer o hebraico. Ele acreditava que a língua estava morta e não poderia ser ressuscitada. O ceticismo de Herzl era bem fundamentado, porque não havia qualquer precedente no sentido de se tomar uma língua antiga, em desuso, e transformá-la na língua falada de uma nação.

O fundador do sionismo cultural, Ahad Ha'am, era contra o plano de reunir a maioria do povo judeu na Terra de Israel. Ele acreditava que a terra não passava de um imenso deserto e jamais poderia absorver uma massa crítica do povo judeu. Seu ceticismo também era bem fundamentado, porque não havia qualquer precedente no sentido de se tomar uma nação dispersa pelo mundo e reuni-la de novo em sua pátria ancestral.

Para os olhares de seus contemporâneos, tanto Herzl quanto Ahad Ha'am estavam certos. Em termos racionais, o renascimento do hebraico e a reunião dos exilados eram tarefas impossíveis – mas olhando em retrospecto, sabemos que eles estavam errados. O movimento sionista conseguiu triunfar apesar do pessimismo de seus fundadores.

Os pioneiros do renascimento do hebraico se dedicaram à tarefa impossível de ressuscitar uma língua morta; os pioneiros da iniciativa de assentamento de trabalhadores se dedicaram à tarefa impossível de fazer o deserto florescer e de absorver várias ondas de imigração; os pioneiros das primeiras forças de defesa se dedicaram à tarefa impossível de estabelecer um novo Estado e defendê-lo. O incrível sacrifício pessoal dos diversos pioneiros transformou o impossível em possível. A grande maioria deles acreditava em ideologias redentoras. Podemos presumir que sem a convicção nessas ideologias totais, eles nunca teriam conseguido reunir a dose necessária de sacrifício pessoal para transformar os rumos da história judaica.[1]

---

[1] Em alguma medida, podemos fazer uma distinção entre os pioneiros revolucionários do movimento sionista e os fundadores pragmáticos do Estado judeu. O sucesso do sionismo deriva em parte da combinação dessas duas forças.

Neste livro, faço uma crítica às ideologias totais, mas a verdade é que sem essas ideologias redentoras o projeto sionista nunca teria conseguido superar seus diversos obstáculos e se impor apesar de todas as dificuldades.

Tentei expor aqui as fixações ideológicas criadas por essas crenças incontestáveis e argumentar que para escapar desse impasse é preciso deixar essas fixações ideológicas para trás. De fato, para o sionismo existir, foi preciso lançar mão de ideologias revolucionárias, mas para que ele consiga sobreviver e prosperar, agora é preciso que essas ideologias passem por um processo de suavização e maturação.

VALORES MORAIS INEGOCIÁVEIS

Concessões ideológicas são estabelecidas a partir do encontro sensato entre ideologia e realidade, mas uma concessão ideológica não necessariamente é uma concessão de valores morais. Acredito, na verdade, que um posicionamento pragmático envolve também valores morais inegociáveis. Como assim? Tentarei explicar usando o discurso final de ninguém menos que Moisés.

Quando os israelitas estavam no Egito, a ameaça vinha do poder do Egito, mas quando eles chegaram à Terra Prometida, a ameaça passou a vir de sua própria força, que ameaçava corromper o caráter do povo. No discurso final à nação, Moisés descreveu o medo em relação ao poder de terceiros como o medo de voltar para o Egito — e descreveu o medo da natureza imoral dos poderes do próprio povo como o medo de *se transformar* no Egito. A Bíblia não nos pede para banir esses medos, e sim para aprendermos a conviver com eles. Esses dois temores bíblicos ainda desafiam a vida em Israel hoje em dia, porque o Estado de Israel é extremamente forte — mas ao mesmo tempo é extremamente frágil.

Israel é extremamente forte. O país nasceu em meados do século XX, teve uma série de vitórias militares e passou de uma economia de terceiro mundo para uma economia ocidental desenvolvida e próspera. O produto interno bruto per capita é de US$41.715, maior que de todos os países vizinhos — Egito, Jordânia, Síria e Líbano — somados.[2] Israel já produziu mais *start-ups* per capita do que qualquer país da Europa. O minúsculo Estado

---

[2] Ver os números do Banco Mundial para 2017, disponíveis em: https://data.worldbank.org/indicator/NY.GDP.PCAP.CD?view=map. Acesso em 11 de março de 2020.

de Israel é um dos poucos países do mundo com satélites no espaço e, segundo a mídia internacional, com capacidade nuclear.

Porém, muitos israelenses temem que Israel seja também extremamente frágil. O país está localizado no centro do caos que assola o Oriente Médio, é rodeado por organizações terroristas bárbaras e imprevisíveis que o odeiam e por Estados grandes e fortes que desejam destruí-lo. Alguns desses Estados e organizações vêm inclusive desenvolvendo sua capacidade nesse sentido. Além disso, vêm crescendo na Europa forças que buscam isolar Israel. Essa combinação entre medo de isolamento e medo de violência cria uma sensação de fragilidade. Muitos israelenses sentem, com razão, que apesar de terem conseguido soberania, continuam sendo uma minoria: não mais uma minoria *dentro* de determinado país, mas uma minoria *como* país.

Por Israel ser tão frágil, quem alerta sobre as ameaças impostas por poderes externos está absolutamente certo. E por Israel ser tão forte, quem alerta sobre as ameaças impostas pelos efeitos danosos dos próprios poderes do país também tem toda razão. O problema é que as pessoas raramente se alarmam pelos mesmos motivos. A maioria dos meus amigos israelenses que são hipersensíveis aos perigos de um Oriente Médio hostil tendem a se mostrar apáticos quanto à questão dos direitos humanos dos palestinos. Já meus amigos israelenses hipersensíveis à questão dos direitos humanos dos palestinos tendem a se mostrar apáticos no que concerne ao grande perigo que os rodeia do lado de fora.

Cada um dos campos se apropriou de forma exclusiva de um único medo. Um deles tem medo de voltar para o Egito, e o outro teme se transformar no Egito. Na tradição judaica, os israelitas que chegaram à Terra Prometida receberam um desafio: equilibrar esses medos. Sob o espírito da tradição bíblica, uma guinada em direção a uma política pragmática ofereceria uma forma de acabar tanto com o monopólio da esquerda sobre o medo do potencial danoso do poder de Israel quanto com o monopólio da direita sobre o medo do poder ameaçador dos inimigos de Israel — além de nutrir um sionismo capaz de confrontar ambos os medos ao mesmo tempo.

O pragmatismo não é um estilo de política desprovido de convicções morais. Muito pelo contrário: ele se baseia em uma complexa convicção moral, totalmente inegociável. Não aceita renunciar a nenhuma das duas preocupações morais; insiste em se ater às duas, sem concessões.

Nem voltar para o Egito, nem se transformar no Egito.

A BUSCA POR SENTIDO

Os seres humanos procuram sentido, e é por isso que eles buscam pertencimento. Pertencer a uma comunidade, um movimento ou a uma ideia maior que o indivíduo imbui a vida de sentido. As grandes ideologias políticas deram sentido à vida de muitos israelenses que se devotaram a elas. A fé de que a história judaica estava marchando inexoravelmente rumo à paz no Oriente Médio fez nascer o movimento pacifista israelense. A crença de que a construção de assentamentos no ancestral solo bíblico da Judeia e da Samaria traria a Redenção deu origem à iniciativa israelense de assentamento. São crenças carregadas de emoção, que deram sentido à vida de seus adeptos.

Eis, portanto, a principal diferença entre uma política ideológica e uma política pragmática: a política ideológica lida com sentido, enquanto a política pragmática lida sobretudo com sobrevivência. Essa é também uma fragilidade da política pragmática. Que noção de sentido podemos reter se tivermos que abrir mão das grandes ideias que um dia preencheram nossas vidas com a adrenalina do idealismo? Se a esfera política não passa de um espaço frio e racional no qual as ideias são avaliadas com base em sua eficiência, em vez de ser um lugar de pertencimento, os cidadãos podem até se beneficiar do realismo — mas por outro lado não acabam alienados e isolados?

Esse dilema profundo tem, para os israelenses, uma resposta antiga: optar por uma esfera política desprovida de ideologias não implica ausência de pertencimento, porque as fundações de um novo pragmatismo israelense não são superficiais — ao contrário, estão profundamente enraizadas na antiga tradição judaica.

A Bíblia hebraica foi revolucionária. O mundo no qual ela foi escrita e por onde os profetas vagavam era um mundo que venerava o poder político. Os egípcios e mesopotâmios acreditavam que os reis eram deuses e que a monarquia fazia parte da ordem religiosa. O mundo pagão não apenas obedecia a seus reis como os venerava. Foi esse mundo que a Bíblia se propôs a transformar.

A Bíblia opera contra o mito de que aqueles que detêm poder político também possuem status de deuses. Numa ousada escapada literária, a Bíblia expõe as fraquezas e deficiências de Davi e Salomão, proclamando assim a inequívoca humanidade dos dois. A Bíblia nega sistematicamente a natureza divina dos reis e a eternidade da ordem política. Os heróis da Bíblia, os profetas, não eram os detentores do poder político e sim seus críticos mais vigorosos. Em comparação ao antigo mundo pagão, a fé bíblica era uma heresia. Heresia contra a santidade da política.

Na era moderna, a Europa deu vida a grandes ideologias políticas, todas baseadas na crença no poder redentor das ideias. Algumas pessoas seguiram cegamente o socialismo, outras depositaram sua fé no fascismo e houve aquelas que acreditaram piamente no liberalismo. Todas acreditavam que suas respetivas ideologias eram perfeitas e que se fossem implementadas o mundo também se tornaria perfeito. Enquanto o mundo antigo venerava figuras políticas, o mundo moderno venera ideias políticas. Se nos tempos antigos o principal papel dos profetas era acabar com os mitos que cercavam as figuras políticas, a modernidade tem o papel de acabar com os mitos em torno das ideologias políticas.

Não existem pessoas perfeitas, não existem ideias perfeitas e tampouco soluções perfeitas. Nenhuma ideia é capaz de livrar o Oriente Médio de suas bases violentas; nenhuma iniciativa diplomática pode extinguir o ódio entre povos e religiões, nem impor harmonia entre a comunidade internacional e os judeus; não há princípio político com o poder de redimir a realidade; não existe isso de uma fé política sagrada, sublime e completa. Porém, o conceito de modéstia política tem raízes profundas: representa a realização de profecias judaicas ancestrais.

UMA TRADIÇÃO DE ENTENDIMENTO

Um dos maiores problemas da fé incondicional em qualquer ideia é a negação completa de todas as ideias rivais. Em paralelo à crença de que a realidade seria perfeita se implementássemos uma ideia perfeita corre a crença de que se implementássemos as ideias de nossos rivais a realidade seria catastrófica. Aqueles que acreditam que sua solução trará a redenção estão propensos a acreditar que as soluções dos rivais trarão devastação. A retórica das ideologias prega que as crenças rivais não apenas são erradas como também perigosas. Por isso, qualquer esfera intelectual onde soluções perfeitas são postas umas contra as outras é uma esfera em que ninguém ouve ninguém.

Como vimos no começo deste livro, a escola talmúdica de Beit Shammai se recusava a ensinar os posicionamentos da Beit Hillel, mas a escola de Beit Hillel se dispunha a ensinar os posicionamentos da Beit Shammai. Ouvir tem seu preço. Enquanto a Beit Shammai se agarrava com unhas e dentes aos próprios posicionamentos, os estudiosos da Beit Hillel muitas vezes retrocediam no meio de um argumento, mudavam de ideia e acabavam aceitando o ponto de vista da Beit Shammai. Porém, no fim das contas, foram as regras da Beit Hillel, e não da Beit Shammai, que determinaram a lei. Ganharam ampla aceitação justamente as ideias daqueles que não insistiram em suas próprias opiniões, que não se deslumbraram com a própria posição.

A tradição dos profetas incentiva os judeus a levantar dúvidas sobre a política, e a tradição do Talmud os incentiva a levantar dúvidas sobre si mesmos. A tradição judaica apoia não aqueles que estão sempre certos, mas aqueles que sabem que às vezes estão errados. É uma tradição que valoriza a argumentação, mas também a escuta — a mesma escuta que poderia renovar e elevar a cultura de debate dentro de Israel.

AGRADECIMENTOS

O **DEBATE POLÍTICO EM** Israel não se baseia apenas num conflito entre esquerda e direita; há também uma disputa igualmente acalorada entre religiosos e seculares. Este é o primeiro de dois livros que analisam as raízes intelectuais da identidade israelense moderna. Aqui, ofereci uma abordagem filosófica sobre a disputa política entre esquerda e direita; no livro seguinte, *The Wondering Jew* [O judeu questionador], faço uma análise filosófica sobre a identidade secular e a identidade religiosa e sobre a disputa entre elas. Juntos, os dois livros exploram as ideias subjacentes ao esfacelado debate nacional israelense. Devo muito ao editor desses livros, Shmuel Rosner, pelos anos de exploração conjunta dos recônditos da identidade israelense moderna.

As diversas discussões deste livro tiveram o privilégio de contar com uma gama de conselhos, ideias, correções e sugestões de vários amigos. Agradeço muito a Avishai Ben Sasson, Udi Avramovich, Udi Manor, Itai Heimlich, Eli Ben Meir, Eliran Zered, Efrat Shapira Rosenberg, Assaf Granot, Ariel Horowitz, Ariel Steinberg, Boaz Lifschitz, Ben Avrahami, Batya Huri, Guy Eisenkot, Dudi Feuchtwanger, rabino Gavi Goldman, Jonny Clar, Gilad Fulman, Yivniyah Kaploun, Yuval Kahan, Yonatan Nevo, Yitzhak Mor, Yishai Peleg, Israel Rosner, Micah Issolson, Malka Elimelech, Noam Gesundheit, Noam Zion, Sallai Meridor, Samuel Boumendil, Regev Ben David, Rani Alon, Rotem Reichman, Shlomi Pasternak, Sarah Fuchs e Tamar Ettinger. Agradeço especialmente a Ariel Steinberg e ao rabino Danny Segal pela enorme contribuição para o desenvolvimento destas páginas.

Diversas pessoas da área de segurança e inteligência de Israel e da esfera cultural e intelectual do mundo palestino expandiram meus horizontes e ajudaram a clarear minhas ideias. Elas me pediram que não mencionasse seus nomes, mas não posso deixar de lhes agradecer, mesmo de forma anônima, pela contribuição inestimável.

Agradeço a Alon Naveh, meu assistente de pesquisa exclusivo para este projeto, pelo trabalho meticuloso. E agradeço também a Chaya Eckstein,

Imri Zertal e a toda a equipe da editora Kinneret Zmora-Bitan Dvir pelo trabalho minucioso e profissional.

Este livro não poderia existir sem o fantástico clima intelectual do lugar onde ele foi escrito: o Instituto Shalom Hartman, em Jerusalém. Agradeço do fundo do coração ao presidente do Instituto, Donniel Hartman, e também a Yehuda Kurtzer e a toda a equipe em Israel e nos Estados Unidos, pelo apoio e pela fé que possibilitaram a existência desta obra.

Quero agradecer a Haviv Rettig Gur e aos agentes que me representaram com total dedicação, Peter e Amy Bernstein, pelas conexões que abriram caminho à publicação do livro nos Estados Unidos. Agradeço a Bill Nelson pela cartografia e à equipe da Yale University Press, especialmente a Heather Gold e Susan Laity, pelo trabalho profissional e pela reflexão cuidadosa que fizeram para melhorar o manuscrito original e adaptá-lo ao público anglófono.

As ideias deste livro foram desenvolvidas ao longo de muitos anos de pesquisa sobre as filosofias que — seja de forma aberta, seja de forma velada — abastecem a disputa entre os judeus dentro de Israel. Meus agradecimentos mais profundos à equipe por trás do Beit Midrash Yisraeli-Ein Prat, liderada por Anat Silverstone, por nosso mergulho coletivo nas profundezas das divisões israelenses e pelos esforços diários no sentido de construir uma instituição e uma comunidade de pessoas gentis umas com as outras, que sabem escutar e trabalham juntas para curar as fissuras da sociedade israelense.

ÍNDICE REMISSIVO

Abbas, Mahmoud 99n11, 124
Acordos de Camp David 52n26, 69n16, 69-70, 124, 164, 168n17
Acordos de Oslo 19, 67-68, 70n18, 129
Agência das Nações Unidas de Assistência aos Refugiados da Palestina. *Ver* UNRWA
Agência Judaica 154
Ahad Ha'am 187
Ahimeir, Abba 55, 56
AIDRG (Grupo de Pesquisa Demográfica Americano-Israelense) 105
Ajami, Fouad 166n12
Al-Husseini, Mufti Haj 122
Altneuland (Herzl) 136
Anexação 93, 103-106, 106n6, 107n7, 109, 161n7
Antissemitismo 41n4, 142, 143
Apartheid 110
Árabes
    aspectos demográficos dos 54n30, 56, 91-93, 103-107, 106n5
    como cidadãos 45, 45n15, 106n6
    em campos de refugiados 98-100, 97n5, 98n7
    Jabotinsky sobre os 39-48, 41n4
    memória histórica dos 27-29, 28n14, 97-101, 89n2,3

    sobre iniciativas de paz israelenses 64-65, 65n9, 121
    sunitas 169
    Ver também Egito; Guerra dos Seis Dias (1967)
    xiitas 169
Arábia Saudita 169
Arafat, Yasser 69, 70n17, 123, 168n17
Aran, Gideon 75n3
Ardil-22 (Heller) 155
Área C (Cisjordânia). *Ver* Judeia; Samaria; Cisjordânia
Ariel, Yaakov, 77n8
Arieli, Shaul, 162n9
Artigo 49(6), Convenção de Genebra 118n1
Aspectos morais da ocupação 100-101, 116-17, 118-21, 133-36
Aspectos psicológicos do conflito entre israelenses e palestinos 24-29, 53-54, 60, 84n2,3, 96-101, 165, 166n12
Assentamentos
Acordos de Oslo 19, 67-68, 70n18, 129
    aspectos religiosos dos 76-77, 79, 79n12
    caráter democrático de Israel 109-10
    decisões da Suprema Corte de Israel sobre, 118n1
    evacuações dos 78-80, 79n12, 130, 171-72n20, 178n10

Associação pela Paz e Segurança 176n6
Aumann, Robert 177n7
Autoridade Palestina 117, 160n14, 173, 175-76, 176n6, 177n8
Avineri, Shlomo 51n22

Barak, Ehud 69, 123, 167
Begin, Menachem 50-51, 52, 66, 51n23,24, 52n26
Beinart, Peter 109
Beit Hillel 22-23, 192
Beit Shammai 22-23, 192
Ben-Gurion, David
   aliança com os Estados Unidos 154
   concessões em prol de um Estado independente 92-93, 122, 151-52, 153
   mamlachtiyut de 153
   sobre o caráter moral de Israel 138-39
   sobre segurança na história judaica 112-13
   socialismo de 152, 153-54, 155n4
Bennett, Naftali 174n2, 179n12
Bíblia, 82, 132, 134n9, 135-36, 188, 190-91
Biger, Gideon 171n20
Blair, Tony 143
Brit Shalom 66n9
Bush, George W. 175n3
Buzaglo, Meir 144, 145n9

Carta Nacional Palestina 141-46, 141n2
Catástrofe (Nakba) 98, 100-101
Centro Palestino para Políticas e Pesquisas. *Ver* PCPSR (Centro Palestino para Políticas e Pesquisas)
Cisjordânia 15, 19
   Acordos de Camp David 52n26, 69n16, 69-71, 124, 163-64, 168n17
   anexação da 93, 103-106, 106n6, 107n7, 109, 121, 161n7
   dados demográficos da, 105, 159-60, 174n2
   desmilitarização da 25-26, 25n7, 25-26n8, 26n9

intifadas 19, 68-71, 70n17,18, 123
Linha Verde 160, 162n8, 170, 170n19
soberania israelense na 52n26, 92-93, 105, 109n10
Ver também Judeia; Samaria
Civilização ocidental 28, 96-97, 96n2, 111-12
Colinas de Golã 19, 64
Colonialismo 28n15, 141n4, 143
Comissão Peel 122
Comitê Especial das Nações Unidas sobre a Palestina. *Ver* UNSCOP
Conferência
   de Annapolis, 99n10
   de Madri (1991) 67
   de San Remo 48
Conflito árabe-israelense
   Acordos de Camp David 52n26, 69n16, 69-71, 124, 163-64, 168n17
   Arábia Saudita 169, 170n19
   aspectos psicológicos do 24-29, 53-54, 60, 84n2,3, 96-101, 165, 166n12
   intifadas 19, 54, 68-70, 123, 70n17,18
   Líbano 67n11
   Síria 19, 64, 65n8, 98
   Ver também Egito; Islã; Guerra dos Seis Dias (1967)
Conflito entre israelenses e palestinos
   aspectos psicológicos do 24-29, 53-54, 60, 96-101, 96n2,3, 165, 166n12
   barreiras emocionais no 24-29, 60, 96-101, 96n2,3, 98n8, 165
   "impasse" no 155-57, 164-65
   iniciativa saudita 170n19
Contiguidade
   de locomoção 177, 177n7, 178n10
   territorial 164, 177n7,8
Cúpula de Camp David (2000) 69n16, 69-70, 100n12, 124, 168n17

Dados demográficos
   depois da Guerra dos Seis Dias 52-53, 54n30

dos judeus em Israel 46-47, 54-57, 91-93, 105-107, 106n5, 156-57, 171-72n20, 178-79
dos palestinos 54-57, 91n5, 92n7, 98-99, 104-107, 174n2
prognósticos de crescimento natural, 106, 106n5
segurança e 54-57, 54n30, 91-93, 104-105, 108-109, 156, 171-72n20
taxa de crescimento da população palestina 54, 106n5
Dayan, Moshe 37, 59-60, 66n9, 121
Debate
  impasse 155-57, 163
  impasse emocional no 24-29
  políticas ideológicas no 139-41
  no Talmud 22-24, 30, 146-47, 192
  declínio do debate político 11-12
Declaração Balfour 39-40, 48n20, 142
Democracia 46n17, 62, 89, 110, 116, 118
Direita israelense
  Begin e a 51-52, 66, 50n21, 51n23,24, 52n26
  sobre o problema demográfico 104-109, 112
Direito de retorno (haqq al-'awda) 97-101, 98n8, 164-65n11, 165, 166n12
Direito de retorno dos refugiados palestinos (haqq al-'awda) 98-101, 98n8, 99-100n11
Direitos civis para os palestinos 45-48, 57-58, 93, 103-104, 106n6, 109n10, 109-11, 118-19, 178-79
Distúrbios em Jaffa (1921) 41
Don-Yehiya, Eliezer 35n2

Eban, Abba 123
Egito 19
  acordo para retirada parcial de Israel 164
  Acordos de Camp David 52n26, 69n16, 69-71, 124, 163-64, 168n17
  Guerra do Yom Kippur 65, 66n9
  na Guerra dos Seis Dias 65, 120
  negociações de paz com Israel 52n26, 60n4, 64-68
República Árabe Unida 19
Eldad, Israel 55, 56
Eliyahu, Mordechaiv 79n14
Escritório das Nações Unidas para a Coordenação de Assuntos Humanitários. *Ver* OCHA (Escritório das Nações Unidas para a Coordenação de Assuntos Humanitários)
Eshkol Levi 120
Esquerda, israelense
  após a Guerra dos Seis Dias 37
  campo social da 37
  definição da 21
  e solução de dois Estados 103
  guinadas ideológicas na 68, 68n13, 83, 83n21
  impacto da Guerra Fria sobre a 63
  impacto da Segunda Intifada sobre a 70-71, 70n17,18, 123
  nova esquerda 82-83, 83n21
Partido Meretz 62n6
  sensibilidade ocidental da 110, 112
  sobre acordo de paz 37, 59-60, 59n1, 62n6, 184-85
  sobre dados demográficos dos árabes 105
  sobre ocupação 119, 124
  sobre retirada 111-13, 137
  sobre segurança 95-96, 111-13, 119
  Ver também Plano de Paz Parcial
Estado palestino
  apoio israelense para 68-69, 69n16
  Área C (Cisjordânia) 19, 174, 174n2, 176
  direito de retorno (haqq al-'awda) 97-101, 98n8, 164-65n11, 165
  Jerusalém Oriental como capital 176, 176n6
  preocupações com segurança 161-63, 161n7, 162n8, 169-70, 171n20
  rejeicionismo palestino 69, 69n16, 123-25, 123n10

soberania do 165-68, 122n8, 166n13, 166-67n14, 176n5
Estados Unidos 174-75n3
  Acordos de Camp David 52n26, 69n16, 69-71, 124, 163-64, 168n17
  estradas 70n18, 171n20
  Kissinger 164, 167n15, 169, 173-74
  movimento pacifista nos 66
  Parâmetros Clinton 69, 123, 123n11, 161n7, 167
  relações de Israel com os 63, 63n7, 153
Ettinger, Yoram 105-106, 106n5, 109
Evacuação dos assentamentos 78-80, 79n12, 130, 171-72n20, 178n10

Faixa de Gaza 19, 54, 58n42, 64, 79, 98
Filber, Yaakov 78
Forças de Defesa de Israel. *Ver* IDF
Froman, Menachem 145
Fronteiras
  antes da Guerra dos Seis Dias 16
  contiguidade territorial 177, 177n7,8
  depois da Guerra dos Seis Dias 21, 64
  determinação política das 19-20, 48-49
  do Estado palestino 174-75n3, 176n5
  identidade nacional 21, 92-93, 105-107, 106n5, 108-109
  maximalismo territorial 50-51, 54, 56n36
Fundação Believe and Sow Foundation (Gush Katif) 80n14

Gahlat (grupo pioneiro de estudos da Torá) 75n3
Glick, Caroline 107n7
Grande Israel 20-21, 51n24, 54, 68, 74, 138
Greenberg, Uri Zvi 55
Grupo de Pesquisa Demográfica Americano-Israelense, *Ver* AIDRG (Grupo de Pesquisa Demográfica Americano-Israelense)
Guerra de Independência (1948) 63, 92, 93, 97, 98n8, 100, 166n12, 167
Guerra do Yom Kippur (1973) 65, 66n9

Guerra dos Seis Dias (1967)
  dados demográficos depois da 54-55, 54n30
  fronteiras antes da 16
  fronteiras depois da 19-20, 21, 64, 91
  iniciativas de paz depois da 64-65, 65n8, 121-23
  mudanças na sociedade depois da 61-62
  oposição à, 35
  Plano Allon 59n1, 159-63, 159n1,2, 160n3,4, 162n9
  sionismo religioso 73-74, 79
Gush Katif 79, 80n14

HaLevi, Hayim David 130
Halevy, Efraim 167n16
Hamas 96n3, 142, 166n13
Haqq al-'awda (direito de retorno) 99-100, 99n8, 99-100n11, 162, 165
Hashomer Hatzair 65n9
Hazan, Yaakov 65n9
Hebraico 187
Hendel, Yoaz 176n6
Herzl, Theodor 35n1, 48-49n20, 49n21, 136, 187
Heschel, Abraham Joshua 145n9
Honra nacional 26, 39-43
Hudna 167-68, 167n16
Humilhação
  ascensão do Ocidente 26-27, 96-97, 96n2,3
  na consciência histórica palestina 26-29, 28n14, 96-101, 98n8, 165
  trauma da guerra de 1948 165, 166n12
Hussein ibn Talal (rei da Jordânia) 120, 121-22

Identidade judaica
  de Israel 92-93, 104-108, 106n5, 110-11
  e crescimento populacional 54-55, 91, 104-105, 106n5
  opinião política como parte da 21
  retirada e impacto sobre a 130-31

solução de um único Estado
e 103-104, 106-107
Identidade nacional
aspectos psicológicos da 139-41
cidadania 92-93, 104, 106-107n6, 110-11
dados demográficos e 54-57, 54n30, 91-94, 103-106, 106n5, 108, 156
Estado independente 165-68, 166n13,14
retirada dos territórios 133
Identidade religiosa, estado independente e, 165-68, 166n13,14, 167n16
IDF (Forças de Defesa de Israel)
administração militar nos territórios 25, 117-18, 129-30
Guerra de Independência 64, 92-93, 97-98, 166, 166n12
Guerra do Líbano 67n11
Guerra do Yom Kippur 65, 65-66n9
impacto do serviço militar nos reservistas, 54, 119
no Vale do Jordão 159-61, 161n7, 164, 164n11
segurança judaica no Estado da Palestina, 171n20
Ver também Guerra dos Seis Dias (1967)
Impasse (uso do termo) 155-57, 158
Impasse de 1967 156, 157
Impasse emocional no conflito entre israelenses e palestinos 24-29, 61, 89n2, 90n3, 96-101, 98n8, 99-100n11,12, 166-67, 166n12
Império Otomano 48, 122n8
Inbari, Assaf, 155n4
Iniciativa dos assentamentos 118, 164, 164-65n11, 177
evacuação dos assentamentos 78-80, 79n12, 130, 171-72n20, 178n10
sobre retirada da Terra de Israel 78, 79n12, 128-30
Iniciativas de paz
Acordos de Camp David 52n26, 69n16, 69-71, 124, 163-64, 168n17
Acordos de Oslo 19, 67-68, 70n18, 129

aspectos religiosos das 165-68, 166n13,14, 167n16
direito de retorno dos refugiados palestinos (*haqq al-'awda*) 98-101, 98n8, 99-10n11, 100n12
história das 62-63, 62n6, 64-67, 65n8,9, 121
impacto das intifadas nas 19, 68-71, 70n17,18
opinião pública israelense sobre as 30, 65n9, 66-68, 138-9, 175-76
Parâmetros Clinton 69, 123, 123n11, 161n7, 167
Plano de Divergência 158, 173-78, 174n2, 174-75n3, 179n12, 181-83, 185, 182n2
Plano de Retirada 54-55, 79-80n14, 79-82, 138-39
rejeição árabe às 65, 65n8, 69, 69n16, 121-23, 123n10
socialismo 52, 59-61, 62-68, 62n6, 68n13, 151, 152-53
Ver também Dados demográficos; Plano de Paz Parcial
Inocência criativa 79n12
Instituto de Estudos de Segurança Nacional 171n20
Intifadas 19, 68-71, 70n17,18, 123
Irgun 50, 50n21
Ish-Shalom, Benjamin 75n3
Islã
acordos de cessar-fogo na lei islâmica (*hudna*) 167-68, 167n16
constrangimento religioso no interior do, 26-28, 28n14
e civilização ocidental 20, 26-27, 96-97, 100, 28n14, 96n2,3
herança comum com o judaísmo 143-46, 144-45n9
jihad no 96n3
legitimidade da soberania judaica 166-68, 166n13, 167n14
Israel, Estado de 12
absorção de refugiados palestinos 171-72n20

anexação como risco de
desestabilização 103-107, 105n5,6, 107n7
caráter secular do 152
como democracia 89, 103, 110, 115
convicção moral em 189
Cúpula de Camp David 69-70, 124,
69n16, 168n17
dados demográficos de 54-57, 54n30,
82, 91-94, 103-106, 106n5
devolução de territórios após a Guerra
dos Seis Dias 121
direitos civis em, 109n10 178-79
força de 188-89
Guerra de Independência 64, 92-93, 97-
98, 166, 166n12
identidade judaica do 96-99, 103-109,
112, 106n5
iniciativas de paz de 64-67, 65n8, 65n9
para se livrar do "impasse" 155-57, 164-65
políticas de ocupação 116-17
população árabe em 105-106
reconhecimento das fronteiras da
Palestina 176n5
reconhecimento palestino do 110
sistema legal 52, 92-93, 109-10, 109n10,
118n1
sobre uma maioria judaica em 46-47,
54-57, 96-97, 105-108, 106n5, 156-57,
171n20, 178-79
socialismo em 62-64, 152-53
Ver também Ben-Gurion, David;
Guerra dos Seis Dias (1967)
Israelenses
consciência social dos 63, 138-41
lembranças históricas 26n10, 27, 40,
41n4, 112-13
medo sentido pelos 24-27, 26n10, 54-55,
54n30, 60, 91-92
percepção sobre os palestinos 24, 25-
28, 70n18
sobre o direito de retorno dos
refugiados palestinos (*haqq al-
'awda*) 98n8, 100-101

sobre o problema demográfico 54-55,
54n30, 91-92, 94, 104-105
taxas de natalidade 104, 106n5

Jabotinsky, Zeev
Begin como sucessor de 50n21,
51n23,24, 51-52, 52n26, 66
filosofia política de 44-48, 54-55
judaísmo na vida de 36, 36n3, 48n20
maximalismo territorial de 48-50, 55-
56, 56n36, 82
movimento sionista criticado por 39-
40, 40n2, 43n6, 48-50
nacionalismo de 45-48, 132, 45n15
sobre a migração judaica para a
Palestina 41-42, 54-55
sobre democracia 46n17
sobre militarismo 44, 50n21, 57-58n41
sobre o indivíduo 45-48, 45-46n15, 54-
55, 81
sobre o mandato britânico 39-40, 39-
40n1
sobre os árabes 39-43, 41n4
sobre sufrágio universal 46-47, 46n17,
54-55
sobre uma maioria judaica em
Israel 46n17, 54-55, 56n37,39
Jerusalém 35, 65-66n9, 69, 176n6
Jerusalém Oriental 106n3, 107n6, 120, 176
Jihad 96n3
Jordânia 19, 120-21
Judaísmo
herança comum com o Islã 143-45, 144n9
sobre a retirada dos territórios 74, 78-
79, 79n12, 128-31, 132
sobre assentar a Terra de Israel 128-30,
132, 134n9
Ver também Sionismo religioso
Judeia 95
anexação da 104, 120-21, 161n7
blocos de assentamento 165n11
dados demográficos dos árabes na 105,
159-60

Estado palestino que inclua a 124
jurisdição da Jordânia 119-21
no Plano de Paz Parcial 170n19
opções de desmilitarização 159-60,
159n1,2, 160n3
retirada e impacto sobre a identidade
nacional judaica 130-31
segurança de Israel 52n26, 89-90, 93, 104

Karamah (orgulho nacional) 25
Katznelson, Berl 155n4
Kibutzim 62n6, 64
Kissinger, Henry 164, 167n15, 169, 173, 174
Kol HaTor 79n12
Kook, Abraham Isaac 73, 75n3,
78n10, 79-82, 134n9
Kook, Zvi Yehuda
    Guerra dos Seis Dias 75-76, 78
    messianismo de 75n3, 76, 77n7, 77-79
    sobre assentar a Terra de Israel 76-78
    sobre Redenção 77n7, 78
    sobre secularismo 77, 81, 81n18

Lehi 50n21, 52, 57n41
Lei do Retorno (Israel) 106
Lei religiosa no judaísmo, Terra de
    Israel na 128-30, 131-32, 134n9
Leibowitz, Yeshayahu 54n30, 66n9, 83n21
Líbano 67n11, 98
Liberalismo individual (Jabotinsky) 55, 82
Liga Árabe 65, 89n1, 95, 121, 170n19
Linha Verde 160, 162n8, 170, 170n19
Livni, Tzipi 52, 53, 55
Livro Branco (1939) 40

Maimônides 27, 128, 134n9, 144n9
Maioria judaica 46-47, 54-57, 92-93,
105-108, 106n5, 156-57, 171n20, 178-79
Mamlachtiyut 153
Mapa do Caminho [*Roadmap
    for Peace*] 174n3
Mapai (Partido dos
    Trabalhadores) 51-52, 59, 153

Mapam 62n6
Marx, Karl 31, 61
Maximalismo territorial 51,
    54-57, 56n36, 71, 82
Medo na história judaica 24-27, 26n10,
    35-36n2,3, 40-41, 41n4, 60, 119
Meir, Golda 37, 60
Melamed, Zalman 81
Memória histórica judaica 26n10,
    27, 35-36n2,3, 41n4, 93
Meridor, Dan 52, 53, 56
Messianismo
    de Abraham Isaac Kook, 73
    Guerra dos Seis Dias, 75, 35-36n2
    inocência criativa, 79n12
    liberalismo, 57, 62, 68
    reação dos messiânicos ao Plano de
    Retirada 80-81, 79n12,14, 80n15
    Redenção 74, 77-82, 80n15, 81n18
    sionismo religioso 73-74
    Ver também Kook, Zvi Yehuda
Mill, John Stuart 139
Misticismo 81n18, 82
Monte do Templo 69
Movimento Betar 50n21, 56n37
Movimento pelos Direitos Civis
    e pela Paz (Ratz) 62n6
Muçulmanos
    constrangimento religioso entre 28n14
    herança comum com o judaísmo 144-
    45, 144-45n9
    humilhação sentida pelos 26-29, 28n14
    legitimidade da soberania judaica 166-
    68, 162n8, 166n13, 166n14
    visão de mundo dos 26-29, 166n13
Muqawama 96, 96n3

Nachmânides, 127, 130
Nações Unidas 65, 122, 152, 154, 174n2
Nakba (a Catástrofe) 98, 100-101
Naor, Arye 48n20
Nathanson, Robi 108
Nazismo 40, 41n3

Netanyahu, Benjamin 53, 55, 55n34, 164-65n11
Nusseibeh, Sari 100n11

OCHA (Escritório das Nações Unidas para a Coordenação de Assuntos Humanitários) 174n2
Ocupação
  aspectos morais da 100-101, 115, 116-18, 183-84
  definição 70n18, 124, 183
  Segunda Intifada depois da 70
  vida dos palestinos sob 116, 177
Olmert, Ehud, 53, 55, 124
OLP. *Ver* Organização para a Libertação da Palestina
Organização para a Libertação da Palestina (OLP) 67, 70n17, 99-100n11, 123, 168n17
Oz, Amós, 66n9 93

Palestinos
  cidadania israelense para 92-93, 104, 106-107n6, 110-11
  dados demográficos dos 54-57, 91-94, 97n5, 98n7, 103-106, 176n2
  direitos civis para os 48-50, 57, 92, 105, 106n5, 109-11, 109n10, 118-19, 178-79
  humilhação sentida pelos 27-29, 28n14, 89-90n2, 90n3, 97-101, 165-66, 166n12
  intifadas 19, 68-71, 70n17,18, 123
  memória histórica dos 27-29, 28n14, 97-101, 98n8, 165
  retórica antissionista dos 141-42, 141-42n4
  sobre soberania judaica 28n15, 123n10, 141-42, 166-68, 166n13
  status de refugiados dos 97-101, 98n8, 99-100n11, 100n12, 161, 170n19, 171n20
  taxas de fertilidade e crescimento populacional 54-56, 91, 105-108, 106n5
  Ver também Plano de Paz Parcial; Refugiados, palestinos
Palmach 153, 154

Parâmetros Clinton (2000) 69, 123, 123n11, 161n7, 167
Partido da União dos Trabalhadores 62n6
Partido Meretz 62n6
Partido Nacional Religioso 35
Partido Shas 128
PCPSR (Centro Palestino para Políticas e Pesquisas) 25n7,8
Península do Sinai 64, 78, 164
Peres, Shimon 60, 67
Plano Allon (1967) 59n1, 159-63, 159n1,2, 160n3, 163n10
Plano de Divergência 158, 173-79, 174n2,3, 179n12, 181-82, 182n2, 185
  guinadas ideológicas na 35-36, 53, 59-60
  identidade judaica de Israel 105-106, 109-110
  messianismo e 57, 62, 68
  sobre a Grande Israel 21, 48-53, 68, 74, 92, 139
  sobre cidadania israelense para palestinos 104, 107-108n7
  sobre segurança 25, 58n42, 82, 117, 127, 184-85
  terceira geração da 52-53, 55
  Ver também Grande Israel; Sionismo religioso
Plano de Partilha da ONU (29 de novembro de 1947) 63, 122, 151, 154
Plano de partilha em dois Estados, 100, 122
  alocações de terra no 122-23, 123n10
  dados demográficos do 54-58
  direito de retorno dos refugiados palestinos 101, 98n8
  direitos israelenses no 51-58, 55n34
Plano de Paz Parcial 160n4
  Impacto sobre a segurança 164, 170-71, 171n20
  interesses dos Estados árabes no 169, 170n19
  na lei islâmica 167-168, 167n16
Plano de Divergência 158, 173-78, 174n2,

174-75n3, 179n12, 181-83, 185, 182n2
Plano de Retirada 79-80, 79-80n14, 138
Plano de Tranquilização (Bennett) 179n12
Porat, Hanan 78, 79, 79n12
Pragmatismo 155n4, 190
Primeira Aliá 77
Primeira Intifada (1987) 53, 69, 70n18
Príncipes (terceira geração da direita israelense) 53-56, 57
Psicologia das massas 139-41

Rabin, Yitzhak 164
Rabinos YESHA 129
Ramon, Haim, 176n6
Ratz (Movimento pelos Direitos Civis e pela Paz) 62n6
Ravitzky, Aviezer 75n3
Redenção 74, 76-80, 80n15, 81n18
Refugiados, palestinos
   condições de vida 97-98, 97n5, 99
   direito de retorno 97-101, 98n8, 164-65n11, 165, 166n12
   recompensa dos 99n10, 166-67, 171n20
Reines, Yaakov 35, 36
Reino Unido 39-40, 48, 48n20, 121, 142n4, 143
Rejeicionismo, palestino 65, 65n8, 69, 69n16, 121-24, 123n10
Resolução 242 da ONU, 65
Resposta de Três Nãos 65, 121
Rotberg, Roi 59
Rotblit, Yaakov, 66n9

Sadat, Anwar 52n26, 65, 66
Samaria 95
   anexação da 103, 107n7, 121
   blocos de assentamento 164-65n11
   como território jordaniano 120-21
   Estado palestino que inclui a 122
   evacuação do norte da Samaria 79
   nas negociações de paz da era Begin 52n26, 66
   no Plano de Paz Parcial 171n20

população palestina na 105, 159
retirada e impacto sobre a identidade nacional judaica 131-33
segurança de Israel 90, 93, 95, 108, 160n4
soberania israelense na 52n26, 105
Sapir, Pinchas 54n30
Schechtman, Joseph 36n3
Schlesinger, Akiva Yosef 29, 29n16
Segunda Intifada 70-71, 70n17,18, 123
Segurança
   dados demográficos e 54-57, 54n30, 82, 91-94, 103-106, 106n5, 108-109, 156, 171n20
   medo na história judaica 24-29, 26n10, 36n2, 37n3, 40, 41n4, 60, 119
   no Vale do Jordão 159-61, 160n4,5, 161n7, 164n11
   Plano Allon 59n1, 159-63, 159n1,2, 160n3,4, 162n9
   Plano de Retirada 55, 79-80, 79-80n14, 138
   retirada dos territórios 82, 90-91, 93, 127-31, 134n9, 136, 160n4
   soluções tecnológicas para 177, 177n7,8,9
   Ver também Plano de Paz Parcial
Shamir, Yitzhak 132n7
Shapira, Haim-Moshe 35, 35n2, 36
Sharon, Ariel 54
Shavit, Ari 70
Shavit, Yaacov 49n20
Sher, Gilead 171n20, 177n9
Shinui (partido secular de centro) 62n6
"Shir LaShalom" (canção de Rotblit) 66n9
Sionismo
Brit Shalom, 66n9
Carta Nacional Palestina sobre 141-43
direito de retorno dos refugiados palestinos (*haqq al-'awda*) 97-101, 98n8, 164-65n11
fundação do 35n1, 62-64, 136, 138, 187-88, 187n1

Herzl e 35n1, 48-49n20, 50n21, 136, 187
   militarismo no 50n21, 52-53
   preocupações demográficas 91, 91n5
   relações com os Estados Unidos 154
   socialismo 37, 61, 62, 63, 64-65, 135-36, 62n6
   tensões entre árabes e judeus 40-41, 41n4
   Ver também Ben-Gurion, David; Jabotinsky, Zeev; Sionismo religioso
Sionismo político 35n1, 48n20, 50n21, 136, 187
Sionismo religioso
   fundação do 35-36
   sionismo secular 36, 75, 79-81, 81n18
   sobre a retirada israelense 74, 78-79, 79n12
   sobre o Plano de Retirada 74, 78-82, 79n12,14, 80n15, 81n18
   sobre Redenção 74, 76-82, 80n15, 81n18
   Ver também Kook, Abraham Isaac; Kook, Zvi Yehuda; Messianismo
Sionismo revisionista. Ver Jabotinsky, Zeev
Sionismo secular
   Abraham Isaac Kook sobre 73, 85
   diálogo com a comunidade ultraortodoxa 151-52, 154
   na Redenção 77, 79-82, 81n18
   nacionalismo do 81, 153
   Plano de Retirada 79
Shinui (partido secular de centro) 62n6
   Ver também Ben-Gurion, David
   Zvi Yehuda Kook sobre 74-76
Síria 15, 19, 64, 65n8 173
Socialismo 48, 61, 62-68, 62n6, 68n13, 152-53
Soffer, Arnon 91, 91n5, 105, 106n5
Sokolow, Nahum 42n6

Talmud 22, 30, 145, 146-47
Tau, Rabbanit Hannah 79n12
Tau, Zvi 79, 80, 79n12n, 80n14

Tchernichovsky, Shaul 132
Terra de Israel
   assentar a 52n26, 76-77, 77n8, 127-30, 134n9, 135
   como realização de promessa de Deus 57-58, 78
   como *waqf* 166n13,14
   dados demográficos da 54-58
   fronteiras da 48-51
   migração judaica à 40, 56n39, 57, 76, 97n4, 151, 153
   no judaísmo 131-33, 134n9
   paz com os árabes 65n9
   soberania israelense 35, 53, 92-93
Territórios
   Acordos de Oslo 19, 67-68, 70n18, 129
   administração militar nos 109, 118
   assentamento judaico nos 118, 118n1, 171n20
   blocos de assentamento 165n11
   contiguidade de locomoção 177, 177n7,8, 178n10
   desmilitarização dos 159-60, 159n1,2, 160n3
   devolução de territórios após a Guerra dos Seis Dias 121
   direito de retorno dos refugiados palestinos 97-101, 98n8, 99-100n11, 100n12
   direitos civis nos 109-10, 109n10, 119
   infraestrutura nos 117, 171-72n20, 177, 177n7,8,9
   retirada dos 74, 78-79, 79n12, 82, 90-91, 93, 127-31, 136
Tzuriel, Moshe 80, 80n15

Ultraortodoxia 29, 29n16, 128, 151, 154
União Soviética 63, 153
UNRWA (Agência das Nações Unidas de Assistência aos Refugiados da Palestina) 97n5, 98
UNSCOP (Comitê Especial sobre a Palestina) 122, 152

Ussishkin, Menachem 153

Vale do Jordão 25, 90, 159-61, 160n4,5, 161n7, 164, 164n11

Weizmann, Chaim 39n1, 42n6, 122

Yehoshua, A. B. 131, 174, 179, 179n12
Yeshivá Merkaz HaRav 75n3, 79n12
Yosef, Ovadia 128, 129, 130

SOBRE A COLEÇÃO ORIENTE MÉDIO

Por ser uma região que sedia um dos mais delicados conflitos e abriga um dos mais complexos legados culturais da Terra, o Oriente Médio é assunto permanente de debate — mas não tão frequentemente de estudo. Como alternativa à profusão de informações destinadas a apenas corroborar opiniões predefinidas, esta coleção publicará obras a um tempo engajadas e desapaixonadas. Abarcando os diferentes lados em disputa e os variados aspectos do problema, aqui se privilegiarão pesquisadores respeitados e títulos que recentemente repercutiram, em especial entre mandatários relevantes para as negociações de paz. Desde observadores ocidentais acurados, como Roger Scruton, até judeus e árabes imersos pessoalmente no problema, os autores são, igualmente, cuidadosos em corrigir mal-entendidos e comprometidos com a conciliação. O resultado são livros que tanto exibem a genealogia das posições existentes como, ao examiná-las, se esforçam por assumir a visão alheia, dispondo-se a fazer concessões: ensaios que, embora intervindo numa discussão acirrada, esclarecem e despertam nos leitores os melhores dos afetos.

DA MESMA COLEÇÃO, LEIA TAMBÉM:

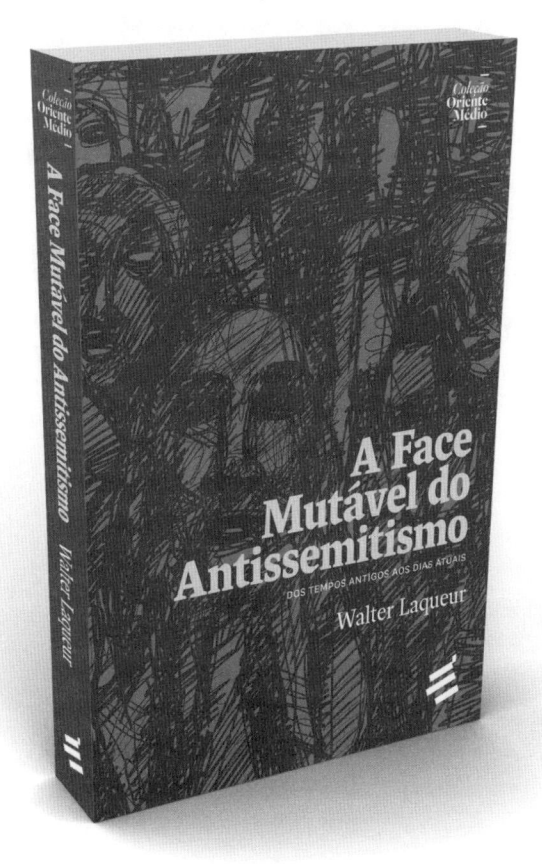

A Face Mutável do Antissemitismo
Dos tempos antigos aos dias atuais
Walter Laqueur

Como todo preconceito, o antissemitismo se manifesta de formas variadas, muitas delas sutis. Sua multiplicidade reflete as obsessões das diferentes épocas e ambientes culturais que o fomentam. No auge da perseguição antijudaica, desde o fim do século 19 até meados do século 20, foi um modo de pensar cientificista o que baseou a discriminação centrada no conceito pseudobiológico de raça. Muito antes, entre a Era Antiga e a Idade Média, exercia um peso maior o fato de o judaísmo se contrapor a cada uma das duas forças religiosas dominantes: cristianismo e, depois, islamismo. Já hoje, precisamente movimentos de contestação política, em tese comprometidos com a emancipação para a justiça, incentivam a associação da identidade judaica ao imperialismo. Walter Laqueur, colaborador por três décadas da Biblioteca Wiener para o Estudo do Holocausto e do Genocídio, delineia aqui este apanhado histórico — desenhando, com clareza e alcance nunca antes atingidos, a face mutável do antissemitismo.

Em *A Indústria de Mentiras*, Ben-Dror Yemini faz uma distinção clara entre as críticas legítimas ao Estado de Israel e as narrativas injustas que nunca estão de acordo com os fatos históricos, nem com as causas dos conflitos do Oriente Médio. O objetivo de Yemini é afastar as interpretações cheias de erros e confusões que na maioria das vezes tratam os israelenses como vilões por conta de um maniqueísmo ingênuo e precipitado. Embora o autor acredite que essa atitude não revela simplesmente uma má intenção, até porque a maior parte das pessoas comuns não tem meios para checar todas as fontes e fazer um julgamento justo sobre um tema bastante complexo, ele demonstra que, por outro lado, existe uma máquina da desinformação que pretende manipular a opinião pública apenas para legitimar uma visão política anti-israelense.

facebook.com/erealizacoeseditora   twitter.com/erealizacoes   instagram.com/erealizacoes   youtube.com/editorae

issuu.com/editora_e   erealizacoes.com.br   atendimento@erealizacoes.com.br